普通高等教育土建学科专业"十二五"规划教材
全国高职高专教育土建类专业教学指导委员会规划推荐教材

工程建设法规与合同管理
（第二版）

（工程监理专业）

本教材编审委员会组织编写
主编　战启芳
主审　石文广　赵来彬

中国建筑工业出版社

图书在版编目（CIP）数据

工程建设法规与合同管理/战启芳主编；—2版．—北京：中国建筑工业出版社，2013.5
ISBN 978-7-112-15480-7

Ⅰ.①工… Ⅱ.①战… Ⅲ.①建筑法-中国-高等职业教育-教材②建筑工程-经济合同-合同法-中国-高等职业教育-教材 Ⅳ.①D922.297②D923.6

中国版本图书馆CIP数据核字（2013）第120531号

本书是普通高等教育土建学科专业"十二五"规划教材，是全国高职高专教育土建类专业教学指导委员会组织编写的工程监理专业系列教材之一。

全书共分十一章，主要内容包括：建设法规概论、工程建设程序与工程建设执业资格法规、建设工程质量管理法规、工程建设安全生产及环境保护法规、城乡规划法规、建设工程承发包法规、建设工程监理法规、合同法律基础、建设工程合同、FIDIC土木工程施工合同条件、建设工程施工索赔等。

本书可作为高等职业教育工程监理专业、工程造价专业、建筑工程技术和管理类专业的教材，亦可供从事工程建设监理、技术和管理人员的学习参考。

* * *

责任编辑：朱首明 牛 松 李 明
责任设计：张 虹
责任校对：肖 剑 刘 钰

普通高等教育土建学科专业"十二五"规划教材
全国高职高专教育土建类专业教学指导委员会规划推荐教材

工程建设法规与合同管理
（第二版）
（工程监理专业）

本教材编审委员会组织编写
主编 战启芳
主审 石文广 赵来彬

*

中国建筑工业出版社出版、发行（北京西郊百万庄）
各地新华书店、建筑书店经销
北京红光制版公司制版
北京建筑工业印刷厂印刷

*

开本：787×1092毫米 1/16 印张：16½ 字数：400千字
2013年7月第二版 2017年7月第十七次印刷
定价：33.00元
ISBN 978-7-112-15480-7
（23481）

版权所有 翻印必究
如有印装质量问题，可寄本社退换
（邮政编码 100037）

修订版教材编审委员会名单

主　任：赵　研

副主任：胡兴福　危道军　王　强

委　员（按姓氏笔画为序）：

于　英　王春宁　石文广　石立安　卢经杨

史　钟　华　均　刘金生　池　斌　孙现申

李　峰　李海琦　杨太生　宋新龙　武佩牛

季　翔　周建郑　赵来彬　郝　俊　战启芳

姚谨英　徐　南　梁建民　鲁　军　熊　峰

薛国威　魏鸿汉

第一版教材编审委员会名单

主　任：杜国城

副主任：杨力彬　胡兴福

委　员：（按姓氏笔画排序）

　　　　华　均　刘金生　危道军　李　峰　李海琦

　　　　武佩牛　战启芳　赵来彬　郝　俊　徐　南

修 订 版 序 言

高职高专教育工程监理专业在我国的办学历史只有十年左右。为了满足各院校对该专业教材的急需，2004年，高职高专教育土建类专业教学指导委员会土建施工类专业分指导委员会（以下简称"土建施工类专业分指导委员会"）依据《工程监理专业教育标准和培养方案及主干课程教学大纲》，组织有关院校优秀教师编写了该专业系列教材，于2006年全部由中国建筑工业出版社正式出版发行。该系列教材共12本：《建筑施工组织与进度控制》、《建筑工程计价与投资控制》、《建筑工程质量控制》、《工程建设法规与合同管理》、《建筑设备工程》、《建筑识图与构造》、《建筑力学》、《建筑结构》、《地基与基础》、《建筑材料》、《建筑施工技术》、《建筑工程测量》，其中7本教材与建筑工程技术专业共用。本套教材自2006年面世以来，被全国有关高职高专院校广泛选用，得到了普遍赞誉，在专业建设、课程改革中发挥了重要的作用。其中，《建筑工程质量控制》、《建筑识图与构造》、《建筑结构》、《地基与基础》、《建筑工程测量》、《建筑施工技术》、《建筑施工组织》等被评为普通高等教育"十一五"国家级规划教材，《建筑结构》、《建筑施工技术》等被评为普通高等教育精品教材。2011年2月，该套教材又全部被评为住房和城乡建设部"十二五"规划教材。

本套教材的出版对工程监理专业的改革与发展产生了深远的影响。但是，随着工程监理行业的迅速发展和专业建设的不断深入，这套教材逐渐显现出不适应。有鉴于此，土建施工类专业分指导委员会于2011年组织进行了系统性的修订、完善工作，主要目的是为了适应专业建设发展的需要，适应课程改革对教材提出的新要求，及时反映建筑科技的最新成果和工程监理行业新的管理模式，更好地为提高学校的人才培养质量服务。为了确保本次修订工作的顺利完成，土建施工类专业分指导委员会会同中国建筑工业出版社于2011年9月在西安市召开了专门的工作会议，就本次教材修订工作进行了深入的研究、论证、协商和部署。本次修订主要体现了以下要求：

（1）准确把握教材内容，以《高等职业教育工程监理专业教学文件》（土建施工类专业分指导委员会组织编写，中国建筑工业出版社2010年出版）为依据，并全面反映近年来的新标准，充分吸纳新工艺、新技术、新材料、新设备和新的管理模式；

（2）更新教材编写理念，体现近年来职业教育改革成果，引导工程监理专业教学改革；

（3）改进教材版式设计，提高读者学习兴趣。

教学改革是一个不断深化的过程，教材建设也是一个不断推陈出新的过程，希望全体参编人员及时总结各院校教学改革的新经验，通过不断修订完善，将这套教材打造成"精品"。

全国高职高专教育土建类专业教学指导委员会
土建施工类专业分指导委员会
2013年5月

第一版序言

我国自1988年开始实行工程建设监理制度。目前，全国监理企业已发展到6200余家，取得注册监理工程师执业资格证书者达10万余人。工程监理制度的建立与推行，对于控制我国工程项目的投资、保证工程项目的建设周期、确保工程项目的质量，以及开拓国际建筑市场均具有十分重要的意义。

但是，由于工程监理制度在我国起步晚，基础差，监理人才尤其是工程建设一线的监理人员十分匮乏，且人员分布不均、水平参差不齐。针对这一现状，近四五年以来，不少高职高专院校开办工程监理专业。但高质量教材的缺乏，成为工程监理专业发展的重要制约因素。

高职高专教育土建类专业教学指导委员会（以下简称"教指委"）是在教育部、建设部领导下的专家组织，肩负着指导全国土建类高职高专教育的责任，其主要工作任务是，研究如何适应建设事业发展的需要设置高等职业教育专业，明确建设类高等职业教育人才的培养标准和规格，构建理论与实践紧密结合的教学内容体系，构筑"校企合作、产学结合"的人才培养模式，为我国建设事业的健康发展提供智力支持。在建设部人事教育司的具体指导下，教指委于2004年12月启动了"工程监理专业教育标准、培养方案和主干课程教学大纲"课题研究，并被建设部批准为部级教学研究课题，其成果《工程监理专业教育标准和培养方案及主干课程教学大纲》已由中国建筑工业出版社正式出版发行。通过这一课题的研究，各院校对工程监理专业的培养目标、人才规格、课程体系、教学内容、课程标准等达成了广泛共识。在此基础上，组织全国的骨干教师编写了《建筑工程质量控制》、《建筑施工组织与进度控制》、《建筑工程计价与投资控制》、《工程建设法规与合同管理》、《建筑设备工程》5门课程教材，与建筑工程技术专业《建筑识图与构造》、《建筑力学》、《建筑结构》、《地基与基础》、《建筑材料》、《建筑施工技术》、《建筑工程测量》7门课程教材配套作为工程监理专业主干课程教材。

本套教材的出版，无疑将对工程监理专业的改革与发展产生深远的影响。但是，教学改革是一个不断深化的过程，教材建设也是一个推陈出新的过程。希望全体参编人员及时总结各院校教学改革的新经验，不断吸收建筑科技的新成果，通过修订完善，将这套教材做成"精品"。

全国高职高专教育土建类专业教学指导委员会
2006年6月

修 订 版 前 言

本教材的第一版于 2006 年 11 月由中国建筑工业出版社出版,是根据全国高职高专教育土建类专业教学指导委员会制定的工程监理专业教育标准、培养方案和本课程教学的基本要求组织编写的。该教材出版以来,国务院及有关行政部门先后出台和修订了多个建筑类法律法规;另外,2011 年 3 月,《工程建设法规与合同管理》教材被评为住房和城乡建设部土建学科专业"十二五"规划教材,为满足高职工程监理专业的教学要求,保持本教材时效性、先进性,本着弱理论、重实践的原则,适应高职高专教育工学结合的先进教育理念,适应高职高专现代教学手段需要,对本教材进行修订。

工程建设法规与合同管理是工程监理专业的职业技术课。本课程着重讲述工程建设方面的法律知识、建筑工程招投标和合同管理等知识,是一门专业性、实践性和政策性均很强的课程。本教材在充分体现《中华人民共和国建筑法》、《中华人民共和国招投标法》和《中华人民共和国合同法》基本思想和主要内容的基础上,较系统地阐述了建筑工程有关法律法规、建筑工程招投标与合同管理三部分内容。全面介绍了我国有关工程建设程序、工程建设执业资格法规、建设工程质量管理和安全生产法规、城乡建设法规、工程建设监理法规、招投标法、建筑法、合同法律基础等在工程建设领域中的法律常识和建设合同管理、FIDIC 土木工程施工合同条件、工程索赔等知识。

本书由石家庄铁路职业技术学院战启芳主编,丁峰为副主编。其中第一章、第七章、第十章及附录部分由战启芳编写,第二章、第三章、第四章、第五章由大连海洋大学职业技术学院王照雯编写,第六章由中建八局集团西北公司万彦生和内蒙古建筑职业技术学院张国辉编写,第十一章由中建八局集团西北公司李杰和内蒙古建筑职业技术学院张国辉编写,第八章、第九章由石家庄铁路职业技术学院丁峰编写。全书由中铁十八局集团第六工程有限公司石文广高级工程师和山西建筑职业技术学院赵来彬副教授主审。

本书在编写过程中,参考了大量的文献资料,在此谨向其作者表示衷心感谢。

由于编者水平有限,书中缺点和错误之处在所难免,恳请广大读者批评指正。

第一版前言

工程建设法规与合同管理是工程监理专业的专业技术课。本课程着重讲述工程建设方面的法律知识、建筑工程招标投标和合同管理等知识，是一门专业性、实践性和政策性均很强的课程。

本书在充分体现《中华人民共和国建筑法》、《中华人民共和国招标投标法》和《中华人民共和国合同法》基本思想和主要内容的基础上，较系统地阐述了建筑工程有关法律法规、建筑工程招标投标与合同管理三部分内容。全面介绍了我国有关工程建设程序、工程建设执业资格法规、建设工程质量管理和安全生产法规、工程建设监理法规、招标投标法、建筑法、合同法等在工程建设领域中的法律常识和建设合同管理、FIDIC 土木工程施工合同条件、工程索赔等知识。

本书根据全国高职高专教育土建类专业教学指导委员会制定的工程监理专业教育标准、培养方案和本课程教学的基本要求组织编写。在编写中力求内容全面、充实，方法新颖、实用，并采用当前工程建设领域最新颁布的法律、法规和行政性规章制度。为使理论能更好地联系实际，便于读者理解和掌握，本书每章的最后都编有相关内容的实际案例及分析，并结合本章内容提出了复习思考题。

本书由石家庄铁路职业技术学院战启芳主编。其中第一章、第七章、第十章及附录部分由战启芳编写，第二章、第三章、第四章、第五章由大连水产学院职业技术学院王照雯编写，第六章、第十一章由内蒙古建筑职业技术学院张国辉编写，第八章、第九章由湖北城建职业技术学院曾立吾编写。全书由山西建筑职业技术学院赵来彬主审。

本书在编写过程中，参考了大量的文献资料，在此谨向其作者表示衷心感谢。

由于编者水平有限，书中缺点和错误之处在所难免，恳请广大读者批评指正。

目 录

第一章 建设法规概论 ·· 1
   第一节 建设法规概述 ·· 1
   第二节 建设法规体系 ·· 2
   第三节 建设法规施行 ·· 5
   复习思考题 ··· 10

第二章 工程建设程序与工程建设执业资格法规 ··· 11
   第一节 工程建设程序法规 ··· 11
   第二节 工程建设执业资格法规 ··· 17
   案例分析 ·· 27
   复习思考题 ··· 28

第三章 建设工程质量管理法规 ·· 30
   第一节 建设工程质量管理概述 ··· 30
   第二节 建设工程质量体系认证制度 ··· 31
   第三节 建设各方对质量的责任和义务 ·· 34
   第四节 建设各方对工程质量应承担的法律责任 ··· 37
   第五节 建设工程质量保修 ··· 40
   案例分析 ·· 42
   复习思考题 ··· 43

第四章 工程建设安全生产及环境保护法规 ··· 44
   第一节 工程建设安全生产概述 ··· 44
   第二节 工程建设安全生产相关制度 ··· 46
   第三节 工程建设重大事故的调查处理 ··· 55
   第四节 建设工程环境保护的一般规定 ··· 58
   案例分析 ·· 60
   复习思考题 ··· 63

第五章 城乡规划法规 ·· 64
   第一节 概述 ·· 64
   第二节 城乡规划的编制与实施 ··· 66
   第三节 风景名胜区与历史文化名城保护 ·· 73
   案例分析 ·· 76
   复习思考题 ··· 78

第六章 建设工程承发包法规 ··· 79
   第一节 建设工程承发包概述 ·· 79

第二节　建设工程招标 …………………………………………………… 82
　　第三节　建设工程投标 …………………………………………………… 88
　　第四节　建设工程决标 …………………………………………………… 100
　　第五节　法律责任 ………………………………………………………… 103
　　案例分析 …………………………………………………………………… 107
　　复习思考题 ………………………………………………………………… 109
第七章　建设工程监理法规 …………………………………………………… 110
　　第一节　建设工程监理概述 ……………………………………………… 110
　　第二节　建设工程监理规范及施工旁站监理管理办法 ………………… 114
　　第三节　建设工程监理的法律责任 ……………………………………… 118
　　案例分析 …………………………………………………………………… 121
　　复习思考题 ………………………………………………………………… 124
第八章　合同法律基础 ………………………………………………………… 125
　　第一节　合同与合同法概述 ……………………………………………… 125
　　第二节　合同的订立 ……………………………………………………… 127
　　第三节　合同的效力 ……………………………………………………… 131
　　第四节　合同的履行、变更与转让 ……………………………………… 135
　　第五节　合同的终止 ……………………………………………………… 138
　　第六节　违约责任和合同争议的解决 …………………………………… 139
　　第七节　合同的担保与公证 ……………………………………………… 143
　　案例分析 …………………………………………………………………… 147
　　复习思考题 ………………………………………………………………… 148
第九章　建设工程合同 ………………………………………………………… 149
　　第一节　建设工程合同概述 ……………………………………………… 149
　　第二节　建设工程监理合同 ……………………………………………… 150
　　第三节　建设工程勘察、设计合同 ……………………………………… 154
　　第四节　建设工程施工合同 ……………………………………………… 157
　　第五节　建设工程其他相关合同 ………………………………………… 169
　　案例分析 …………………………………………………………………… 176
　　复习思考题 ………………………………………………………………… 179
第十章　FIDIC土木工程施工合同条件 ……………………………………… 180
　　第一节　概述 ……………………………………………………………… 180
　　第二节　涉及权利和义务的条款 ………………………………………… 183
　　第三节　涉及质量控制的条款 …………………………………………… 188
　　第四节　涉及进度控制的条款 …………………………………………… 191
　　第五节　涉及费用管理的条款 …………………………………………… 194
　　第六节　涉及法规性的条款 ……………………………………………… 198
　　案例分析 …………………………………………………………………… 201
　　复习思考题 ………………………………………………………………… 204

第十一章　建设工程施工索赔 ·· 205
　第一节　建设工程施工索赔概述 ·· 205
　第二节　索赔的依据与程序 ·· 207
　第三节　索赔的计算 ·· 211
　第四节　索赔的解决 ·· 214
　案例分析 ··· 217
　复习思考题 ··· 219
附录一　建设工程施工合同（示范文本） ··· 221
附录二　建设工程委托监理合同（示范文本） ·· 243
参考文献 ·· 250

第一章 建设法规概论

本章主要介绍工程建设法规的概念、调整对象、作用和基本原则，阐述了建设法规的立法原则和立法概况，重点介绍了工程建设法律体系的构成和工程建设法规的实施。

第一节 建设法规概述

一、建设法规的概念及调整对象

（一）建设法规的概念

建设法规即规范建设工程的法律规范，它是调整建筑工程、土木工程、线路管道和设备安装及装修工程等建设活动中发生的建设管理及建设协作关系的法律规范的总称。

建设法规是由国家权力机关或其授权的行政机关制定的，由国家强制力保证实施的，旨在调整国家机关、社会机构和公民之间在建设活动中或建设行政管理活动中所发生的各种社会关系的法律规范。建设法规在国家法律体系中占有重要地位，是国家现行法律体系中不可缺少的重要组成部分。建设法规覆盖面广，涉及到国民经济各个行业的基本建设活动，是运用综合的手段对行政的、经济的、民事的社会关系加以规范调整的法律规范体系，其法律规范性质主要属于行政法或经济法的范畴。

国家立法机关颁发的调整建设活动的法律规范及相关的法律规范有《中华人民共和国城市规划法》、《中华人民共和国建筑法》（以下简称建筑法）、《中华人民共和国城市房地产管理法》、《中华人民共和国土地管理法》、《中华人民共和国招标投标法》（以下简称招标投标法）、《中华人民共和国文物保护法》、《中华人民共和国合同法》等法律文件；国家颁发的调整建设活动的行政法规有《工程建设勘察设计管理条例》、《建设工程质量管理条例》、《城市房屋拆迁条例》等；国家建设行政主管部门颁发的规范建设活动的规章包括建筑工程质量管理、建设市场管理、建设活动主体资质管理、建设活动从业人员资质管理、工程建设标准化管理、房地产开发经营管理、城市建设等方面约400多个规范性文件。

（二）建设法规的调整对象

建设法规的调整对象主要是指建设行政管理关系以及与之密切联系的建设经济协作关系。

1. 建设工程行政管理关系

建设活动的内容包括建设工程的计划、立项、资金筹措、设计、施工、验收等，必须对其进行严格的监督管理。

建设活动的行政管理关系是国家及其建设行政主管部门与建设单位、设计单位、施工单位、建设监理单位及其他有关单位之间的管理与被管理关系。它包括两个相关联的方面：一方面提供指导、协调与服务；另一方面进行检查、监督、控制与调节。建设法规规范了建设活动管理中建设行政主管部门的权力和职责；各经济活动主体的权利和义务关系，也应由建设法规来加以调整和规范。

2. 经济协作关系

在建设活动中，各个经济活动主体为自身的经济利益，在建设法规允许的范围内建立建设经济协作关系。这种经济协作关系是平等、自愿、互利的横向协作关系，是通过法定的合同形式来确定的，如勘察设计单位与建设单位的勘察、设计合同关系；建筑安装企业与建设单位的工程施工合同关系等。

二、建设法规的作用

建设法规是国家组织和管理建设活动、规范建设活动行为、加强建设市场管理、保障城乡建设事业健康发展的重要工具。主要体现在三个方面：

1. 规范、指导建设行为

建设行为只有在建设法规许可的范围内进行，才能得到承认并受到法律的保护。规范指导建设行为包括建设活动组织管理、建设活动市场管理、建设活动的技术标准等。建设实体法规规范了设立企业的程序和资质等级标准；建设市场法规规范了勘察设计、施工、建设监理、房地产开发等市场行为；建设技术法规规范了勘察设计、施工、验收、维修等技术标准。

2. 保护合法建设行为

建设法规对符合法规的建设行为予以确认和保护。建设程序法规对建设活动必须遵守的行为作了详细具体的规定；建设技术法规中的强制性标准是建设活动中必须严格执行的技术规范。认真贯彻执行工程建设法规是建设活动主体的责任和基本义务，国家保护和鼓励合法建设行为，在建设法规规范性文件中有许多保护和鼓励合法建设行为的内容。

3. 处罚违法建设行为

要实现建设法规对建设行为的规范、指导和制约作用，必须对违法建设行为给予及时、应有的处罚。建设法规规范性文件中对违法建设行为制定了具体的处罚条款。处罚违法建设行为是一种强制性手段。通过对违法建设行为的处罚，客观上起到保护和鼓励合法建设行为的积极性作用。处罚违法建设行为的手段包括建设行政处罚和司法处罚。

第二节 建设法规体系

一、建设法规立法原则

建设法规的制定应当由有关机关在各自的权限范围内，依照法定的程序进行。应当有利于规范和加强建设活动的管理，规范和维护建设市场秩序；有利于新科技的推广与利用，提高建设科技水平；有利于加强建设工程质量管理和安全管理；有利于城乡建设事业的发展；有利于保护国家利益、社会组织和公民的权利。

《中华人民共和国立法法》规定了立法的基本原则，即"立法应当遵循宪法的基本原则"；"以经济建设为中心，坚持社会主义道路，坚持人民民主专政，坚持共产党的领导，坚持马克思列宁主义毛泽东思想邓小平理论，坚持改革开放"；"坚持从国家整体利益出发，维护社会主义法制的统一和尊严"；"立法应当体现人民的意志，发扬社会主义民主，保障人民通过多种途径参与立法活动"；"应当从实际出发，科学合理地规定公民、法人和其他组织的权利和义务，国家机关的权力和责任"。这些都是建设立法必须遵循的基本原则。

建设立法还应当遵循市场经济规律原则。市场经济是指市场对资源配置起基础性作用的经济体制。我国实行的社会主义市场经济体制就是与社会主义基本制度相结合的、市场在国家宏观调控下对资源配置起基础性作用的经济体制。遵循市场经济规律，就是要规定各种建设市场主体的法律地位，对他们在建设活动中的权利和义务做出明确的规定；确立具有统一性、开放性和多元化的建设活动大市场以及确立以间接手段为主的宏观调控体系。

二、建设法规立法概况

新中国成立以来，我国的建设法规立法工作经历了一个曲折的发展过程，大体可分为三个发展时期。

（一）初步发展时期（1949～1956年）

新中国成立以后，我国为恢复国民经济进行了大规模的基本建设，建设立法工作也逐步开展。1950年12月，政务院颁发了《关于决算制度、预算审核、投资施工计划和货币管理的决定》，这是我国最早颁布的有关建筑业生产经营的建设行政法规。这个文件规定了建筑工程必须先设计后施工的工作程序。1951年3月，政务院财经委员会发布了《基本建设工作程序暂行办法》；8月，又颁布了《关于改进与加强基本建设设计工作的指示》；1952年1月，政务院财经委员会颁布了《基本建设工作暂行办法》，该文件对基本建设的范围、程序等作了全面规定。

1954年6～7月，当时的建筑工程部相继颁布了《建筑安装工程包工暂行办法》，并制定了一批设计、施工标准规范。1955年，国务院颁布了《基本建设工程设计任务书审查批准暂行办法》和《基本建设工程设计和预算文件审核批准暂行办法》。同期，国家建设委员会和建筑工程部相继颁发了11个建筑方面的法规性文件。

1956年6月，国务院颁发了《关于加强和发展建筑工业的决定》和《关于加强设计工作的决定》。这些文件科学地总结了"一五"期间的建设经验，明确了我国建筑业的方向、任务和实施步骤，适应了国家大规模建设和"156项重点工程"建设需要，推动了我国建筑业的发展，对于建立新的建筑关系，保证第一个五年计划建设项目的完成，起了重大作用。

（二）曲折发展时期（1957～1978年）

这个时期大致分为三个阶段。

1. 1957～1959年为"大跃进"时期，由于受"左"的思想影响，我国建筑方面的规章制度受到严重冲击。当时有关建筑工程质量和安全作业的规章制度共81项，废除了38项，即使未废除而保留下来的也未认真执行。

2. 20世纪60年代初，国民经济处于调整时期，建筑法规得到逐步恢复和发展。从1961～1965年，国家计委、国家建委等陆续颁发了《建筑安装工程及验收标准规范修订原则》等法规性文件和一系列综合性规定，并制定了施工组织设计、现场管理等13个规定。

3. 1966年"文化大革命"开始以后，建设法规遭到了严重破坏，许多法规、制度没有贯彻实施。为了扭转工程建设上的混乱状况，尽量减少经济损失，"文化大革命"后期，国务院和建设行政主管部门陆续制定了许多建筑方面的管理办法和规定。1973年，国务院颁发了《关于基本建设项目竣工验收暂行规定》等，所有这些法规性文件，对当时工程建设管理起到了一定的促进、整顿和制约作用，对于恢复建设活动管理、明确职责关系、提高投资效益起到了重要作用。

(三) 蓬勃发展时期 (1978 年至今)

十一届三中全会后，党的工作重点转移到以经济建设为中心。随着改革开放政策的贯彻实施，国家法制建设进入一个新时期，建设法制工作也纳入了国家建设行政主管部门的重要日程，我国建设法规进入了蓬勃发展时期。

自 1978 年迄今，建设立法工作逐步加强，制定并颁布了城市规划、建设监理、建设市场管理、勘察设计、建筑施工管理、建设工程质量管理、房地产开发与管理、土地管理等法律、法规及一大批部门规章。同时，各省、自治区、直辖市人大及其常委会和人民政府，制定了为数众多的地方性法规和政府规章，它们的颁布和施行，对于促进建设领域的改革、开放，维护建设活动秩序，保证建设事业的顺利发展，起到了重要作用。

为了有计划、有步骤地开展建设立法工作，使我国的建设立法更具有科学性、规范性、系统性，减少盲目性，1989 年初，建设部决定把研究和编制《建设法律体系规划方案》(其中包括建设法律体系规划) 作为建设部的重点工作之一。

1995 年底，结合当时和今后的立法任务，建设部制定了"九五"立法计划，以保证建设立法的有序进行。

改革开放 20 多年，是我国建设立法硕果累累的时期，据统计，从 1978 年到现在，已制定和颁发并现行有效的建设法律 3 部，建设行政法规 15 部，建设行政规章 88 部，地方性建设法规、规章则有 400 多项。一些新的建设法规、规章也正按规划加速制定，将会陆续颁发执行。

三、建设法规体系

(一) 建设法规体系的概念

所谓建设法规体系，是指已经制定和需要制定的建设法律、建设行政法规和建设部门规章构成的一个相互联系、相互补充、相互协调的完整统一的框架结构。广义的建设法规体系还包括地方性建设法规和建设规章。

建设法规体系是国家法律体系的重要组成部分。它与国家的宪法和相关法律保持一致，同时又相对独立、自成体系。它覆盖建设活动的各个行业、各个领域以及工程建设的全过程，使建设活动的各个方面都有法可依。

(二) 建设法规体系的构成

我国建设法规体系，是以建设法律为龙头，建设行政法规为主干，建设部门规章和地方建设法规、地方建设规章为支干而构成的。建设法规按其立法权限可分为五个层次：

1. 建设法律

指全国人民代表大会及其常务委员会审议发布的属于国务院建设行政主管部门主管业务范围的各项法律。建设法律在建设法规体系框架中位于顶层，其法律地位和效力最高，是建设法规体系的核心和基础。

2. 建设行政法规

指国务院依法制定并颁布的属于国务院建设行政主管部门主管业务范围的各项法规。建设行政法规的法律地位和效力低于建设法律。

3. 建设部门规章

由国务院建设行政主管部门根据国务院规定的职责范围，依法制定并发布的规章，或由国务院建设行政主管部门与国务院有关部门联合制定并发布的规章，其地位和效力低于建设行政法规。

4. 地方性建设法规

指在不与宪法、法律、行政法规相抵触的前提下，由省、自治区、直辖市人民代表大会及其常委会制定并发布的建设方面的法规。包括省会城市和经国务院批准的较大的市人民代表大会及其常务委员会制定的，报经省、自治区人民代表大会或其常委会批准的各种法规。地方性法规只在本地区适用。

5. 地方性建设规章

指省、自治区、直辖市以及省会城市和经国务院批准的较大城市的人民政府，根据法律和国务院的行政法规制定并颁布的建设方面的规章。

此外，与建设活动关系密切的法律、行政法规和部门规章，也起着调整一部分建设活动的作用，其所包含的内容或某些规定，也是构成建设法规体系的内容。

第三节　建设法规施行

建设法规的施行是指国家机关及其公务员、社会组织、公民实现建设法律规范的活动，主要包括以下几个方面。

一、建设行政执法

建设行政执法，是指建设行政主管部门和被授权或被委托的单位，依法对各项建设活动和建设行为进行监督检查，并对违法行为执行行政处罚的行为。具体包括：① 建设行政决定，包括行政许可、行政命令和行政奖励；② 建设行政检查，包括实地检查和书面检查；③ 建设行政处罚，包括财产处罚、行为处罚和惩戒；④ 建设行政强制执行。

（一）建设工程项目执法监察

建设工程项目执法监察是为了加强对建设工程项目的管理，规范建筑市场，纠正和查处建设领域中存在的不正之风和腐败行为，促进经济和社会健康发展。

1. 范围和重点

范围为已竣工、在建及新开工项目，根据需要确定检查范围。重点是检查建设工程项目的立项、报建、招标投标、工程质量与竣工验收五个方面及工程建设中的严重违法违纪和不正当竞争行为。

2. 目标

调查核实本地区、本部门建设工程项目的基本情况，加强对建设规模的有效控制；培育并完善规范的建筑市场，促进建筑业健康发展；严格资金管理，防止国有资产流失；健全监督机制，加强廉政建设，遏制不正之风和腐败现象的滋生蔓延。

3. 方法步骤

一般分为以下四个阶段：

（1）准备发动阶段

各地区各部门组织力量研究制定方案，动员部署工作。

(2) 摸底调查阶段

组织建设单位或施工企业填写"建设工程项目登记表",全面掌握工程项目总数和投资底数,了解立项、报建、招投标、工程质量、竣工验收和执行有关规定的情况。

(3) 重点检查阶段

在各地区、各部门、各单位自查自纠并写出情况报告的基础上,组织力量进行重点检查,其比例不低于40%。

(4) 整改验收阶段

督促建设主管部门、建设单位和施工企业整改存在的问题,建立健全规章制度和监督制约机制,加强建设工程的管理,规范建筑市场行为,写出整改报告。确定具体验收标准,组织对整改情况进行检查验收,验收比例不低于60%。

(二) 建设行政执法监督检查的内容

建设行政执法监督检查的内容包括抽象行政行为和具体行政行为。其中具体内容是:

1. 规范性文件的合法性;
2. 建设行政主管部门的具体行为的合法性与适用性;
3. 建设行政执法主体的合法性;
4. 建设法律、法规、规章的实施情况;
5. 处理行政执法中出现的一些重大问题,特别是社会关注的问题;
6. 调查研究法律、法规、规章实行中的问题,并提出处理意见;
7. 其他需要监督检查的事项。

(三) 建设行政执法监督检查方式

建设行政执法监督检查主要采取以下方式:

1. 建设法律、法规、规章和规范性文件的备案制度和各级建设行政主管部门制定的规范性文件,包括地方性法规、规章,要及时向上一级建设行政主管部门备案。

2. 建设法律、法规和规章实施情况报告制度

建设法律、法规、规章实施一年后,负责实施的建设行政主管部门应向上级建设行政主管部门报告实施情况。

3. 建设法律、法规、规章实施情况检查制度

每年就建设法规实施的专门性问题或综合问题进行检查。

4. 重大行政处罚决定备案制度

县以上建设行政主管部门作出的重大建设行政处罚或建设行政强制执行,应向上一级建设行政主管部门备案。

5. 重要行政案件督查制度

县以上建设行政主管部门应受理公民、法人和其他组织对重要行政案件或违法行为的申诉、控告和检举,视具体情况组织调查或责成有关部门查处。

(四) 建设行政执法监督检查的程序

建设行政执法监督检查必须按照法定的程序进行。一般来说,建设行政执法监督检查按以下程序进行:

1. 制定执法检查计划。执法检查计划一般为年度计划,计划包括检查的目的、内容、方式、时间安排和参加单位等。

2. 书面检查。检查内容用提纲的形式列举出来，下发至被检查的部门和单位，有关部门和单位对被检查的内容作出书面应答。

3. 实地检查。检查组选择典型地方进行检查，采取听汇报、座谈会、个别走访、抽样调查、实地考察等形式进行。

4. 检查总结报告。执法检查机关应写出总结报告，应对检查执行的成绩和问题作出评估，对违法行为提出处理意见，并提出进一步完善和改进意见。

5. 问题的处理。对违反法律、法规和规章的行为，责令其改正，并追究其相应的违法责任。对不具备行政执法主体资格或授权、委托不当的，责令停止行政执法或由授权、委托的机关处理。对行政执法无合法依据或执法不当的，应予以变更、撤销或责令重新作出行政处理。对不履行或拖延履行法定职责，不执行或拖延执行法律、法规和规章规定的法律义务，督促其履行或限期执行。

二、建设行政处罚

建设行政处罚是建设行政主管部门或其他权力机关对违反建设法律、法规和规章，尚未构成犯罪的行政管理相对人实行惩戒或制裁的行为。

（一）建设行政处罚的原则

建设行政处罚的原则是指对建设行政处罚的设定和实施具有指导性的准则，与其他行政处罚具有一致性。

1. 法定原则

行政处罚法定原则是依法行政在行政处罚中的具体体现。一是实施处罚的主体必须是法定的行政主体；二是处罚的依据是法定的；三是行政处罚的程序合法。

2. 公开、公正原则

建设行政处罚，必须以事实为依据，以法律、行政法规和规章为准则，公开、公正。

3. 处罚与教育相结合的原则

建设行政处罚的目的重在纠正违法行为，教育公民、法人或者其他组织自觉守法。

4. 保障当事人权利的原则

在处罚实施过程中，保障当事人权利包括五个方面：一是当事人对所认定的事实及适用的法律是否准确、适当，有陈述意见的权利；二是当事人对行政机关的指控、证据有申辩的权利；三是公民、法人或其他组织对行政机关作出的行政处罚不服，有向上一级行政机关提出行政复议的权利；四是公民、法人或其他组织对行政机关作出的行政处罚不服，有向上一级行政机关提出行政诉讼的权利；五是公民、法人或其他组织因行政机关违法给予行政处罚受到损害的，有依法提出赔偿要求的权利。

（二）建设行政处罚的实施机关

建设行政处罚的实施机关是指对违反建设法律、法规和规章的行为有权给予行政处罚的机关或法定组织。

1. 行政机关

行政处罚权作为行政机关实现行政管理目标的强制手段，是行政机关的法定职权，应该由行政机关实施。

2. 授权的实施机关

法律、法规授权的实施机关是指具有法律、行政法规、地方性法规授权依据的，可以在法定职权范围内实施行政处罚的管理公共事务职能的组织。如建筑市场执法队伍、建筑安全生产监督站等。授权的实施机关可以根据行政处罚法的规定，通过法律、法规的授权取得行政处罚权。

3. 委托实施机关

委托实施机关是指按照法律、法规和规章的规定，接受行政机关的委托，以委托行政机关的名义实施行政处罚的机关。

委托实施行政处罚的机关，应当是符合法定条件的建筑市场执法队伍、建筑工程质量监督站、建筑工程安全监督站等取得建设行政处罚权的机构。

建设行政处罚的施行应根据《行政处罚法》的规定加以规范。

（三）建设行政处罚的程序

建设行政处罚的程序是指建设行政处罚的方式、方法、步骤的总称。建设行政处罚的程序为：

1. 简易程序

指国家行政机关或法律授权的组织对符合法定条件的行政处罚事项当场进行处罚的行政处罚程序。

其程序为：一是表明身份，执法人员应向当事人出示必要的证件以表明自己是合法的执法人员；二是确认违法事实，说明处罚理由；三是告知当事人依法享有的权利；四是制定行政处罚决定书；五是送达处罚决定书，即当场交付当事人；六是执法人员作出的行政处罚决定必须向所属行政机关备案；七是当事人对行政处罚不服的，可以依法申请行政复议或提起行政诉讼。

2. 一般程序

是指除法律特别规定应当适用简易程序和听证程序以外，行政处罚通常所适用的程序。一般程序包括立案、调查取证、处罚决定、处罚决定书送达、申诉等程序。

3. 听证程序

是指行政机关为了查明案件事实，公正合理地实施行政处罚，在决定行政处罚的过程中通过公开举行由有关各方利害关系人参加的听证会，广泛听取意见的方式、方法和制度。实行听证程序是我国行政执法程序在民主化方面迈进的一大步。

听证程序的使用必须有两个条件：一是只有责令停产、停业、吊销许可证和执照及较大数额罚款等行政处罚案件才能适用听证程序；二是当事人要求听证。

听证结束后，行政机关依照《中华人民共和国行政处罚法》的有关规定作出决定。

三、建设行政司法

建设行政司法是指建设行政机关依据法定的权限和程序进行行政调解、行政复议和行政仲裁，以解决相应争议的行政行为。

（一）行政调解

指在行政机关的主持下，以法律为依据，以自愿为原则，通过说服教育等方法，促使双方当事人通过协商互谅达成协议。

（二）行政复议

指在相对人不服行政执法决定时，依法向指定的部门提出重新处理的申请。

（三）行政仲裁

行政仲裁是指国家行政机关依照法律、法规和当事人之间达成的协议，按照法定程序对特定的民事、经济的劳动争议居中调解，进行有约束力的裁决活动。

四、建设行政诉讼和专门机关司法

建设行政诉讼和专门机关司法是指国家司法机关，主要是指人民法院依照诉讼程序，对建设活动中的争议和违法建设行为进行的审理与判决活动。

（一）建设行政诉讼的范围

是指法律规定的，法院受理审判一定范围内建设行政案件的权限。

（二）建设行政诉讼的起诉和受理

建设行政诉讼的起诉是指原告对建设活动的争议和违法建设行为向人民法院提出诉讼请求的一种诉讼行为。建设行政诉讼的受理是指人民法院对公民、法人或其他组织的起诉进行审查，认为符合法律规定的起诉条件而决定立案并予审理的诉讼行为。

（三）建设行政诉讼的审理和判决

1. 建设行政诉讼审理的原则和制度

(1) 决定是否停止具体行政行为的执行；
(2) 公开审理原则；
(3) 回避原则；
(4) 不适用调解的原则；
(5) 撤诉制度；
(6) 缺席判决制度。

2. 行政诉讼的法律适用

人民法院审理建设行政案件，以建设法律、建设行政法规、地方性法规为依据。地方性法规适用于本行政区域内发生的行政案件。人民法院审理民族自治地方的行政案件，应以该民族自治地方的自治条例和单行条例为依据。

3. 第一审程序

包括审理前准备、开庭审理和判决。审理前准备是人民法院对受理的建设行政案件，进行必要的审理组织工作，包括送达诉状、组成合议庭、调查和收集证据、确定开庭时间。开庭审理是在人民法院审判人员和当事人及其他诉讼参与人参与下，依照法定的顺序和方式，对案件进行审理的全部诉讼活动。判决是人民法院代表国家依照事实和法律，对案件审理终结后所作的判定。判决应当制定判决书。

4. 第二审程序

第二审程序即上诉程序。诉讼当事人不服第一审法院判决，有权在判决书送达之日起15日内向上级人民法院提起上诉；当事人不服第一审法院裁定的，有权在裁定书送达之日起10日内向上一级人民法院提起上诉。

第二审人民法院对上诉案件经过审理，做出的判决有如下几种结果：① 维持原判；② 依法改判；③ 发回重审；④ 直接改判。二审判决是终审判决，一经作出即发生法律效力。

5. 审判监督程序

又称再审程序，是指人民法院对已发生法律效力的判决、裁定，发现确有错误，进行再次审理的诉讼程序。

（四）建设行政诉讼执行

是指执行组织对已生效的建设行政案件的法律文书，在义务人逾期拒不履行时，依法采取强制措施，从而使生效法律文书的内容得以实现的活动。

公民、法人或其他组织拒绝履行生效的判决、裁定的，行政机关可以向第一审人民法院申请强制执行。

行政机关拒绝履行生效的判决、裁定的，第一审法院可以采取以下措施：

1. 对应当归还的罚款或者应当给付的赔偿金，通知银行从该行政机关的账户内划拨。

2. 在规定期不执行的，从期满之日起，对该行政机关按日处 50~100 元的罚款。

3. 向该行政机关的上一级行政机关或者监察、人事机关提出司法建议。接受司法建议的机关，根据有关规定处理，并将处理情况告知人民法院。

4. 拒不执行判决、裁定，情节严重构成犯罪的，依法追究主管人员和直接责任人员的刑事责任。

复 习 思 考 题

1. 什么是建设法规，建设法规调整的对象是什么？
2. 简述建设法规体系的概念及其构成。
3. 简述建设立法的基本原则。
4. 建设法规的实施主要包括哪些方面？

第二章 工程建设程序与工程建设执业资格法规

本章主要介绍了工程建设程序的概念、立法现状,工程建设程序阶段的划分及各阶段的主要内容;工程建设执业资格制度的概念、立法现状,执业资格制度的基本情况,从业单位、从业人员资格管理等内容。

第一节 工程建设程序法规

一、工程建设程序法规的概念

工程建设是指土木建筑工程、线路管道和设备安装工程、建筑装饰工程等工程项目的新建、扩建和改建,是形成固定资产的基本生产过程及与之相关联的其他建设工作的总称。

工程建设程序是指工程建设全过程中各项工作都必须遵守的先后次序。由于在工程建设过程中,工作量极大,牵涉面很广,内外协作关系复杂,而且存在着活动空间有限和后续工作无法提前进行的矛盾。因此,工程建设就必然存在着一个分阶段、按步骤,各项工作按序进行的客观规律。这种规律是不可违反的,如人为将工程建设的顺序颠倒,就会造成严重的资源浪费和经济损失。另外,工程建设投资大,建成后的建筑物将长期存在,其质量好坏与人们的生命财产息息相关,因此,工程建设活动是与社会公共利益密切相关的活动。为维护社会公共利益,政府也必须在工程建设过程中,设置一些审批环节,来对各方主体的工程建设行为进行监督管理,这些就需要通过工程建设程序的相关法规来实现。所以国家颁布了有关法规,将工程建设程序以法律的形式固定下来,强迫人们从事工程建设活动时遵守。当然,随着社会的发展和科学技术的进步,加上人们对工程建设认识的不断加深,工程建设程序也会在现有的基础上更加趋于合理、科学。

工程建设程序法规就是指调整工程建设程序活动中发生的各种社会关系的法律规范的总称。

二、工程建设程序法规的立法现状

目前,我国尚无一部专门的《工程建设程序法》,涉及工程建设程序方面的法规主要是部门的规章和规范性文件,例如:《关于基本建设程序的若干规定》(1978年);《关于简化基本建设项目审批手续的通知》(1982年);《关于颁发建设项目进行可行性研究的试行管理办法的通知》(1983年);《关于编制建设前期工作计划的通知》(1984年);《关于建设项目经济评价工作的暂行规定》(1987年);《关于大型和限额以上固定资产投资项目建议书审批问题的通知》(1988年);《工程建设项目实施阶段程序管理暂行规定》(1994年);《工程建设项目报建管理办法》(1994年)等规范性文件。另外,在《中华人民共和国土地管理法》、《中华人民共和国建筑法》、《中华人民共和国城乡规划法》、《中华人民共和国招标投标法》等法律中,也都有涉及工程建设程序的有关规定。

三、我国工程建设程序的有关规定

按照我国现行工程建设程序法规的规定,我国工程建设程序共分五个阶段:工程建设前期阶段(决策分析);工程建设准备阶段;工程建设实施阶段;工程验收与保修阶段;终结阶段。每个阶段又包含若干环节。各阶段、各环节的工作应按规定顺序进行。当然,工程项目的性质不同,规模不一,同一阶段内各环节的工作会有一些交叉,有些环节还可省略,在具体执行时,可根据本行业、本项目的特点,在遵守工程建设程序的大前提下,灵活开展各项工作。

依据我国现行工程建设程序法规的规定,我国工程建设程序如图 2-1 所示:

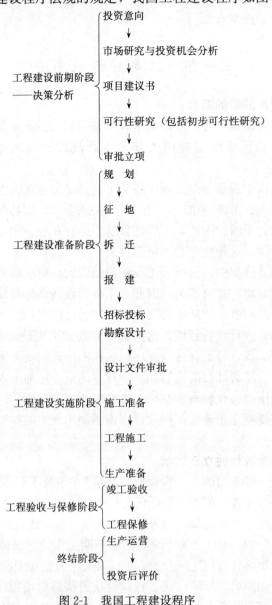

图 2-1 我国工程建设程序

(一)工程建设前期阶段的内容

工程建设前期阶段即决策分析阶段，这一阶段主要是对工程项目投资的合理性进行考察和对工程项目进行选择。对投资者来讲，这是进行战略决策，它将从根本上决定其投资效益，因此是十分重要的。这个阶段包含投资意向、投资机会分析、项目建议书、可行性研究、审批立项几个环节。

1. 投资意向

投资意向是投资主体发现社会存在合适的投资机会所产生的投资愿望。它是工程建设活动的起点，也是工程建设得以进行的必备条件。

2. 投资机会分析

投资机会分析是投资主体对投资机会所进行的初步考察和分析，在认为机会合适、有良好的预期效益时，可进行进一步的行动。

3. 项目建议书

项目建议书是投资机会分析结果文字化后所形成的书面文件，以方便投资决策者分析、抉择。项目建议书应对拟建工程的必要性、客观可行性和获利的可能性逐一进行论述。

对大中型和限额以上的投资项目建议书，由行业归口主管部门初审后，再由国家发改委审批。小型项目的项目建议书，按隶属关系，由主管部门或地方发改委审批。

4. 可行性研究

可行性研究是指项目建议书批准后，对拟建项目技术上是否可行、经济上是否合理等内容所进行的分析论证。广义的可行性研究还包括投资机会分析。

可行性研究应对项目所涉及的社会、经济、技术问题进行深入的调查研究，对各种各样的建设方案和技术方案进行发掘并加以比较、优化。对项目建成后的经济效益、社会效益进行科学的预测及评价，提出该项目建设是否可行的结论性意见。对可行性研究的具体内容和所应达到的深度，有关法规都有明确的规定。可行性研究报告必须经有资格的咨询机构评估确认后，才能作为投资决策的依据。

被批准后的可行性研究报告不得随意修改变更，如果在建设规模、产品方案、建设地区、主要协作关系等方面有变动以及突破投资控制数时，应经过原批准机关同意。

5. 审批立项

审批立项是有关部门对可行性研究报告的审查批准程序，审查通过后即予以立项，正式进入工程项目的建设准备阶段。

大中型建设项目的可行性研究报告由各主管部、各省、市、自治区或全国性工业公司负责预审，报国务院审批。

小型项目的可行性研究报告，按隶属关系由各主管部、各省、市、自治区或全国性工业公司审批。

（二）工程建设准备阶段的内容

工程建设准备是为勘察、设计、施工创造条件所做的建设现场、建设队伍、建设设备等方面的准备工作。这一阶段包括规划、征地、拆迁、报建、工程承发包等主要环节。

1. 规划

在规划区内建设的工程，必须符合城市规划或村庄、集镇规划的要求，其工程选址和布局，必须取得城市规划行政主管部门核发的"选址意见书"、"建设用地规划许可证"、

"建设工程规划许可证",方能进行获取土地使用权、设计、施工等相应的建设活动。

2. 征地

我国的《土地管理法》规定:农村和城市郊区的土地(除法律规定属国家所有者外)属于农民集体所有,其余的土地归国家所有。工程建设用地都必须通过国家对土地使用权出让或划拨而取得,须在农民集体所有的土地上进行工程建设的,也必须先由国家征用农民土地,然后再将土地使用权出让或划拨给建设单位或个人。通过国家出让而取得土地使用权的,应向国家支付出让金,并与市、县人民政府土地管理部门签订书面出让合同,然后按合同规定的年限与要求进行工程建设。

3. 拆迁

在城市进行工程建设,一般都要对建设用地上的原有房屋和附属物进行拆迁。国务院颁发的《城市房屋拆迁管理条例》规定,任何单位和个人需要拆迁房屋的,都必须持有国家规定的批准文件、拆迁计划和拆迁方案,向县级以上人民政府房屋拆迁主管部门提出申请,经批准并取得房屋拆迁许可证后,方可拆迁。拆迁人和被拆迁人应签订书面协议,被拆迁人必须服从城市建设的需要,在规定的期限内完成搬迁,拆迁人对被拆迁人(被拆迁房屋及附属物的所有人、代管人及国家授权的管理人)依法给予补偿,并对被拆迁房屋的使用人进行安置。对违章建筑、超过批准期限的临时建筑的被拆迁人和使用人,则不予补偿和安置。

4. 报建

建设项目被批准立项后,建设单位或其代理机构必须持工程项目立项批准文件、银行出具的资信证明、建设用地的批准文件等资料,向当地建设行政主管部门或其授权机构进行报建。凡未报建的工程项目,不得办理招标手续和发放施工许可证,设计、施工单位不得承接该项目的设计、施工任务。

5. 工程发包与承包

建设单位或其代理机构在上述准备工作完成后,须对拟建工程进行发包,以择优选定工程勘察设计单位、施工单位或总承包单位。

工程发包与承包有招标投标和直接发包两种形式,为鼓励公平竞争,建立公正的竞争秩序,国家提倡招标投标方式,并对许多工程实行强制招标投标。

(三)工程建设实施阶段

1. 工程勘察设计

工程勘察设计是工程项目建设的重要环节,设计文件是制定建设计划、组织工程施工和控制建设投资的依据。它对实现投资者的意愿起关键作用。设计与勘察是密不可分的,设计必须在进行工程勘察,取得足够的地质、水文等基础资料之后才能进行。另外,勘察工作也服务于工程建设的全过程,在工程选址、可行性研究、工程施工等各阶段,也必须进行必要的勘察。

2. 施工准备

施工单位要进行技术、物质方面的准备。包括:熟悉、审查图纸,编制施工组织设计,向下属单位进行计划、技术、质量、安全、经济责任的交底,下达施工任务书,准备工程施工所需的设备、材料等活动。

建设单位要取得开工许可。根据规定,需要满足以下条件方可申请领取施工许可证:

办好用地批准手续；取得规划许可证；拆迁进度满足施工要求；施工企业已确定；有施工图纸和技术资料；有保证工程质量和安全的具体措施；建设资金已落实并满足有关法律、法规规定的其他条件。

已取得施工许可证的，应自批准之日起三个月内组织开工，因故不能按期开工的，可向发证机关申请延期，延期以两次为限，每次不得超过三个月。既不按期开工，又不申请延期或超过延期时限的，已批准的施工许可证自行作废。

3. 工程施工

工程施工是施工队伍具体地配置各种施工要素，将工程设计物化为建筑产品的过程，也是投入劳动量最大，所费时间较长的工作。其管理水平的高低、工作质量的好坏对建设项目的质量和所产生的效益起着十分重要的作用。工程施工管理具体包括施工调度、施工安全、文明施工、环境保护等几方面的内容。

施工调度是进行施工管理，掌握施工情况，及时处理施工中存在的问题，严格控制工程的施工质量、进度和成本的重要环节。施工单位的各级管理机构均应配备专职调度人员，建立和健全各级调度机构。

施工安全是指施工活动中，对职工身体健康与安全、机械设备使用的安全及物资的安全等应有的保障制度和所采取的措施。根据《建设工程现场管理规定》，施工单位必须执行国家有关安全生产和劳动保护的法规，建立安全生产责任制，加强规范化管理，进行安全交底、安全教育和安全宣传，严格执行安全技术方案，定期检修、维护各种安全设施，做好施工现场的安全保卫工作，建立和执行防火管理制度，切实保障工程施工的安全。

文明施工是指施工单位应推行现代管理方法，科学组织施工，保证施工活动整洁、有序、合理地进行。具体内容有：按施工总平面布置图设置各项临时设施，施工现场设置明显标牌，主要管理人员要佩带身份标志。机械操作人员要持证上岗，施工现场的用电线路、用电设施的安装使用和现场水源、道路的设置要符合规范要求等。

环境保护是指施工单位必须遵守国家有关环境保护的法律、法规，采取措施控制各种粉尘、废气、噪声等对环境的污染和危害。如不能控制在规定的范围内，则应事先报请有关部门批准。

4. 生产准备

生产准备是指工程施工临近结束时，为保证建设项目能及时投产使用所进行的准备活动。如招收和培训必要的生产人员，组织人员参加设备安装调试和工程验收，组建生产管理机构，制定规章制度，收集生产技术资料和样品，落实原材料、外协产品、燃料、水、电的来源及其他配合条件等。建设单位要根据建设项目或主要单项工程的生产技术特点，及时组成专门班子或机构，有计划地做好这一工作。

（1）招收和培训人员。大型工程项目往往自动化水平高，相互关联性强，操作难度大，工艺条件要求严格。而新招收的职工大多数可能以前并没有生产的实践经验，解决这一矛盾的主要途径就是人员培训，通过多种方式培训并组织生产人员参加设备的安装调试工作，掌握好生产技术和工艺流程。

（2）生产组织准备。生产组织是生产厂为按照生产过程的客观要求和有关企业法规定的程序进行的，主要包括生产管理机构设置、管理制度的制定、生产人员配备等内容。

（3）生产技术准备。主要包括国内装备设计资料的汇总，有关的国外技术资料的翻译、编辑，各种开车方案、岗位操作法的编制以及新技术的准备。

（4）生产资料准备。主要是落实原材料、协作产品、燃料、水、电、气等的来源和其他需协作配合条件。组织工装、器具、备品、备件等的制造和订货。

（四）工程竣工验收与保修

工程项目按设计文件规定的内容和标准全部建成，并按规定将工程内外全部清理完毕后称为竣工。原国家计委颁发的《建设项目（工程）竣工验收办法》规定，凡新建、扩建、改建的基本建设项目（工程）和技术改造项目，按批准的设计文件所规定的内容建成，符合验收标准的必须及时组织验收，办理固定资产移交手续。根据《建筑法》及国务院《建设工程质量管理条例》等相关法规规定，交付竣工验收的工程，必须具备下列条件：

1. 完成建设工程设计和合同约定的各项内容；
2. 有完整的技术档案和施工管理资料；
3. 有工程使用的主要建筑材料、建筑构配件和设备等的进场试验报告；
4. 有勘察、设计、施工、工程监理等单位分别签署的质量合格文件；
5. 有施工单位签署的工程保证书。

竣工验收的依据是已批准的可执行研究报告、初步设计或扩大初步设计、施工图和设备技术说明书以及现行施工技术验收的规范和主管部门（公司）有关审批、修改、调整的文件等。工程竣工验收合格后，方可交付使用。此时承发包双方应尽快办理固定资产移交手续和工程结算，将所有工程款项结算清楚。根据《建筑法》及相关法规的规定，工程竣工验收交付使用后，在保修期限内，承包单位要对工程中出现的质量缺陷承担保修与赔偿责任。

（五）终结阶段

竣工验收合格后，正式进行生产运营。而生产运营一段时间后要进行投资后评价。

建设项目投资后评价是工程竣工投产、生产运营一段时间后，对项目的立项决策、设计施工、竣工投产、生产运营等全过程进行系统评价的一种技术经济活动。它是工程建设管理的一项重要内容，也是工程建设程序的最后一个环节。它可使投资主体达到总结经验、吸取教训、改进工作，不断提高项目决策水平和投资效益的目的。目前我国的投资后评价一般分建设单位的自我评价、项目所属行业（地区）主管部门的评价及各级计划部门（或主要投资主体）的评价这三个层次进行。

1. 项目单位自我评价工作的组织。项目单位自我评价由项目单位负责，也叫自评。所有建设项目竣工投产（使用、营运）一段时间以后，都应进行自我评价。项目后评价是一项复杂细致的系统工作，在开展后评价工作之前，一定要做好各项准备工作，包括组织准备、思想准备和资料准备。

2. 行业（或地区）主管部门对后评价工作的组织。行业（或地区）主管部门必须配备专人主管项目后评价工作。当收到所属项目单位报来的自我后评价报告后，首先要进行审查，审查报来的资料是否齐全，自我评价是否实事求是，如实反映情况。同时要根据工作需要从行业的角度选一些项目进行评价。如从行业布局、行业的发展、同行业的技术水平、经营成果等方面进行评价。在进行行业评价时，应组织一些专家学者和熟悉情况的人士认真阅读项目单位的自我后评价报告，针对问题深入现场调查研究，写出行业部门后评价报告，报同级、上级计划部门和主要投资方。

3. 各级发改委或主要投资方对后评价工作的组织。各级发改委（或主要投资方）是建设项目后评价工作的组织者、领导者、方法制度的制定者。当收到项目单位和行业（或地区）业务主管部门报来的后评价报告后，应根据工作需要选择一些项目列入年度计划，开展后评价复审工作。也可委托有资格的咨询公司代为组织实施。按基本建设程序办事，还要区别不同情况，具体问题具体分析。各行各业的建设项目，具体情况千差万别，都有自己的特殊性。而一般的基本建设程序，只反映他们共同的规律性，不可能反映各行业的差异性。因此，在建设实践中，还要结合行业项目的特点和条件，有效地去贯彻执行基本建设程序。

第二节　工程建设执业资格法规

一、工程建设执业资格法规的概念

工程建设执业资格制度是国家通过法定条件和立法程序对建设活动主体及其个人进行认定和批准，赋予其在法律所规定的范围内从事一定建筑活动的制度。目前，国际上绝大多数发达国家都对从事建筑活动的主体的资格作了严格的限定。我国也很早就实行了严格的单位执业资质认证制度，对各种建筑企事业单位的资质等级标准和允许执业范围作出了明确的规定。但随着改革开放的深入和市场经济的建立，单纯实行执业资质管理的不足也日益显现出来：一是只管住了单位资质，而对具体执业人员没有要求，出现高资质单位承接任务，而由低素质、低水平的人员来实施的问题，使工程建设的质量和水平难以保证；二是一些高水平的专业人员，由于其所在单位资质较低的限制，其聪明才智和业务能力难以发挥；三是工程建设的相关责任，只能落实到单位，对具体从业人员的责任却难以追究，一有问题就是集体负责，表面上是大家共同负责，实际上却是大家都不负责。另外，大多数发达国家和地区都实行了工程建设执业人员资格注册制度，这已形成了建筑行业管理的国际惯例。如果我们不实行这一制度，就会影响我们与国际建筑界的交流与合作；同时，也会成为我国进入国际市场的障碍。所以我们不但要实行严格的单位执业资质控制，而且对于从业人员也要实行执业资格控制，即市场准入的"双重控制"。

从我国目前的实际情况来看，建筑市场的秩序比较混乱，一些不具备从事建设活动相应条件的单位和个人通过不正当的途径进入建筑市场，承揽建筑工程，严重扰乱了建筑市场的正常秩序，造成建设工程质量隐患甚至导致发生重大的人身伤亡和财产损失等恶性事故。因此建立和维护建筑市场的正常秩序，确立进入建筑市场从事建设活动的准入规则，十分必要。这对提高我国的工程建设水平，保障公民的生命财产安全，优化建筑业组织结构，提高建筑业的国际竞争力都具有重要作用和意义。

工程建设执业资格法规就是指调整工程建设执业资格活动中发生的各种社会关系的法律规范的总称。

二、工程建设执业资格法规的立法现状

目前，我国有关建设执业资格的法律有：1994 年 7 月 5 日第八届全国人民代表大会第八次会议通过的《中华人民共和国城市房地产管理法》（1995 年 1 月 1 日起正式施行），1997 年 11 月 1 日第八届全国人民代表大会第二十八次会议通过的《中华人民共和国建筑

法》(1998年3月1日起正式施行)。

有关建设执业资格的法规、规章主要有：《建筑企事业单位关键岗位持证上岗管理规定》(1991年)，《工程建设监理单位资质管理试行办法》(1992年)，《工程总承包企业资质管理暂行规定》(1992年)，《监理工程师资格考试和注册试行办法》(1992年)，《建筑装饰设计资格分级标准》(1992年)，《混凝土预制构件和商品混凝土生产企业资质管理(试行)》(1993年)，《房地产开发企业资质管理规定》(1993年)，《工程咨询单位资格认定暂行办法》(1994年)，《在中国境内承包工程的外国企业资质管理暂行办法》(1994年)，《建筑施工企业项目经理资质管理办法》(1995年)，《中华人民共和国注册建筑师条例》(1995年)，《建筑业企业资质管理》(1995年)，《中华人民共和国注册建筑师条例实施细则》(1996年)，《建设工程勘察和设计单位资质管理规定》(1997年)，《注册结构工程师执业资格制度暂行规定》(1997年)，《房地产估价师注册管理办法》(1998年)，《注册城市规划师执业资格制度暂行规定》(1999年)，《建设工程质量管理条例》(2000年)，《工程造价咨询单位管理办法》(2000年)，《造价工程师注册管理办法》(2000年)，《建筑业企业资质管理规定》(2001年)，《建筑工程勘察设计企业资质管理规定》(2001年)，《工程监理企业资质管理规定》(2001年)，《外商投资建筑业企业管理规定》(2002年)，《外商投资建设工程设计企业管理规定》(2002年)，《注册土木工程师（岩土）执业资格制度暂行规定》(2002年)，《建造师执业资格制度暂行规定》(2002年)，《外商投资城市规划服务企业管理规定》(2003年)，《物业管理企业资质管理办法》(2004年)，《勘察设计注册工程师管理规定》(2005年)《注册建造师管理规定》(2006年)，《建筑业企业资质管理规定》(2007年)，《施工总承包企业特级资质标准》(2007年)，《建设工程勘察设计资质管理规定》(2007年)，《工程监理企业资质管理规定》(2007年)，《注册建造师执业管理办法（试行)》(2008年)，《中华人民共和国注册建筑师条例实施细则》(2008年)等。

三、从业单位资质管理

从业单位资质管理包括从业单位的条件和从业单位的资质。

（一）从业单位的条件

从事建筑活动的建筑施工企业、勘察单位、设计单位和工程监理单位，应当具备下列条件：

(1) 有符合国家规定的注册资本。
(2) 有与其从事的建筑活动相适应的具有法定执业资格的专业技术人员。
(3) 有从事相关建筑活动所拥有的技术装备。
(4) 法律、行政法规规定的其他条件。

（二）从业单位的资质

1. 工程勘察设计单位从业资质

根据《建设工程勘察设计资质管理规定》，凡从事工程勘察、工程设计活动的单位，必须取得资质证书，方可在资质许可的范围内开展工程勘察或工程设计业务。

(1) 勘察资质分为工程勘察综合资质、专业资质和劳务资质三种。

工程勘察综合资质只设甲级；工程勘察专业资质设甲级、乙级，部分专业可设丙级；工程勘察劳务资质不分等级。

取得工程勘察综合资质的企业，可以承接各专业（海洋工程勘察除外）、各等级的工程勘察任务；取得工程勘察专业资质的企业，可以承接相应等级的工程勘察业务；取得工程勘察劳务资质的企业，只能承接相应的劳务业务。

（2）设计资质分为工程设计综合资质、工程设计行业资质、工程设计专业资质和工程设计专项资质四种。

工程设计综合资质只设甲级；工程设计行业资质、工程设计专业资质、工程设计专项资质设甲级和乙级。根据工程性质和技术特点，个别行业、专业、专项资质可以设丙级，建筑工程专业资质可以设丁级。

取得工程设计综合资质的企业，可以承接各行业、各等级的建设工程设计业务；取得工程设计行业、专业或专项资质的各企业，可以承接相应行业、专业、专项的相应等级的工程设计业务。

工程勘察甲级资质和工程设计甲级资质以及涉及铁路、交通、水利、信息产业、民航等方面的工程设计乙级资质的应向企业工商注册所在地的省、自治区、直辖市建设主管部门提出申请，报国务院建设主管部门审核。

工程勘察乙级及以下资质、工程设计乙级及以下资质许可由省、自治区、直辖市人民政府建设主管部门实施。

工程勘察、设计资质的资质证书有效期为五年。对在资质有效期内遵守有关法律、规章等，信用档案中无不良记录、专业技术人员满足资质标准要求的企业，经资质许可机关同意，有效期延续五年。

国务院建设主管部门对工程勘察、设计资质实施统一的监督管理。对不符合相应资质条件的，或违反规定的有撤销资质或处分的措施。

2. 监理企业从业资质

（1）监理企业资质的划分

根据《工程监理企业资质管理规定》，工程监理企业资质分为综合资质、专业资质和事务所资质。

综合资质和事务所资质不分级别。专业资质分为甲级和乙级，其中房屋建筑、水利水电、公路和市政公用专业资质可设立丙级。

工程监理综合资质、专业类甲级资质，应当向企业工商注册所在地的省、自治区、直辖市人民政府建设主管部门提出申请，由国务院建设主管部门审批。工程监理专业类乙级、丙级资质和事务所类资质由企业所在地省、自治区、直辖市人民政府建设主管部门负责审批。

（2）监理企业的业务范围

综合资质可以承担所有专业工程类别建设工程项目的工程监理业务；专业甲级资质可承担相应专业工程类别建设工程项目的工程监理业务；专业乙级资质可承担相应专业工程类别二级以下（含二级）建设工程项目的工程监理业务；专业丙级资质可承担三级建设工程项目的工程监理业务；事务所资质可承担三级建设工程项目的工程监理业务，但是，国家规定必须实行强制监理的工程除外。

工程监理企业可以开展相应类别建设工程的项目管理、技术咨询等业务。

3. 建筑业企业资质

建筑业企业是指从事土木工程、建筑工程、线路、管道及设备安装工程、装修工程等新建、改建及扩建等活动的企业，也就是通常人们所说的建筑施工企业。

(1) 建筑业企业资质等级及业务范围

根据《建筑业企业资质管理规定》，建筑业企业资质分为施工总承包、专业承包和劳务分包三个序列。

① 施工总承包企业可以对所承接的施工总承包工程内各专业工程全部自行施工，也可将专业工程或劳务作业依法分包给具有相应资质的专业承包企业或劳务分包企业。施工总承包企业资质分为特级、一级、二级、三级，共有12个专业类别。

② 专业承包企业可以承接施工总承包企业分包的专业工程和建设单位依法发包的专业工程。专业承包企业可以对所承接的专业工程全部自行施工，也可以将劳务作业依法分包给具有相应资质的劳务分包企业。专业承包企业资质分为一级、二级、三级或无级别，共有60个专业类别。

③ 劳务分包企业只能承接施工总承包企业或专业承包企业分包的劳务作业。按《建筑法》的规定，承接的分包作业不得再进行分包。劳务分包企业资质分为一级、二级或无级别，共有13个专业类别。

建筑企业资质等级新标准（注：特级资质新标准已经实施）尚待国务院建设主管部门会同国务院有关部门制定。

(2) 建筑业企业资质申请与审批

国务院建设主管部门审核施工总承包序列的特级和一级资质；各省、自治区、直辖市人民政府建设主管部门审核施工总承包序列二级资质以及专业承包序列一级、二级和不分等级资质；设区的市人民政府建设主管部门审核施工总承包序列三级资质、专业承包序列三级资质、劳务分包序列资质。

资质证书有效期为五年。对在资质有效期内遵守有关法规，信用档案中无不良记录，且注册资本与专业技术人员满足资质标准要求的企业，经资质许可机关同意，有效期延续五年。

(3) 建筑业企业资质的监督管理

县级以上人民政府建设主管部门对建筑企业的资质进行监督管理。上级建设主管部门对下级建设主管部门的资质管理工作进行监督管理。

4. 房屋建筑工程施工总承包企业资质等级标准

(1) 特级企业资质标准

根据《施工总承包企业特级资质标准》（建市〔2007〕72号）规定，房屋建筑工程施工总承包企业申请特级资质，必须具备以下条件：

第一，企业资信能力：

① 企业注册资本金3亿元以上。

② 企业净资产3.6亿元以上。

③ 企业近三年上缴建筑业营业税均在5000万元以上。

④ 企业银行授信额度近三年均在5亿元以上。

第二，企业主要管理人员和专业技术人员要求：

① 企业经理具有10年以上从事工程管理工作经历。

② 技术负责人具有15年以上从事工程技术管理工作经历，且具有工程序列高级职称

及一级注册建造师或注册工程师执业资格；主持完成过两项及以上施工总承包一级资质要求的代表工程的技术工作或甲级设计资质要求的代表工程或合同额2亿元以上的工程总承包项目。

③ 财务负责人具有高级会计师职称及注册会计师资格。

④ 企业具有注册一级建造师（一级项目经理）50人以上。

⑤ 企业具有本类别相关的行业工程设计甲级资质标准要求的专业技术人员。

第三，科技进步水平：

① 企业具有省部级（或相当于省部级水平）及以上的企业技术中心。

② 企业近三年科技活动经费支出平均达到营业额的0.5%以上。

③ 企业具有国家级工法3项以上；近五年具有与工程建设相关的，能够推动企业技术进步的专利3项以上，累计有效专利8项以上，其中至少有一项发明专利。

④ 企业近十年获得过国家级科技进步奖项或主编过工程建设国家或行业标准。

⑤ 企业已建立内部局域网或管理信息平台，实现了内部办公、信息发布、数据交换的网络化；已建立并开通了企业外部网站；使用了综合项目管理信息系统和人事管理系统、工程设计相关软件，实现了档案管理和设计文档管理。

第四，房屋建筑工程施工总承包企业特级资质标准代表工程业绩：

近5年承担过下列5项工程总承包或施工总承包项目中的3项，工程质量合格。

① 高度100米以上的建筑物；

② 28层以上的房屋建筑工程；

③ 单体建筑面积5万平方米以上的房屋建筑工程；

④ 钢筋混凝土结构单跨30米以上的建筑工程或钢结构单跨36米以上的房屋建筑工程；

⑤ 单项建安合同额2亿元以上的房屋建筑工程。

（2）一级资质标准

根据《建筑业企业资质等级标准》（建建〔2001〕82号）规定，房屋建筑工程施工总承包企业一级资质标准如下：

第一，企业近5年承担过下列6项中的4项以上工程的施工总承包或主体工程承包，工程质量合格。

① 25层以上的房屋建筑工程；

② 高度100米以上的构筑物或建筑物；

③ 单体建筑面积3万平方米以上的房屋建筑工程；

④ 单跨跨度30米以上的房屋建筑工程；

⑤ 建筑面积10万平方米以上的住宅小区或建筑群体；

⑥ 单项建安合同额1亿元以上的房屋建筑工程。

第二，企业经理具有10年以上从事工程管理工作经历或具有高级职称；总工程师具有10年以上从事建筑施工技术管理工作经历并具有本专业高级职称；总会计师具有高级会计职称；总经济师具有高级职称。企业有职称的工程技术和经济管理人员不少于300人，其中工程技术人员不少于200人；工程技术人员中，具有高级职称的人员不少于10人，具有中级职称的人员不少于60人。企业具有的一级资质项目经理不少于12人。

第三，企业注册资本金5000万元以上，企业净资产6000万元以上。

第四，企业近3年最高年工程结算收入2亿元以上。

第五，企业具有与承包工程范围相适应的施工机械和质量检测设备。

（3）二级资质标准

根据《建筑业企业资质等级标准》（建建〔2001〕82号）规定，房屋建筑工程施工总承包企业二级资质标准如下：

第一，企业近5年承担过下列6项中的4项以上工程的施工总承包或主体工程承包，工程质量合格。

① 12层以上的房屋建筑工程；

② 高度50米以上的构筑物或建筑物；

③ 单体建筑面积1万平方米以上的房屋建筑工程；

④ 单跨跨度21米以上的房屋建筑工程；

⑤ 建筑面积5万平方米以上的住宅小区或建筑群体；

⑥ 单项建安合同额3000万元以上的房屋建筑工程。

第二，企业经理具有8年以上从事工程管理工作经历或具有中级以上职称；技术负责人具有8年以上从事建筑施工技术管理工作经历并具有本专业高级职称；财务负责人具有中级以上会计职称。企业有职称的工程技术和经济管理人员不少于150人，其中工程技术人员不少于100人；工程技术人员中，具有高级职称的人员不少于2人，具有中级职称的人员不少于20人。企业具有的二级资质以上项目经理不少于12人。

第三，企业注册资本金2000万元以上，企业净资产2500万元以上。

第四，企业近3年最高年工程结算收入8000万元以上。

第五，企业具有与承包工程范围相适应的施工机械和质量检测设备。

（4）三级资质标准

根据《建筑业企业资质等级标准》（建建〔2001〕82号）规定，房屋建筑工程施工总承包企业三级资质标准如下：

第一，企业近5年承担过下列5项中的3项以上工程的施工总承包或主体工程承包，工程质量合格。

① 6层以上的房屋建筑工程；

② 高度25米以上的构筑物或建筑物；

③ 单体建筑面积5000平方米以上的房屋建筑工程；

④ 单跨跨度15米以上的房屋建筑工程；

⑤ 单项建安合同额500万元以上的房屋建筑工程。

第二，企业经理具有5年以上从事工程管理工作经历；技术负责人具有5年以上从事建筑施工技术管理工作经历并具有本专业中级以上职称；财务负责人具有初级以上会计职称。企业有职称的工程技术和经济管理人员不少于50人，其中工程技术人员不少于30人；工程技术人员中，具有中级以上职称的人员不少于10人。企业具有的三级资质以上项目经理不少于10人。

第三，企业注册资本金600万元以上，企业净资产700万元以上。

第四，企业近3年最高年工程结算收入2400万元以上。

第五，企业具有与承包工程范围相适应的施工机械和质量检测设备。

四、从业人员资格管理

《建筑法》规定从事建筑活动的专业技术人员，应当依法取得相应的执业资格证书，并在执业资格证书许可的范围内从事建筑活动。为此，建设工程领域实施了执业资格许可制度，设立了住房和城乡建设部执业资格注册中心，主要承担注册建筑师、注册结构工程师、注册监理工程师、勘察设计注册工程师、注册城市规划师、注册建造师、注册房地产估价师等的考试和注册工作。国务院建设主管部门对执业资格制度实行统一监督管理；县以上地方建设主管部门对注册执业人员的执业活动实施监督管理。

（一）注册建造师制度

注册建造师是以专业技术为依托、以工程项目管理为主业的执业注册人员，是懂管理、懂技术、懂经济、懂法规，综合素质较高的复合型人员，既要有理论水平，也要有丰富的实践经验和较强的组织能力。建造师注册受聘后，可以建造师的名义担任建设工程项目施工的项目经理。

1. 注册建造师的级别

注册建造师分为一级注册建造师和二级注册建造师。

2. 注册建造师的专业

注册建造师划分为14个专业：房屋建筑工程、公路工程、铁路工程、民航机场工程、港口与航道工程、水利水电工程、电力工程、矿山工程、冶炼工程、石油化工工程、市政公用与城市轨道工程、通信与广电工程、机电安装工程、装饰装修工程。

3. 注册建造师的资格考试

建造师要通过考试获取执业资格。考试成绩实行2年为一个周期的滚动管理办法，且必须在连续的两个考试年度内通过全部科目。

一级注册建造师执业资格考试实行全国统一大纲、统一命题、统一组织的考试制度，由人事部、住房和城乡建设部共同组织实施，原则上每年举行一次考试。一级建造师考试科目有《建设工程经济》、《建设工程项目管理》、《建设工程法规及相关知识》和《专业工程管理与实务》。

二级注册建造师执业资格考试实行全国统一大纲，各省、自治区、直辖市命题并组织的考试制度。二级建造师考试科目有《建设工程施工管理》、《建设工程法规及相关知识》和《专业工程管理与实务》。

4. 报考条件

凡遵守国家法律、法规，具备下列条件之一者，可以申请参加一级建造师执业资格考试：

（1）取得工程类或工程经济类大学专科学历，工作满6年，其中从事建设工程项目施工管理工作满4年。

（2）取得工程类或工程经济类大学本科学历，工作满4年，其中从事建设工程项目施工管理工作满3年。

（3）取得工程类或工程经济类双学士学位或研究生班毕业，工作满3年，其中从事建设工程项目施工管理工作满2年。

（4）取得工程类或工程经济类硕士学位，工作满2年，其中从事建设工程项目施工管理工作满1年。

(5) 取得工程类或工程经济类博士学位，从事建设工程项目施工管理工作满1年。

凡遵纪守法并具备工程类或工程经济类中等专科以上学历并从事建设工程项目施工管理工作满2年，可报名参加二级建造师执业资格考试。

5. 建造师的注册

取得建造师执业资格证书且符合注册条件的人员，必须经过注册登记后，方可以建造师名义执业。住房和城乡建设部或其授权机构为一级建造师执业资格的注册管理机构；各省、自治区、直辖市建设行政主管部门制定本行政区域内二级建造师执业资格的注册办法，报住房和城乡建设部或其授权机构备案。准予注册的申请人员，分别获得《中华人民共和国一级建造师注册证书》、《中华人民共和国二级建造师注册证书》。已经注册的建造师必须接受继续教育，更新知识，不断提高业务水平。建造师执业资格注册有效期一般为3年，期满前3个月，要办理再次注册手续。

6. 注册建造师的执业范围

注册建造师的执业范围包括：担任建设工程项目施工的项目经理；从事其他施工活动的管理工作；法律、行政法规或国务院建设行政主管部门规定的其他业务。

不同级别的建造师，其执业范围是不同的：在行使项目经理职责时，一级注册建造师可以担任《建筑业企业资质等级标准》中规定的特级、一级建筑业企业资质的建设工程项目施工的项目经理；二级注册建造师可以担任二级建筑业企业资质的建设工程项目施工的项目经理。大中型工程项目的项目经理必须逐步由取得建造师执业资格的人员担任；但取得建造师执业资格的人员能否担任大中型工程项目的项目经理，应由建筑业企业自主决定。

(二) 注册建筑师制度

注册建筑师，是指经考试、特许、考核认定取得中华人民共和国注册建筑师执业资格证书，从事建筑设计及相关业务活动的专业技术人员。

1. 注册建筑师的级别

注册建筑师级别分一级注册建筑师和二级注册建筑师。

2. 注册建筑师的专业

国家对从事人类生活与生产服务的各种民用与工业房屋及群体的综合设计、规划设计、室内外环境设计、建筑装饰装修设计，建筑修复、建筑雕塑、有特殊建筑要求的构筑物的设计，从事建筑设计技术咨询，建筑物调查与鉴定，对本人主持设计的项目进行施工指导和监督等专业技术工作的人员，实施注册建筑师执业资格制度。

3. 注册建筑师的考试和注册

注册建筑师考试分为一级注册建筑师考试和二级注册建筑师考试。注册建筑师考试实行全国统一考试，一般每年进行一次。注册建筑师考试由全国注册建筑师管理委员会统一部署，省、自治区、直辖市注册建筑师管理委员会组织实施。

一级注册建筑师考试内容包括：建筑设计前期工作、场地设计、建筑设计与表达、建筑结构、环境控制、建筑设备、建筑材料与构造、建筑经济、施工与设计业务管理、建筑法规等。上述内容分成若干科目进行考试。科目考试合格有效期为八年。在有效期内全部科目合格的，由全国注册建筑师管理委员会核发《中华人民共和国一级注册建筑师执业资格证书》。持有有效的《注册建筑师执业资格证书》者，具有申请注册的资格，但未经注册，不得称为注册建筑师，不得执行注册建筑师业务。一级注册建筑师的注册工作由全国注册建筑师管理委员会负责。

二级注册建筑师考试内容包括：场地设计、建筑设计与表达、建筑结构与设备、建筑法规、建筑经济与施工等。上述内容分成若干科目进行考试，科目考试合格有效期为四年。经二级注册建筑师考试，全部科目在有效期内考试合格，由省、自治区、直辖市注册建筑师管理委员会核发《中华人民共和国二级注册建筑师执业资格考试合格证书》。二级注册建筑师的注册工作由省、自治区、直辖市注册建筑师管理委员会负责。

4. 注册建筑师的执业范围

一级注册建筑师的执业范围不受工程项目规模和工程复杂程度的限制。二级注册建筑师的执业范围只限于承担工程设计资质标准中建设项目设计规模划分表中规定的小型规模的项目，二级注册建筑师的建筑设计范围只限于承担国家规定的民用建筑工程等级分级标准三级（含三级）以下项目；五级以下项目，允许非注册建筑师进行设计。注册建筑师的执业范围不得超越其聘用单位的业务范围。注册建筑师的执业范围与其聘用单位的业务范围不符时，个人执业范围服从聘用单位的业务范围。

注册建筑师的执业范围具体为：

① 建筑设计；

② 建筑设计技术咨询；

③ 建筑物调查与鉴定；

④ 对本人主持设计的项目进行施工指导和监督；

⑤ 国务院建设主管部门规定的其他业务。

（三）注册造价工程师制度

注册造价工程师是指由国家授予资格并准予注册后执业，专门接受某个部门或某个单位的指定、委托或聘请，负责并协助其进行工程造价的计价、定价及管理业务的工程经济专业人员。

1. 注册造价工程师考试形式

全国造价工程师执业资格考试由住房和城乡建设部与人事部共同组织，实行全国统一大纲、统一命题、统一组织的办法，原则上每年举行一次，一般只在省会城市设立考点。考试成绩管理考试以两年为一个周期，参加全部科目考试的人员须在连续两个考试年度内通过全部科目的考试。免试部分科目的人员须在一个考试年度内通过应试科目。

考试设四个科目，具体为：《工程造价管理基础理论与相关法规》、《工程造价计价与控制》、《建设工程技术与计量》（分土建和安装两个专业，考生可任选其一）、《工程造价案例分析》。

2. 注册造价工程师报名条件

（1）凡中华人民共和国公民，遵纪守法并具备以下条件之一者，均可申请造价工程师执业资格考试：

①工程造价专业大专毕业，从事工程造价业务工作满5年；工程或工程经济类大专毕业，从事工程造价业务工作满6年。

②工程造价专业本科毕业，从事工程造价业务工作满4年；工程或工程经济类本科毕

业,从事工程造价业务工作满 5 年。

③获上述专业第二学士学位或研究生班毕业和获硕士学位,从事工程造价业务工作满 3 年。

④获上述专业博士学位,从事工程造价业务工作满 2 年。

(2) 上述报考条件中有关学历的要求是指经教育部承认的正规学历,从事相关工作经历年限要求是指取得规定学历前、后从事该相关工作时间的总和。

3. 注册造价工程师的注册

造价工程师执业资格实行注册登记制度。住房和城乡建设部及各省、自治区、直辖市和国务院有关部门的建设行政主管部门为造价工程师的注册管理机构,注册有效期为三年。

4. 注册造价工程师的执业范围

根据《注册造价工程师管理办法》(住房和城乡建设部 150 号令)规定,造价工程师只能在一个单位执业。造价工程师执业范围包括:

(1) 建设项目建议书、可行性研究投资估算的编制和审核,项目经济评价,工程概、预、结算、竣工结(决)算的编制和审核;

(2) 工程量清单、标底(或者控制价)、投标报价的编制和审核,工程合同价款的签订及变更、调整、工程款支付与工程索赔费用的计算;

(3) 建设项目管理过程中设计方案的优化、限额设计等工程造价分析与控制,工程保险理赔的核查;

(4) 工程经济纠纷的鉴定。

(四) 注册结构工程师制度

注册结构工程师是指经全国统一考试合格,依法登记注册,取得中华人民共和国注册结构工程师执业资格证书和注册证书,从事房屋结构、桥梁结构及塔架结构等工程设计及相关业务的专业技术人员。

1997 年 9 月,建设部、人事部下发了《建设部、人事部关于印发〈注册结构工程师执业资格制度暂行规定〉的通知》(建设办〔1999〕222 号),决定在我国实行注册结构工程师执业资格制度,并成立了全国注册结构工程师管理委员会。考试工作由建设部、人事部共同负责,日常工作委托全国注册结构工程师管理委员会办公室承担,具体考务工作委托人事部人事考试中心组织实施。

注册结构工程师分为一级注册结构工程师和二级注册结构工程师。

1. 注册结构工程师考试

注册结构工程师考试实行全国统一大纲、统一命题、统一组织的办法,原则上每年举行一次。

一级注册结构工程师资格考试由基础考试和专业考试两部分组成。通过基础考试的人员,从事结构工程设计或相关业务满规定年限,方可申请参加专业考试。二级注册结构工程师资格考试只有专业考试。

基础考试科目包括:①高等数学;②普通物理;③普通化学;④理论力学;⑤材料力学;⑥流体力学;⑦计算机应用基础;⑧电工电子技术;⑨工程经济;⑩土木工程材料;⑪工程测量;⑫职业法规;⑬土木工程施工与管理;⑭结构设计;⑮结构力学;⑯结构试验;⑰土力学与地基基础。

专业考试科目包括：①钢筋混凝土结构；②钢结构；③砌体结构与木结构；④地基与基础；⑤高层建筑、高耸结构与横向作用；⑥桥梁结构。

2. 注册与执业

取得注册结构工程师执业资格证书者，要从事结构工程设计业务的，须申请注册。

注册结构工程师注册有效期为2年，有效期届满需要继续注册的，应当在期满前30日内办理注册手续。

注册结构工程师执行业务，应当加入一个勘察设计单位，由勘察设计单位统一接受并统一收费。

注册结构工程师的执业范围包括：① 结构工程设计；②结构工程设计技术咨询；③建筑物、构筑物、工程设施等调查和鉴定；④对本人主持设计的项目进行施工指导和监督；⑤住房和城乡建设部和国务院有关部门规定的其他业务。

一级注册结构工程师的执业范围不受工程规模及工程复杂程度的限制。二级注册工程师的勘察设计范围仅限承担国家规定的民用建筑工程三级及以下或工业小型项目。

案 例 分 析

案例一

【案情简介】

甲方：××通用机械厂　　　　　　　乙方：××集团第八分公司

甲方为使本厂的自筹资金的招待所工程尽快发挥效益，1995年3月，在施工图还没有完成的情况下，就和乙方签订了施工合同，并拨付了工程备料款，意在早作准备，加快速度，减少物价上涨的影响。乙方按照甲方的要求进场做准备，搭设临时设施、租赁了机械工具，并购进了大批建筑材料等待开工。当甲方拿到设计单位的施工图及设计概算时，出现了以下问题。

甲方原计划自筹项目总投资150万元，设计单位按甲方提出的标准和要求设计完成后，设计概算达到210万元。一旦开工，很可能造成中途停建。但不开工，施工队伍已进场做了大量的工作。经各方面研究决定："方案另议，缓期施工"。甲方将决定通知乙方后，乙方很快送来了索赔报告。

××通用机械厂基建科：

我方按照贵厂招待所工程的施工合同要求准时进场（1995年3月20日）并作了大量准备工作。鉴于贵方做出"缓期施工"的时间难以确定，我方必须考虑各种可能，以减少双方更大的损失。现将自进场以来所发生的费用报告如下：

临时材料库及工棚搭设费；工人住宿、食堂、厕所搭建费；办公室、传达室、新改建大门费；搅拌机、卷扬机租赁费；钢管脚手架、钢横板租赁费；工人窝工费（接到图纸后时间内）；已购运进场材料费；已为施工办理各种手续费用；上交有关税费；共10项合计40.5万元。

甲方认真核实了乙方费用证据及实物，同意乙方退场决定，并给予了实际发生的损失补偿。

【案例评析】

工程建设要先设计后施工，工程建设中的自筹资金要满足工程需要，工程建设要量力而行，这些都是基本建设工作中的基本要求。不按照基建程序仓促上马，急于取得经济效益，而最终却得到了相反的结果。一个愿望的实现，当它违背了客观规律、脱离了科学决策的时候，结果往往就是相反的。

案例二

【案情简介】

在甘肃省兰州市滨海南路沿线两侧建有一批商品房，由于某些开发商在商品房开发建设过程中违法占地，地方政府违法批地，结果使得一批商品房无法获得正常的上市交易手续和文件，特别是一些购房的业主无法获得房屋产权，成为开发商和商品房购买者之间矛盾的焦点。甘肃省政府成立了专门调查小组，对兰州市滨海南路沿线两侧15项违法建设项目进行了立案调查，对违法批地的有关政府工作人员予以行政处分，对违法建设单位责令在交纳违法用地、违法建设罚款、补交土地出让金及相关税费后，补办相关手续。

【案例评析】

本案是关于商品房开发建设单位违反建筑工程建设程序，非法占用土地，以及土地管理部门超越职权违法批地而受到处罚的典型案例。未经人民政府同意而擅自占用土地进行建设属于违法行为，依法应当予以纠正。

案例三

【案情简介】

2010年11月15日下午2时15分许，上海静安区胶州路728号的一幢28层民宅发生严重火灾，起火大楼正在实施今年的静安区政府实事工程——节能综合整治项目。火灾发生后，上海公安、消防、卫生、应急办等部门立即出动，赶赴现场处置，展开灭火救援工作。这场大火于当晚6时30分被扑灭，目前火灾已导致58人死亡。经过初步分析，火灾起因是大楼在装修作业施工中，有2名电焊工无特种作业人员资格证违规实施作业，严重违反操作规程，在短时间内形成密集火灾，并且在引发大火后逃离现场。

【案例评析】

为了加强特种作业人员的安全技术培训、考核和管理，实现施工现场安全生产，提高经济效益，国家标准局于1985年颁布了《特种作业人员安全技术考核管理规则》，将我国特种作业人员划分为十一个专业类别：电工作业、锅炉司炉、压力容器操作、起重机械操作、爆破操作、金属焊接（气割）作业、煤矿井下瓦斯检验、机动车辆驾驶、机动船舶驾驶和轮机操作、建筑登高架设作业、其他符合特种作业基本定义的作业。对于特种作业人员必须进行培训，考核合格后取得操作证者方准独立作业。

复习思考题

1. 何谓工程建设程序？我国的建设程序分为哪几个阶段？
2. 规定建设程序有什么意义？
3. 我国对于土地所有权和使用权方面是如何规定的？
4. 什么叫执业资格制度？我国执业资格制度立法情况如何？
5. 从事建筑活动的单位应当具备哪些条件？

6. 什么是注册建造师？注册建造师资质分为哪些级别？不同资质等级的注册建造师的执业范围有哪些区别？

7. 先看下面案例，然后进行分析。

案情简介：长平乡以党委、乡政府的名义向某市绿化委员会申请建设片林 1500 亩，并要求在规划绿地面积的同时，划出 300 亩别墅和公寓建设用地。该乡在办理立项用地许可证、建设规划许可证等手续未得到批准的情况下，成立了经贸发展有限公司进行房地产开发和销售工作，开始了大面积的违法建筑和非法土地转让。在建设过程中，该市、区有关部门曾多次下发"违章开发建设停工通知书"，但是违法开发及强行施工却从未停止过。后来，该市建设工程项目执法监察小组对该建设项目进行处罚：要求该建设项目补交土地转让金和有关税费，按规定补办有关手续，并处以罚款。

请问：该市建设工程项目执法监察小组对该建设项目的处罚正确吗？请加以分析。

另外，关于建设工程项目竣工验收并投入使用后，有两种观点：

一是认为既然工程通过竣工验收，并且已经投入使用，那么除了正常的保修工作以外，该工程项目建设已经彻底完成，不需要进行其他工作了。

二是认为按照我国的工程建设程序，工程竣工验收后，除了保修工作，还有一项工作，就是在建设项目竣工投产一段时间以后，要进行评价工作。评价由项目单位自己评价，并写出评价报告，然后送上级备案即可。

对以上两种观点，谈谈你的看法，并加以分析。

第三章 建设工程质量管理法规

本章主要介绍了建设工程质量的概念、管理体系及立法现状；工程建设质量体系认证制度；建设各方在质量管理中的责任；以及建设工程返修及损害赔偿责任等内容。

第一节 建设工程质量管理概述

一、建设工程质量的概念

传统质量定义：检测产品，保证它符合规格。

世界著名统计工程管理学专家道里安·舍宁（Dorian Shainin）是统计工程管理学（Statistical Engineering）和红 X 策略（Red X Strategy）创始人。他的质量定义已被世界广泛应用。他将质量定义为：质量是客户的满意、热情和忠诚。

所以，现代质量可定义为：厂家必须生产客户想要的理想产品，以获得客户的满意。改进质量的目的就是要创造热情、满意、忠诚的客户。

建设工程质量有广义和狭义之分。从狭义上说，建设工程质量仅指工程实体质量，它是指在国家现行的有关法律、法规、技术标准、设计文件和合同中，对工程的安全、适用、经济、美观等特性的综合要求。广义上的建设工程质量还包括工程建设参与者的服务质量和工作质量。它反映在他们的服务是否及时、主动，态度是否诚恳、守信，管理水平是否先进，工作效率是否很高等方面。它又可分为政治思想工作质量、管理工作质量、技术工作质量和后勤工作质量等。应该说，工程实体质量的好坏是决策、计划、勘察、设计、施工等单位各方面各环节工作质量的综合反映。现在，国内外都趋向于从广义上来理解建设工程质量，但本书中的建设工程质量主要还是工程本身的质量，即狭义上的建设工程质量。

影响建设工程质量的因素很多，如决策、设计、材料、机械、地形、地质、水文、气象、施工工艺、操作方法、技术措施、人员素质、管理制度等，但归纳起来，可分为五大方面，即通常所说的"4M1E"：人（Man）、机械（Machine）、材料（Material）、方法（Method）和环境（Environment）。在工程建设全过程中严格控制好这五大因素，是保证建设工程质量的关键。

二、建设工程质量法规立法现状

新中国成立后尤其改革开放以来，我国颁布了一系列关于建设工程质量的法律、法规和规章。其中法律主要有：《中华人民共和国标准化法》（1988年）、《建筑法》（1997年）、《中华人民共和国产品质量法》（2000年）等。其中法规和规章有：《建设部质量奖评审管理办法》（1990年），《中华人民共和国产品质量认证管理条例》（1991年），《工程建设国家标准管理办法》（1992年），《工程建设行业标准管理办法》（1992年），《建筑工程质量管理办法》（1993年），《建筑工程质量管理条例》（2000年），《建筑工程施工图设计文件审查暂行办法》（2000年），《房屋建筑工程和市政基础设施工程竣工验收备案管理暂行办法》（2000年），《房屋建筑工程质量保修办法》（2000年），《实施工程建设强制性标准监督规定》（2000年）；《房屋建筑工程和市政基础设施工程验收暂行规定》（2000年），《2000版工程建设标准强制性条文（房屋建筑部分）》（2000年），《房屋建筑工程制图统一标准》（2001年），《建筑结构可靠度设计统一标准》（2001年），《建筑工程施工质量验收统一标准》（2001年），《工程质量监督工作导则》（2003年），《房屋建筑和市政基础设施工程施工图设计文件审查管理办法》（2004年），《建设工程质量检测管理办法》（2005年）等。

三、我国建设工程质量的管理体系

建设工程质量的优劣直接关系国民经济的发展和人民生命的安全，因此，加强建设工程质量的管理，是一个十分重要的问题。根据有关法规规定，我国建立起了对建设工程质量进行管理的体系，它包括宏观管理和微观管理两个方面。

宏观管理是国家对建设工程质量所进行的监督管理，它具体由建设行政主管部门及其委托授权机构实施，这种管理贯穿在工程建设的全过程和各个环节之中，它既对工程建设从计划、规划、土地管理、环保、消防等方面进行监督管理，又对工程建设的主体从资质认定和审查，成果质量检测、验证和奖惩等方面进行监督管理，还对工程建设中各种活动如工程建设招投标，工程施工、验收、维修等进行监督管理。

微观管理又包括两个方面，一是工程承包单位，如勘察单位、设计单位、施工单位自己对所承担工作的质量管理。它们要按要求建立专门质检机构，配备相应的质检人员，建立相应的质量保证制度，如审核校对制、培训上岗制、质量抽检制、各级质量责任制和部门领导质量责任制等。二是建设单位对所建工程的管理，它可成立相应的机构和人员，对所建工程的质量进行监督管理，也可委托社会监督单位对工程建设的质量进行监理。现在，世界上大多数国家都推行监理制，我国也正在推行和完善这一制度。

第二节 建设工程质量体系认证制度

《建筑法》规定：国家对从事建筑活动的单位推行质量体系认证制度。从事建筑活动的单位根据自愿原则可以向国务院产品质量监督管理部门或其授权的部门认可的认证机构申请企业质量体系认证。经认证合格的，由认证机构向该企业颁发企业质量体系认证书。

一、质量体系认证的标准

1987年3月，国际标准化组织（ISO）正式发布ISO 9000质量管理体系系列标准。1992年，我国也发布了等同采用国际标准的GB/T 19000/ISO 9000系列标准。此后ISO/TC 176技术委员会通过调研、试点，对ISO 9000系列标准进行了不断的改进，在原1994版ISO 9000系列标准的基础上，正式发布了2000版ISO 9000系列标准，我国随即将其等同转化为国家标准。2008年ISO又发布了最新修订的ISO 9001：2008《质量管理体系要求》。我国于2008年12月30日将该国际标准等同采用为GB/T 19001—2008《质量管理体系要求》国家标准。

二、质量体系系列认证标准

(一) 质量管理体系系列标准

"GB/T"是"推荐性国家标准"代号,即:中国的"GB/T 19001—2008"标准等同采用 ISO 9001:2008 标准之意。

GB/T 19000/ISO 9000 系列标准的核心标准包括:

(1) GB/T 19000—2008/ISO 9000:2005《质量管理体系——基础和术语》。
(2) GB/T 19001—2008/ISO 9001:2008《质量管理体系——要求》。
(3) GB/T 19001—2000/ISO 9004:2000《质量管理体系——业绩改进指南》。
(4) GB/T 19011—2003/ISO 19011:2002《质量和(或)环境管理体系审核指南》。

此外,GB/T 19000 系列标准中还包括其他标准、技术规范、技术报告等文件。

ISO 9000 系列标准,由于其制定的高度概括性和认证模式的严谨性,得到世界各国认同,并为各国广泛采用。一度在世界范围内形成席卷工商业的旋风,在我国同样也掀起了 ISO 9000 认证热潮。就 ISO 9000 族标准本身而言,由于其总结了诸多工业发达国家近百年来的管理经验,融合了当今诸多优秀的管理方法,并用最简洁的方式将企业运行的模式加以概括,指明了企业管理的基本流程;同时该体系本身又兼具相当的弹性,容许每个企业根据自身特点加以最大限度的发挥运用。运用这套标准,可以帮助组织建立正常运转的基本框架,制定各个层面最基础的管理制度,同时还能结合组织自身管理队伍素质的高低,选择不同的管理流程和模式以达到质量管理的目的。

(二) 质量管理体系系列标准内容

1. GB/T 19000—2008/ISO 9000:2005《质量管理体系——基础和术语》

我国于 2009 年 5 月 1 日开始实施 GB/T 19001—2008/ISO 9000:2005《质量管理体系——基础和术语》国家标准。

本标准表述了构成 GB/T 19000 系列标准主体内容的质量管理体系的基础,并定义了相关的术语。

本标准适用于:① 通过实施质量管理体系寻求优势的组织;② 对供方能满足其产品要求寻求信任的组织;③ 产品的使用者;④ 就质量管理方面所使用的术语需要达成共识的人员和组织(如:供方、顾客、监管机构);⑤ 评价组织的质量管理体系或依据 GB/T 19001 的要求审核其符合性的内部或外部人员和机构(如:审核员、监管机构、认证机构);⑥ 对组织质量管理体系提出建议或提供培训的内部或外部人员和机构;⑦ 制定相关标准的人员。

本标准等同采用 ISO 9000:2005《质量管理体系——基础和术语》,是 GB/T 19000 系列的核心标准之一。

本标准经历了以下几个版本:

GB 6583.1—1986、GB/T 6583—1992、GB/T 6583—1994、GB/T 19000—2000(将 GB/T 19000.1—1994 的内容并入。同时,该标准被取消)。

2. GB/T 19001—2008/ISO 9001:2008《质量管理体系——要求》

我国于 2009 年 3 月 1 日开始实施 GB/T 19001—2008/ISO 9001:2008《质量管理体系——要求》国家标准。

本标准为有下列需求的组织规定了质量管理体系要求:① 需要证实其具有稳定地提

供满足顾客要求和适用的法律法规要求的产品的能力；② 通过体系的有效应用，包括体系持续改进过程的有效应用，以及保证符合顾客要求和适用的法律法规要求，旨在增强顾客满意。

本标准规定的所有要求是通用的，旨在适用于各种类型、不同规模和提供不同产品的组织。

本标准等同采用 ISO 9001：2008《质量管理体系要求》，通常用于企业建立质量管理体系并申请认证之用。它主要通过对申请认证组织的质量管理体系提出各项要求来规范组织的质量管理体系。主要分为五大模块的要求，这五大模块分别是：质量管理体系、管理职责、资源管理、产品实现、测量分析和改进。其中每个模块中又分有许多分条款。随着2008版标准的颁布，世界各国的企业纷纷开始采用新版的 ISO 9001：2008 标准申请认证。国际标准化组织鼓励各行各业的组织采用 ISO 9001：2008 标准来规范组织的质量管理，并通过外部认证来达到增强客户信心和减少贸易壁垒的作用。

本标准经历了以下几个版本：

GB/T 10300.2—1988、GB/T 19001—1992、GB/T 19001—1994、GB/T 19001—2000、GB/T 19001—2008。

3. GB/T 19004—2000/ISO 9004：2000《质量管理体系——业绩改进指南》

我国于 2001 年 6 月 1 日开始实施 GB/T 19004—2000/ISO 9004：2000《质量管理体系——业绩改进指南》国家标准。

本标准提供了超出 GB/T 19001 要求的指南，以便考虑提高质量管理体系的有效性和效率，进而考虑开发改进组织业绩的潜能。与 GB/T 19001 相比，本标准将顾客满意和产品质量的目标扩展为包括相关方满意和组织的业绩。本标准适用于组织的各个过程，因此，本标准所依据的质量管理原则也可在整个组织内应用。本标准强调实现持续改进，这可通过顾客和其他相关方的满意程度来测量。本标准包括指南和建议，既不用于认证、法规或合同目的，也不是 GB/T 19001 的实施指南。

本标准等同采用 ISO 9004：2000《质量管理体系——业绩改进指南》。

4. GB/T 19011—2003/ISO 19011：2002《质量和（或）环境管理体系审核指南》

我国于 2003 年 10 月 1 日开始实施 GB/T 19011—2003/ISO 19011：2002《质量和（或）环境管理体系审核指南》

本标准为审核原则、审核方案管理、质量管理体系审核和环境管理体系审核实施提供了指南。本标准适用于需要实施质量和（或）环境管理体系内部和外部审核，或需要管理审核方案的所有组织。本标准原则上可适用于其他领域的审核，在这种情况下，需要特别注意识别审核组成员所需的能力。

本标准等同采用 ISO 19011：2002《质量和（或）环境管理体系审核指南》

（三）建筑施工企业的认证

凡是通过 ISO 9000 认证的企业，在各项管理系统整合上已达到了国际标准，表明企业能持续稳定地向顾客提供预期和满意的合格产品。站在消费者的角度，公司以顾客为中心，能满足顾客需求，达到顾客满意，不诱导消费者。

建筑施工领域质量管理工作专业性强，为了进一步提高建筑施工企业质量管理水平，为社会提供优质建筑，国家认证认可监督管理委员会与住房和城乡建设部决定在建筑施工领域质量管理体系认证中认证的内容同时包括《质量管理体系要求》（GB/T 19001—2008）和《工程建设施工企业质量管理规范》（GB/T 50430—2007）的要求。

认证证书标注的认证依据标准为：GB/T 19001—2008/ISO 9001：2008 和 GB/T 50430—2007。

第三节 建设各方对质量的责任和义务

一、建设单位的质量责任和义务

建设单位（又称业主）是投资建设工程，并对工程项目享有所有权的主体。按理说，它对建设工程质量应最为关心，也最为精心。但在我国，工程建设的投资者主要还是国家及一些开发商，代表建设单位直接参与工程管理的人并不是工程最后的使用者，建设工程质量的好坏与其自身利益并无十分密切的关系，他们享有建设单位的权利，但不承担工程质量低劣的后果。另外，我国建筑行业竞争十分强烈，基本处于僧多粥少的局面，承包方与建设单位处于不平等的地位，使得建设单位在工程建设中的行为没有多少约束，建设单位的压低造价等一些不合理要求得不到抵制，违背正常建设规律建成的工程质量存在不少隐患。鉴于此，国务院于2000年1月颁发的《建设工程质量管理条例》特别对建设单位的质量责任和义务作出了明确规定，它们主要有：

1. 依法发包工程的责任

通过工程发包，选取具有技术和经济实力、享有良好信誉的承包商来承包工程建设，是确保工程质量的重要环节。《建设工程质量管理条例》规定："建设单位应当将工程发包给具有相应资质等级的单位。""建设单位不得将工程肢解发包。"同时，还进一步规定：对于应当招标的工程项目，建设单位应依法招标。发包单位及其工作人员在建设工程发包中不得收受贿赂、回扣或索取其他好处。

2. 委托监理的责任

建设单位对工程建设应进行必要的监督、管理，对于国家规定强制实行监理的工程，建设单位应委托具有相应资质等级的工程监理单位进行监理，也可以委托具有工程监理相应资质等级并与被监理工程的施工承包单位没有隶属关系或其他利害关系的该工程的设计单位进行监理。

3. 依法报批、接受政府监督的责任

建设单位在工程设计完成后，应将施工图设计文件报县级以上人民政府建设行政主管部门或其他有关部门审查，未经审查批准的施工图设计文件，不得使用。建设单位在领取施工许可证或进行开工报告前，应按国家有关规定办理工程质量监督手续。

4. 遵守国家规定及技术标准的责任

建立工程建设的技术标准及相关规定，是保证建设工程质量的重要措施，任何单位和个人都必须严格遵守，不得随意更改和破坏。建设单位在工程发包时不得迫使承包方以低于成本的价格竞标，不得任意压缩合理工期。工程建设过程中，建设单位不得明示和暗示设计单位或施工单位违反工程建设强制性标准，降低工程质量。建设单位也不得明示和暗示施工单位使用不合格的建筑材料、建筑构配件和设备。按合同约定由建设单位自己提供的建筑材料、建筑构配件和设备，也必须保证其符合设计文件和合同的要求。在进行涉建筑主体和承重结构变动的装修时,应委托原设计单位或具有相应资质等级的设计单位进行设计,没有设计方案的,不得强行施工。

5. 提供资料、组织验收的责任

在工程建设的各个阶段,建设单位都负有向有关的勘察、设计、施工、工程监理等单位提供工程有关原始资料,并保证其真实、准确、齐全的责任。在收到工程竣工报告后,建设单位应负责组织设计、施工、工程监理等有关单位对工程进行验收,并应按国家有关档案管理的规定,及时收集、整理建设项目各环节的文件资料,在工程验收后,负责及时向建设行政主管部门或其他有关部门移交建设项目档案。

如建设单位未尽上述责任,将分别受到限期改正、责令停工、处以罚款等处罚;构成犯罪的还将追究单位、直接责任人及其直接负责的主管人员的刑事责任。建设单位如是房屋建设开发公司,除承担一般建设单位的有关责任、义务外,还应建立健全质量保证体系,加强对开发工程的质量管理;其开发经营的工程质量应符合国家现行的有关法律、法规、技术标准和设计文件的要求;其出售的房屋,应符合使用要求,并应提供有关使用、保养和维护的说明,如发生质量问题,应在保修期内负责保修。房屋建设开发公司如违反上述规定,将依其情节轻重,处以降低资质等级、吊销资质证书和罚款的处罚。

二、施工单位的质量责任与义务

1. 遵守执业资质等级制度的责任

施工单位必须在其资质等级许可的范围内承揽工程施工任务,不得超越本单位资质等级许可的业务范围或以其他施工单位的名义承揽工程。禁止施工单位允许其他单位或个人以本单位的名义承揽工程。施工单位也不得将自己承包的工程进行转包或非法分包。

2. 建立质量保证体系的责任

施工单位应当建立健全质量保证体系,建立并落实质量责任制度,要明确确定工程项目的项目经理、技术负责人和管理负责人。施工单位必须建立、健全并落实质量责任制度,严格工序管理,做好隐蔽工程的质量检查和记录。隐蔽工程在掩埋前,应通知建设单位和建设工程质量监督机构进行检验。施工单位还应当建立、健全教育培训制度,加强对职工的教育培训,未经教育培训或考核不合格的人员,不得上岗作业。施工单位还应加强计量、检测等基础工作。

3. 遵守技术标准、严格按图施工的责任

施工单位必须按照工程设计图纸和施工技术标准施工,不得擅自修改工程设计,不得偷工减料。施工过程中如发现设计文件和图纸的差错,应及时向设计单位提出意见和建议,不得擅自处理。施工单位必须按照工程设计要求、施工技术标准和合同约定,对建筑材料、建筑构配件、设备及商品混凝土进行检验,并做好书面记录,由专人签字,未经检验或检验不合格的上述物品,不得使用。施工单位必须按有关施工技术标准留取试块、试件及有关材料的取样,应在建设单位或工程监理单位监督下在现场进行。施工单位对施工中出现质量问题的建设工程或竣工验收不合格的工程,应负责返修。

4. 总包单位与分包单位之间的质量责任

建设工程实行总承包的,总承包单位应对全部建设工程质量负责;实行勘察、设计、施工、设备采购的一项或多项总承包的,总承包单位应对其承包工程或采购设备的质量负责。总承包单位依法进行分包的,分包单位应按分包合同的约定对其分包工程的质量向总承包单位负责，总承包单位与分包单位对分包工程的质量承担连带责任。

施工单位未尽上述质量责任时，根据其违法行为的严重程度，将受到责令改正、罚款、降低资质等级、责令停业整顿、吊销资质证书等处罚。对不符合质量标准的工程，要负责返工、修理，并赔偿因此造成的损失。对降低工程质量标准，造成重大安全事故，构成犯罪的，要追究直接责任人的刑事责任。

三、监理单位的质量责任和义务

1. 遵守执业资质等级制度的责任

工程监理单位应在其资质等级许可的范围内承担工程监理业务，不得超越本单位资质等级许可的范围或以其他工程监理单位的名义承担工程监理业务。禁止工程监理单位允许其他单位或个人以本单位的名义承担工程监理业务。工程监理单位也不得将自己承担的工程监理业务进行转让。

2. 回避责任

工程监理单位与被监理工程的施工承包单位以及建筑材料、建筑构配件和设备供应单位有隶属关系或其他利害关系的，不得承担该项建设工程的监理业务，以保证监理活动的公平、公正。

3. 坚持质量标准、依法进行现场监理的责任

工程监理单位应选派具有相应资格的总监理工程师进驻施工现场。监理工程师应依据有关技术标准、设计文件和建设工程承包合同及工程监理规范的要求，采取旁站、巡视和平行检验等形式，对建设工程实施监理，对违反有关规范及技术标准的行为进行制止，责令改正；对工程使用的建筑材料、建筑构配件和设备的质量进行检验，不合格者，不得准许使用。工程监理单位不得与建设单位或施工单位串通一气，弄虚作假，降低工程质量。

工程监理单位未尽上述责任影响工程质量的，将根据其违法行为的严重程度，给予责令改正、没收非法所得、罚款、降低资质等级、吊销资质证书等处罚。造成重大安全事故、构成犯罪的，要追究直接责任人员的刑事责任。

四、其他

（一）工程勘察设计单位的质量责任与义务

1. 遵守执业资质等级制度的责任

勘察设计单位必须在其资质等级允许范围内承揽工程勘察设计任务，不得擅自超越资质等级或以其他勘察、设计单位的名义承揽工程，也不得允许其他单位或个人以本单位的名义承揽工程，还不得转包或违法分包自己所承揽的工程。

2. 建立质量保证体系的责任

勘察设计单位应建立健全质量保证体系，工程勘察项目负责人应组织有关人员做好现场踏勘、调查，按要求编写《勘察纲要》，并对勘察过程中各项作业资料进行验收并签字。工程勘察工作的原始记录应在勘察工程中及时整理、核对，确保取样、记录的真实和准确，严禁离开现场后再追记和补记。工程勘察企业的法定代表人、项目负责人、审核人、审定人等相关人员应在勘察文件上签字或盖章，并对勘察质量负责，其相关责任分别为：企业法定代表人对勘察质量负全面责任；项目负责人对项目的勘察文件负主要质量责任；项目审核人、审定人对其审核、审定项目的勘察文件负审核、审定的质量责任。设计单位应加强设计过程的质量控制，健全设计文件的审核会签制度。注册建筑师、注册结构工程

师等执业人员应在设计文件上签字,对设计文件的质量负责。

3. 遵守国家工程建设强制性标准及有关规定的责任

勘察设计单位必须按照工程建设强制性标准及有关规定进行勘察设计。工程勘察文件要反映工程地质、地形地貌、水文地质状况,其勘察成果必须真实准确、评价应准确可靠。勘察文件应符合国家规定的勘察深度要求。设计单位要根据勘察成果文件进行设计,设计文件的深度,应符合国家规定,满足相应设计阶段的技术要求,并注明工程合理使用年限。所完成的施工图应配套,细部节点应交代清楚,标注说明应清晰、完整。由设计所选用的建筑材料、建筑构配件和设备,应注明规格、型号、性能等技术指标,其质量必须符合国家规定的标准;除有特殊要求的建筑材料、专用设备、工艺生产线外,设计单位不得指定生产厂家或供应商。

4. 施工验槽、技术交底和事故处理责任

工程勘察单位应当参与施工验槽,及时解决工程设计和施工中与勘察工作有关的问题。设计单位应就审查合格的施工图向施工单位作出详细说明,做好设计文件的技术交底工作,对大中型建设工程、超高层建筑以及采用新技术、新结构的工程,设计单位还应在施工现场派驻设计代表。当其所设计的工程发生质量事故时,设计单位应参与质量事故分析,并对因设计造成的质量事故,提出相应的技术处理方案。

勘察设计单位应对本单位编制的勘察设计文件的质量负责。当其违反国家的法律、法规及相关规定,没有尽到上述质量责任时,根据情节轻重,将会受到责令改正、没收违法所得、罚款、责令停业整顿、降低资质等级、吊销资质证书等处罚。造成损失的,依法承担赔偿责任。注册建筑师、注册结构工程师等注册执业人员因过错造成质量事故的,责令停止执业1年;造成重大事故的,吊销执业资格证书,5年内不予注册;情节特别恶劣的,终身不予注册。勘察设计单位违反国家规定,降低工程质量标准,造成重大安全事故、构成犯罪的,要依法追究直接责任人员的刑事责任。

(二)建筑材料、构配件生产及设备供应单位的质量责任

建筑材料、构配件生产及设备供应单位对其生产或供应的产品质量负责。建筑材料、构配件生产及设备供应单位必须具备相应的生产条件、技术设备和质量保证体系,具备相应的检测人员和设备,并应把好产品看样、订货、储存、运输和核验的质量关,其供应的建筑材料、构配件和设备质量应符合国家或行业现行有关技术标准规定的合格标准和设计要求,并应符合以其产品说明、实物样品等方式表明的质量状况。其产品或其包装上的标识应符合下述要求:

(1)有产品质量检验合格证明;
(2)有中文标明的产品名称、生产厂的厂名和厂址;
(3)产品包装和商标样式符合国家有关规定和标准要求;
(4)设备应有详细的产品使用说明书,电器设备还应附有线路图;
(5)获得生产许可证或使用产品质量认证标志的产品,应有生产许可证或质量认证。

第四节 建设各方对工程质量应承担的法律责任

为进一步提高我国建筑工程质量安全监管水平和各方责任主体质量意识,强化监管责

任，确保工程质量，国家及各地出台了一系列行政法规，加大了对工程质量责任的力度。

一、建设单位对工程质量应承担的法律责任

（1）建设单位将建设工程发包给不具有相应资质等级的勘察、设计、施工单位或者委托给不具有相应资质等级的工程监理单位的，责令改正，处50万元以上100万元以下的罚款。

（2）建设单位将建设工程肢解发包的，责令改正，处工程合同价款0.5%以上1%以下的罚款；对全部或者部分使用国有资金的项目，并可以暂停项目执行或者暂停资金拨付。

（3）建设单位有下列行为之一的，责令改正，处20万元以上50万元以下的罚款：

1) 迫使承包方以低于成本的价格竞标的；
2) 任意压缩合理工期的；
3) 明示或者暗示设计单位或者施工单位违反工程建设强制性标准，降低工程质量的；
4) 施工图设计文件未经审查或者审查不合格，擅自施工的；
5) 建设项目必须实行工程监理而未实行工程监理的；
6) 未按照国家规定办理工程质量监督手续的；
7) 明示或者暗示施工单位使用不合格的建筑材料、建筑构配件和设备的；
8) 未按照国家规定将竣工验收报告、有关认可文件或者准许使用文件报送备案的。

（4）建设单位未取得施工许可证或者开工报告未经批准，擅自施工的，责令停止施工，限期改正，处工程合同价款1%以上2%以下的罚款。

（5）建设单位有下列行为之一的，责令改正，处工程合同价款2%以上4%以下的罚款；造成损失的，依法承担赔偿责任：

1) 未组织竣工验收，擅自交付使用的；
2) 验收不合格，擅自交付使用的；
3) 对不合格的建设工程按照合格工程验收的。

《建设工程质量管理条例》第59条规定：违反本条例规定，建设工程竣工验收后，建设单位未向建设行政主管部门或者其他有关部门移交建设项目档案的，责令改正，处1万元以上10万元以下的罚款。

二、施工单位对工程质量应承担的法律责任

（1）施工单位在施工中偷工减料的，使用不合格的建筑材料、建筑构配件和设备的，或者有不按照工程设计图纸或者施工技术标准施工的其他行为的，责令改正，处工程合同价款2%以上4%以下的罚款；造成建设工程质量不符合规定的质量标准的，负责返工、修理，并赔偿因此造成的损失；情节严重的，责令停业整顿，降低资质等级或者吊销资质证书。

（2）施工单位未对建筑材料、建筑构配件、设备和商品混凝土进行检验，或者未对涉及结构安全的试块、试件以及有关材料取样检测的，责令改正，处10万元以上20万元以下的罚款；情节严重的，责令停业整顿，降低资质等级或者吊销资质证书；造成损失的，依法承担赔偿责任。

（3）施工单位不履行保修义务或者拖延履行保修义务的，责令改正，处10万元以上20万元以下的罚款，并对在保修期内因质量缺陷造成的损失承担赔偿责任。

（4）涉及建筑主体或者承重结构变动的装修工程，没有设计方案擅自施工的，责令改正，处 50 万元以上 100 万元以下的罚款；房屋建筑使用者在装修过程中擅自变动房屋建筑主体或者承重结构的，责令改正，处 5 万元以上 10 万元以下的罚款。

有上述所列行为，造成损失的，依法承担赔偿责任。

(5) 施工单位超越资质等级承揽工程的，责令停止违法行为，对施工单位处工程合同价款 2% 以上 4% 以下的罚款，可以责令停业整顿，降低资质等级；情节严重的，吊销资质证书；有违法所得的，予以没收。

未取得资质证书承揽工程的，予以取缔，依照上述规定处以罚款；有违法所得的，予以没收。

以欺骗手段取得资质证书承揽工程的，吊销资质证书，依照本条第一款规定处以罚款；有违法所得的，予以没收。

(6) 施工单位允许其他单位或者个人以本单位名义承揽工程的，责令改正，没收非法所得，对施工单位处工程合同价款 2% 以上 4% 以下的罚款；可以责令停业整顿，降低资质等级；情节严重的，吊销资质证书。

(7) 承包单位将承包的工程转包或者违法分包的，责令改正，没收非法所得，对施工单位处工程合同价款 0.5% 以上 1% 以下的罚款；可以责令停业整顿，降低资质等级；情节严重的，吊销资质证书。

三、监理单位对工程质量应承担的法律责任

(1) 工程监理单位超越资质等级承揽工程的，责令停止违法行为，处合同约定的监理酬金 1 倍以上 2 倍以下的罚款；情节严重的，吊销资质证书；有违法所得的，予以没收。

未取得资质证书承揽工程的，予以取缔，依照上述规定处以罚款；有违法所得的，予以没收。

以欺骗手段取得资质证书承揽工程的，吊销资质证书，依照本条第一款规定处以罚款；有违法所得的，予以没收。

(2) 工程监理单位允许其他单位或者个人以本单位名义承揽工程的，责令改正，没收非法所得，对工程监理单位处合同约定的监理酬金 1 倍以上 2 倍以下的罚款；情节严重的，吊销资质证书。

(3) 工程监理单位转让工程监理业务的，责令改正，没收非法所得，处合同约定的监理酬金 25% 以上 50% 以下的罚款；可以责令停业整顿，降低资质等级；情节严重的，吊销资质证书。

(4) 工程监理单位有下列行为之一的，责令改正，处 50 万元以上 100 万元以下的罚款，降低资质等级或者吊销资质证书，有违法所得的，予以没收；造成损失的，承担连带赔偿责任：

1) 与建设单位或者施工单位串通，弄虚作假，降低工程质量的；
2) 将不合格的建设工程、建筑材料、建筑构配件和设备按照合格签字的。

(5) 工程监理单位与被监理工程的施工承包单位以及建筑材料、建筑构配件和设备供应单位有隶属关系或者其他利害关系承担该项建设工程监理业务的，责令改正，并处 5 万元以上 10 万元以下的罚款，降低资质等级或者吊销资质证书；有违法所得的，予以没收。

四、勘察设计单位对工程质量应承担的法律责任

(1) 勘察设计单位超越资质等级承揽工程的，责令停止违法行为，处合同约定的勘察

设计费 1 倍以上 2 倍以下的罚款；情节严重的，吊销资质证书；有违法所得的，予以没收。

未取得资质证书承揽工程的，予以取缔，依照上述规定处以罚款；有违法所得的，予以没收。

以欺骗手段取得资质证书承揽工程的，吊销资质证书，依照本条第一款规定处以罚款；有违法所得的，予以没收。

(2) 勘察设计单位允许其他单位或者个人以本单位名义承揽工程的，责令改正，没收非法所得，对勘察设计单位处合同约定的勘察设计费 1 倍以上 2 倍以下的罚款；可以责令停业整顿，降低资质等级；情节严重的，吊销资质证书。

(3) 勘察设计单位有下列行为之一的，责令改正，处 10 万元以上 30 万元以下的罚款：

1) 勘察单位未按照工程建设强制性标准进行勘察的；
2) 设计单位未根据勘察成果文件进行工程设计的；
3) 设计单位指定建筑材料、建筑构配件的生产厂、供应商的；
4) 设计单位未按照工程建设强制性标准进行设计的。

有以上行为，造成工程质量事故的，责令停业整顿，降低资质等级；情节严重的，吊销资质证书；造成损失的，依法承担赔偿责任。

第五节　建设工程质量保修

一、保修期内的返修责任

1. 返修范围

建设工程自办理交工验收手续后，只要在规定的保修期内，无论是因施工造成的质量缺陷，还是因勘察设计、材料等原因造成的质量缺陷，都应由施工单位负责维修。此处所称的质量缺陷，是指工程不符合国家或行业的有关技术标准、设计文件及合同中对质量的要求。

2. 保修期限

保修期从竣工验收交付使用之日算起，具体保修期限由发包方与承包方约定，但其最低保修期限不得低于国务院规定的下述标准：

(1) 基础设施工程、房屋建筑的地基基础工程和主体结构工程，为设计文件规定的该工程的合理使用年限；

(2) 房屋防水工程，有防水要求的卫生间、房间和外墙面的防渗漏，为 5 年；

(3) 供热与供冷系统，为 2 个采暖期、供冷期；

(4) 电器管线、给排水管道、设备安装和装修工程，为 2 年。

3. 返修程序

施工单位自接到保修通知书之日起，必须在两周内到达现场与建设单位共同明确责任方、商议返修内容。属于施工单位责任的，施工单位应按约定日期到达现场，如施工单位未能按期到达现场，建设单位应再次通知施工单位，施工单位自接到再次通知书的一周内仍不能到达时，建设单位有权自行返修，所发生的费用由原施工单位承担；不属施工单位责任的,建设单位应与施工单位联系,商议维修的具体期限。

4. 返修的经济责任

(1) 因施工单位未按国家有关规范、标准和设计要求施工而造成的质量缺陷,由施工单位负责返修并承担经济责任;

(2) 因设计原因造成的质量缺陷,由设计单位承担经济责任,由施工单位负责维修,其费用按有关规定通过建设单位向设计单位索赔,不足部分由建设单位负责;

(3) 因建筑材料、构配件和设备质量不合格引起的质量缺陷,属于施工单位采购的或经其验收同意的,由施工单位承担经济责任,属于建设单位采购的,由建设单位承担经济责任;

(4) 因使用单位使用不当而造成的质量问题,由使用单位自行负责;

(5) 因地震、洪水、台风等不可抗力造成的质量问题,施工单位、设计单位不承担经济责任。

二、危房的维修

(1) 新建、扩建、改造后的房屋被鉴定为危险房屋的,其安全隐患如为设计造成的,将依法追究设计单位及直接责任人的责任;如为施工造成的,将依法追究施工单位及其直接责任人的责任;如为使用不当造成的,将追究使用人的责任。

(2) 历史遗留房屋被鉴定为危险房屋的,其返修责任由房屋所有人负责,房屋所有人必须按照鉴定机构的处理建议,及时加固或修缮治理。当所有人未按鉴定机构的处理建议处理,或使用人有阻碍行为的,房地产行政主管部门有权指定有关部门代修,或采取其他强制措施,发生的费用由责任人承担。

(3) 遗产毗连危险房屋的各所有人,应按照国家对遗产毗连房屋的有关规定,共同履行治理责任。拒不承担责任的,由房屋所在地行政主管部门调查处理;当事人不服的,可向当地人民法院起诉。

(4) 因下列原因造成事故的,房屋所有人应承担民事或行政责任:有险不查或损坏不修;经鉴定机构鉴定为危险房屋而未采取有效的解危措施。

(5) 因下列原因造成事故的,使用人、行为人应承担民事责任:使用人擅自改变房屋结构、构件、设备或使用性质;使用人阻碍房屋所有人对危险房屋采取解危措施;行为人由于施工、堆物、碰撞等行为危及房屋。

(6) 有下列情况,鉴定机构应承担民事或行政责任:故意把非危险房屋鉴定为危险房屋而造成损失;因过失把危险房屋鉴定为非危险房屋,并在有效时限内发生事故;因拖延鉴定时间而发生事故。各当事人上述行为给他人造成生命财产损失,已构成犯罪的由司法机关依法追究刑事责任。

三、损害赔偿

《消费者权益保护法》规定:使用商品者及接受服务者受到人身、财产损害的,享有依法获得赔偿的权利。《建设工程质量管理办法》也规定:因建设工程质量缺陷造成人身、缺陷工程以外的其他财产损害的,侵害人应按有关规定,给予受害人赔偿。根据《民法通则》和《产品质量法》的精神,因建设工程质量缺陷造成受害人人身伤害的,侵害人应当赔偿医疗费、因误工减少的收入、残废者生活补助费等费用;造成受害人死亡的,并应支付丧葬费、抚恤费、死者生前抚养的人所必要的生活费用等。因建设工程质量缺陷造成受害人财产损失的，侵害人除承担返修责任外，对其其他财产损失，应予赔偿。因建设工程质量存在缺陷造成损害、要求赔偿的诉讼时效期限为一年，自当事人知道或应当知道其权益受到损害时起计算。

案 例 分 析

案例一
【案情简介】
某施工单位承接了某医院门诊楼的施工任务，该楼建筑面积 159510m²，框剪结构。为了抢进度，在进行塑钢窗的安装施工过程中，没有严格按照塑钢窗的施工工艺规程进行操作，窗框与墙体洞口之间的缝隙未进行密封处理就进行下道工序——抹灰、贴面砖的施工，致使雨季来临时，发生了 65% 的塑钢窗严重渗水的质量事故。

【问题】
1. 如果该工程施工过程中实施了工程监理，监理单位对该起质量事故是否应承担责任？
2. 对该起质量事故的处理应遵循什么程序？
3. 施工工序质量控制的内容和要求有哪些？

【案例评析】
1. 监理单位应对该起质量事故承担责任。因为监理单位接受了建设单位的委托，并收取了监理费用，具备了承担责任的条件，而施工过程中，监理未能发现塑钢窗的缝隙处理不当的质量问题，因此必须承担相应责任。
2. 处理程序：
(1) 进行事故调查，了解事故情况，并确定是否需要采取防护措施；
(2) 分析调查结果，找出事故的主要原因；
(3) 确定是否需要处理，若需处理，施工单位确定处理方案；
(4) 事故处理；
(5) 检查事故处理结果是否达到要求；
(6) 事故处理结论；
(7) 提交处理方案。
3. 施工工序质量控制的内容：
(1) 严格遵守工艺规程；
(2) 主动控制工序活动条件的质量；
(3) 及时检查工序活动效果的质量；
(4) 设置工序质量控制点。
4. 施工工序质量控制的要求：
(1) 设置工序质量检查点，进行预控；
(2) 落实工序操作质量巡查、抽查及跟踪检查等方法，及时掌握施工质量总体状况；
(3) 对工序产品、分项工程的检查应按标准要求进行目测、实测及抽样试验的程序，做好原始记录，经数据分析后及时作出合格与不合格的判断；

（4）对合格工序产品及时提交监理进行隐蔽工程验收；

（5）完善管理过程各项检查记录、检测资料及验收资料，作为工程质量验收的依据，并为工程质量分析提供可追溯的依据。

案例二

【案情简介】

A房地产开发公司开发小成岛某住宅楼工程，委托B设计院进行设计，C监理公司进行工程监理，D质量监督站负责质量监督，施工单位为E建设集团公司，F建材公司进行材料供应。住宅楼建筑面积52000m²，框架结构，满堂红基础。

【问题】

1. 该住宅楼工程建设单位、设计单位、施工单位、监理单位在施工阶段的质量控制目标是什么？

2. 该工程施工质量控制过程中，谁是自控主体？谁是监控主体？

【案例评析】

1. 建设单位的质量控制的目标是保证竣工项目达到投资决策所确定的质量标准。设计单位在施工阶段的质量控制目标是保证竣工项目的各项施工结果与设计文件所规定的标准相一致。施工单位质量控制目标是保证交付满足施工合同及设计文件所规定的质量标准的建设工程产品。监理单位在施工阶段的质量控制目标是保证工程质量达到施工合同和设计文件所规定的质量标准。

2. 该工程施工质量控制过程中，施工单位（E建设集团公司）、材料供应方（F建材公司）是自控主体；建设单位（A房地产开发公司）、监理单位（C监理公司）、设计单位（B设计院）、政府工程质量监督部门（D质量监督站）是监控主体。

复习思考题

1. 如何理解建设工程质量的概念？
2. 我国现行的质量管理体系系列标准是什么？
3. 我国现行的质量系列标准的核心标准包括哪些？
4. 建设单位有哪些质量责任？
5. 施工单位有哪些质量责任和义务？
6. 谈谈监理单位对工程质量的责任和义务。
7. 建设单位对质量的违约责任是怎样规定的？
8. 施工单位对质量的违约责任是怎样规定的？
9. 谈谈监理单位对质量的违约责任规定的认识。
10. 什么是质量缺陷？
11. 我国建设工程的保修期限是如何规定的？
12. 施工单位拒绝保修时，建设单位应怎么处理？
13. 危险房屋的返修责任是如何认定的？

第四章 工程建设安全生产及环境保护法规

本章主要介绍了工程建设安全生产的概念、立法现状，安全生产机构及其职责；工程建设安全生产的相关制度中的安全生产的责任制度、教育培训制度、检查与监督制度、劳动保护制度、工程安全保障制度、重大事故调查处理制度；以及建设工程环境保护的有关规定等内容。

第一节 工程建设安全生产概述

一、工程建设安全生产概念

工程建设安全生产是指建筑生产过程中要避免人员、财产的损失及对周围环境的破坏。它包括建筑生产过程中的施工现场人身安全、财产设备安全、施工现场及附近的道路、管线和房屋的安全，施工现场周围的环境保护及工程建成后的作用安全等方面的内容。

建筑生产的特点是产品固定、人员流动，而且多为露天作业、高处作业，施工条件差，不安全因素较多，这些因素还随工程的进展而不断变化，因而规律性差、事故隐患多。所以在世界各国，建筑业都是事故多发行业之一。据统计，我国建筑业每年因工死亡率大体为0.3‰，仅次于采矿业而居于全国各行业的第二位，安全生产形势十分严峻。

二、工程建设安全生产的立法现状

安全生产直接关系广大从业人员及社会大众的生命健康及财产安全，同时，它还是促进经济正常发展，保证人民安居乐业，维护社会稳定的前提条件。因此，世界上大多数国家制定了有关安全生产的法律、法规，运用国家权力，对安全生产进行有效的监督管理。如美国在20世纪60年代制定了职业安全卫生法，日本制定了劳动安全卫生法，德国于1996年制定了新的联邦劳动保护法等。有关国际组织也制定了有关安全生产的国际条约、建议和有关标准等。如国际劳工组织就制定了职业安全和卫生公约、建筑业安全卫生公约、施工安全与卫生公约（即167号公约）及防止工业事故建议书等。我国也于2002年6月，由九届全国人大通过了《中华人民共和国安全生产法》（以下简称安全生产法），为我国各行各业的安全生产管理提供了有力的法律保障。

工程建设的安全生产是保证国家生产安全的重要组成部分。"管建设必须管安全"是工程建设管理的重要原则。国家对此也十分重视。国务院及有关主管部门多次发出通知，强调要大力加强工程建设中的安全管理。国务院建设行政主管部门制定了一系列的工程建设安全生产法规和规范性文件，主要有：《建筑安装工人安全技术操作规程》（1980年）；《关于加强集体所有制建筑企业安全生产的暂行规定》（1982年）；《国营建筑企业安全生产工作条例》（1983年）；《工程建设重大事故报告和调查程序规定》（1989年）；《建筑安全生产监督管理规定》（1991年）；《关于加强安全生产工作的通知》（1993年）；《建筑项目（工程）劳动安全卫生监察规定》（1996年）；《实施工程建设强制性标准监督规定》（2000年）；《国务院关于特大安全事故行政责任追究的规定》（2001年）；《关于加强施工现场围墙安全深入开展安全生产专项治理的紧急通知》（2001年）；《关于加强安全生产监督管理工作的意见》（2002年）；《安全生产行政责任规定》（2002年）；《建设工程安全生产管理条例》（2003年）；《安全生产许可条例》（2004年）。此外，工程建设安全在《建筑法》中也有专门规定。

三、安全生产管理机构及其职责

（一）国务院建设行政主管部门主管全国工程建设安全生产的行业监督管理工作。其主要职责是：

（1）贯彻执行国家有关安全生产的法规和方针、政策，起草或制定建筑安全生产管理法规、标准；

（2）统一监督管理全国工程建设方面的安全生产工作，完善建筑安全生产的组织保证体系；

（3）制定建筑安全生产管理的中、长期规划和近期目标，组织建筑安全生产技术的开发与推广应用；

（4）指导和监督检查省、自治区、直辖市人民政府建设行政主管部门开展建筑安全生产的行业监督管理工作；

（5）统计全国建筑职工因工伤亡人数，掌握并发布全国建筑安全生产动态；

（6）负责对申报资质等级一级企业和国家一、二级企业以及国家和部级先进建筑企业进行安全资格审查或审批，行使安全生产否决权；

（7）组织全国建筑安全生产检查，总结交流建筑安全生产管理经验，表彰先进；

（8）检查和督促工程建设重大事故的调查处理，组织或者参与工程建设特别重大事故的调查。

（二）县级以上地方人民政府建设行政主管部门负责本行政区域建筑安全生产的行业监督管理工作。其主要职责是：

（1）贯彻执行国家和地方有关安全生产的法规、标准和方针、政策，起草或制定本行政区域建筑安全生产管理的实施细则或者实施办法；

（2）制定本行政区域建设安全生产管理中、长期规划和近期目标，组织建筑安全生产技术的开发与推广应用；

（3）建立建筑安全生产的监督管理体系，制定本行政区域建筑安全生产监督管理工作制度；

（4）组织落实各级领导分工负责的建筑安全生产责任制；

（5）负责本行政区域建筑职工因工伤亡的统计和上报工作，掌握和发布本行政区域建筑安全生产动态；

（6）负责对申报晋升企业资质等级、企业升级和报评先进企业的安全资格进行审查或者审批，行使安全生产否决权；

（7）组织或参与本行政区域工程建设中人身伤亡事故的调查处理工作，并依照规定上报重大伤亡事故；

（8）组织开展本行政区域建筑安全生产检查，总结交流建筑安全生产管理经验，表彰先进，监督检查施工现场、构配件生产车间等安全管理和防护措施，纠正违章指挥和违章作业；

（9）组织开展本行政区域建筑企业的生产管理人员、作业人员的安全生产教育、培训、考核及发证工作，监督检查建筑企业对安全技术措施费的提取和使用；

（10）领导和管理建筑安全生产监督机构的工作。

（三）国务院有关部门对于其所属建筑企业建筑安全生产的管理职责，由国务院有关主管部门自行规定。

四、工程建设安全生产管理的基本方针

我国《安全生产法》中规定：安全生产管理，坚持"安全第一，预防为主"的方针。

所谓"安全第一"，就是指在生产经营活动中，在处理保证安全与实现生产经营活动的其他各项目标的关系上，要始终把安全，特别是从业人员和其他人员的人身安全放在首要的位置，实现"安全优先"的原则，在确保安全的前提下，再来努力实现生产经营的其他目标。

所谓"预防为主"，就是指对安全生产的管理，主要不是放在发生事故后去组织抢救、进行事故调查，找原因、追究责任、堵漏洞，而是要谋事在先，尊重科学、探索规律，采取有效事前控制措施，千方百计预防事故的发生，做到防患于未然，将事故消灭在萌芽状态。虽然人类在生产活动中还不可能完全杜绝安全事故的发生，但只有思想重视，预防措施得当，事故特别是重大事故的发生还是可以大大减少的。

第二节 工程建设安全生产相关制度

依据《建筑法》和《安全生产法》的规定，《建设工程安全生产管理条例》进一步明确了建设工程安全生产管理基本制度。

一、安全生产责任制度

安全生产责任制度，是指由企业主要负责人应负的安全生产责任，其他各级管理人员、技术人员和各职能部门应负的安全生产责任，直到各岗位操作人员应负的岗位安全生产责任所构成的企业安全生产制度。只有从企业主要负责人到各岗位操作人员人人都明确各自的安全生产责任，人人都按照自己的职责做好安全生产工作，企业的安全生产才能落到实处，从而得到充分保障。

（一）企业主要负责人的责任

安全生产工作是企业管理工作中的重要内容，涉及企业生产经营活动的各个方面，它除对单位的生产经营有重大影响外，对社会公共安全也有重大影响。所以，法律规定必须由企业"一把手"挂帅，统筹协调，全面负责，这既是对本单位的负责，也是对社会应负的责任。生产经营单位可以安排副职负责人分管安全生产工作，但不能因此减轻或免除主要负责人对本单位安全生产工作所应负的全面责任。《安全生产法》规定，生产经营单位的主要负责人，他对本单位的安全生产负有下列责任：

（1）建立健全本单位安全生产责任制；

（2）组织制定本单位安全生产规章制度和操作规程；

（3）保证本单位安全生产投入的有效实施；

(4)督促检查本单位的安全生产工作,及时消除安全生产事故隐患;

(5)组织制定并实施本单位生产安全事故应急救援预案;

(6)及时、如实报告生产安全事故。

对于满足安全生产必备条件所必需的资金投入,由生产经营单位的决策机构、主要负责人或个人经营的投资人予以保证,并对因必需资金投入不足而导致的后果承担责任。

相关法规还对建筑企业主要负责人在安全生产方面的责任作出了进一步具体规定,它要求企业经理(厂长)和主管生产的副经理(副厂长)对本企业的劳动保护和安全生产负总的责任。认真贯彻执行劳动保护和安全生产政策、法规和规章制度;定期向企业职代会报告企业安全生产情况的措施;制定企业各级干部的安全责任制等制度;定期研究解决安全生产中的问题;组织审批安全检查技术措施计划并贯彻实施;定期组织安全检查和开展安全竞赛等活动;对职工进行安全和遵章守纪教育;督促各级领导干部和各职能单位的职工做好本职范围内的安全工作;总结与推广安全生产先进经验;主持重大伤亡事故的调查分析,提出处理意见和改进措施,并督促实施。

(二)各级管理人员的责任

结合建筑企业及工程建设的特点,相关法规对各级管理人员的责任也作出了明确规定:企业总工程师(技术负责人)对本企业劳动保护和安全生产的技术工作负总的责任;项目经理、施工队长、车间主任应对本单位劳动保护和安全生产工作负具体领导责任;工长、施工人员对所管工程的安全生产负直接责任。企业中的生产、技术、材料等各职能机构,都应在各自业务范围内,对实现安全生产的要求负责。

企业应根据实际情况,建立安全机构,并按照职工总数配备相应的专职人员(一般为2‰~5‰),负责安全管理工作和安全监督检查工作。其主要的职责是:

(1)贯彻执行有关安全技术劳动保护法规;

(2)做好安全生产的宣传教育和管理工作,总结交流推广先进经验;

(3)经常深入基层,指导下级安全技术人员的工作,掌握安全生产情况,调查研究生产中的不安全问题,提出改进意见和措施;

(4)组织安全活动和定期安全检查;

(5)参加审查施工组织设计(施工方案)和编制安全技术措施计划,并对贯彻执行情况进行督促检查;

(6)与有关部门共同做好新工人、特种工种工人的安全技术训练、考核、发证工作;

(7)进行工伤事故统计、分析和报告,参加工伤事故的调查和处理;

(8)禁止违章指挥和违章作业,遇有严重险情,有权暂停生产,并报告领导处理。

(三)从业人员的责任

从业人员是指生产经营单位中从事生产经营活动的人员,他们包括直接操作人员、工程技术人员、管理人员、服务人员等。由于安全生产寓于生产的全过程之中,它依赖于每道工序、每个个人的有机衔接和有效配合,每个从业人员的行为都直接关系到安全生产的实施与成效,因此,每个从业人员也都要从自身角度对本单位的安全生产承担责任。《安全生产法》规定,从业人员应承担下述主要责任与义务:

(1)作业过程中,应严格遵守本单位的安全生产规章制度和操作规程,服从管理,正确佩戴和使用劳动防护用品;

(2) 应接受安全生产教育和培训，掌握本职工作所需的安全生产知识，提高安全生产技能，增强事故预防和应急处理能力；

(3) 发现事故隐患或其他不安全因素，应立即向现场安全生产管理人员或本单位负责人报告。

二、工程建设安全生产的检查与监督制度

保障社会的安定和人民的安全，是国家应承担的责任，而安全生产涉及社会及广大民众的生命财产安全，因此，政府必须对安全生产加强监督管理。《安全生产法》及相关法规对此都有明确规定：

1. 县级以上地方人民政府的监督管理

县级以上地方各级人民政府应根据本行政区域内的安全生产状况，组织有关部门按照职责分工，对本行政区域内容易发生重大安全事故的生产经营单位进行严格检查，发现事故隐患，应及时处理。检查可以是定期的，也可以是不定期的，可以是综合性的，也可以是专项的。

2. 各级负责安全生产监督管理部门的监督管理

目前负责安全生产监督管理的部门，在中央是国务院安全生产监督管理局，在地方是各级依法成立的负责安全生产监督的机构。其主要职责为：依法对有关涉及安全生产的事项进行审批、验收；对生产经营单位执行的有关安全生产的法律、法规和国家标准或行业标准的情况进行监督检查；组织对重大事故的调查处理及对违反安全生产法律规定的行为进行行政处罚等。

《安全生产法》还规定，负有安全生产监督管理职责的部门对涉及安全生产的事项进行审查、验收时，不得收取费用；不得要求接受审查、验收的单位购买其指定品牌或指定生产销售单位的安全设备、器材或其他产品。

安全生产监督管理部门派出的监督检查人员在执行监督检查任务时，必须出示有效的监督执法证件；对涉及的被检查单位的技术秘密和业务秘密，应有保密责任。对检查的时间、地点、内容、发现的问题及其处理情况，应作出书面记录，并由检查人员和被检查单位的负责人签字，检查人员应将情况记录在案，并向负有安全生产监督管理职责的部门报告。

生产经营单位对安全生产监督管理部门派出的监督检查人员依法履行监督检查职责，应予以配合，不得拒绝或阻挠，但监督检查活动也不得影响被检查单位的正常生产经营活动。

3. 行业行政主管部门对本行业安全生产的监督管理

依照国务院"三定"方案的规定，房屋建筑工程、市政工程等工程建设的安全生产的监督管理工作由建设部负责，其主要职责是按照保障安全生产的要求，依法及时制定或修订建筑业的国家标准或行业标准，并督促、检查标准的严格执行。这些标准包括：生产场所的安全标准；生产作业、施工的工艺安全标准；安全设备、设施、器材和安全防护用品的产品安全标准及有关建筑生产安全的基础性和通用性标准等。

4. 生产经营单位对安全生产的监督管理

生产经营单位在日常的生产经营活动中，必须加强对安全生产的监督管理，对于存在较大危险因素的场地、设备及施工作业，更应依法进行重点检查、管理，以防生产安全事故的发生。《安全生产法》对此作出了明确规定。

（1）建筑施工企业及其他存在较多危险因素的生产经营单位，从业人员超过300人的，应设置安全生产管理机构或配备专职的安全生产管理人员；从业人员在300人以下的，应配备专职或兼职的安全生产管理人员，或委托具有国家规定的相关专业技术资格的工程技术人员提供安全生产管理服务，但委托后的安全生产责任仍由原生产经营单位负责。

（2）生产经营单位的安全检查生产管理人员应当根据本单位的生产经营特点，对安全生产状况进行经常性检查。对检查中发现的安全问题，应立即处理；不能处理的，应及时报告本单位的有关负责人，检查及处理情况应记录在案。

（3）生产经营单位应教育和督促从业人员严格执行本单位的安全生产规章制度和安全操作规程；并向从业人员如实告知作业场所和工作岗位存在的危险因素、防范措施以及事故 应急措施。

（4）生产经营单位进行爆破、吊装等危险作业，应安排专门人员进行现场安全管理，确保操作规程和遵守安全措施的落实。

（5）生产经营单位对危险物品大量聚集的重大危险源应当登记建档，进行定期检测、评估、监控，并制定应急预案，告知从业人员和相关人员在紧急情况下应当采取的紧急措施。

（6）生产经营单位不得使用国家明令禁止使用的危及生产安全的工艺、设备；对作用安全设备必须进行经常性维护、保养，并定期检测，以保证正常运转。维护、保养、检测应当做好记录，并由有关人员签字。

（7）生产经营单位使用的涉及生命安全、危险性较大的特种设备（如锅炉、压力容器、电梯、超重机械等）以及危险物品（如易燃易爆品、危险化学品等）的容器、运输工具，必须是按照国家有关规定，由专业生产单位生产，并且必须经具有专业资质的检测、检验机构检测、检验合格，取得安全使用证或安全标志后，方可投入使用。

（8）生产经营单位应当在存有较大危险因素的生产经营场所和有关设施、设备上，设置明显的安全警示标志，以引起人们对危险因素的注意，预防生产安全事故的发生。

相关法规还对建筑企业的安全生产检查作出了具体规定，要求建筑企业除应经常进行安全生产检查外，还要组织定期检查、监督。企业每季、分公司每月、施工队每半月组织一次检查。检查要发动群众，要有领导干部、技术干部和工人参加，边检查，边整改。每次检查要有重点、有标准，要评比记分，列入本单位考核内容。检查以自查为主，互查为辅。以查思想、查制度、查纪律、查领导、查隐患为主要内容。要结合季节特点，开展防洪、防雷电、防坍塌、防高处坠落、防煤气中毒等"五防"检查。

对查出的隐患不能立即整改的，要建立登记、整改、检查、销项制度。要制定整改计划，定人、定措施、定经费、定完成日期。在隐患没有消除前，必须采取可靠的防护措施，如有危及人身安全的紧急险情，应立即停止作业。

5. 社会对安全生产的监督管理

安全生产涉及全社会利益，是全社会共同关注的问题，因此可以动员全社会的力量来对安全生产进行监督管理。为此，《安全生产法》规定居民委员会、村民委员会发现其所在区域内的生产经营单位存在事故隐患或安全生产违法时，应当向当地人民政府或有关部门报告。

新闻、出版、广播、电影、电视等单位有进行安全生产教育的义务，同时，对违反安全生产法律、法规的行为有进行舆论监督的权力。

任何单位和个人对事故隐患和安全违法行为，均有向安全生产监督管理部门报告或举报的权利。安全生产监督管理部门应建立举报制度，公开举报电话、信箱或电子邮件地址。

承担安全评价、认证、检验的中介机构，则通过其服务行为对相关安全生产事项实施监督管理。

三、工程建设安全生产的教育培训制度

安全生产教育和培训是安全生产管理工作的一个重要组成部分，是实现安全生产的一项重要的基础性工作。生产安全事故的发生，不外乎人的不安全行为和物的不安全状态两种原因，而在我国由于人的不安全行为所导致的生产安全事故数量在事故总数中占有很大比重。因此对从业人员进行安全生产教育和培训，控制人的不安全行为，对减少安全生产事故是极为重要的。通过安全生产教育和培训，可以使广大劳动者正确按规章制度办事，严格执行安全生产操作规程，认识和掌握生产中的危险因素和生产安全事故的发生规律，并正确运用科学技术知识加以治理和预防，及时发现和消除隐患，保证安全生产。

安全生产教育和培训的内容，《安全生产法》及相关法规也作出了规定，主要有：

1. 安全生产的方针、政策、法律、法规以及安全生产规章制度的教育培训

对所有从业人员都要进行经常性的教育，对于企业各级领导干部和安全管理干部，更要定期轮训，使其提高政策、思想水平，熟悉安全生产技术及相关业务，做好安全工作。

2. 安全操作技能的教育与培训

对安全操作技能的教育与培训，我国目前一般采用入厂教育、车间教育和现场教育多环节的方式进行。对于新工人（包括合同工、临时工、学徒工、实习和代培人员）必须进行入厂（公司）安全教育。教育内容包括安全技术知识、设备性能、操作规程、安全制度和严禁事项，并经考试合格后，方可进入操作岗位。

3. 特种作业人员的安全生产教育和培训

特种作业，是指容易发生人员伤亡事故，对操作者本人、他人及周围设施的安全有重大危害的作业。根据现行规定，它大致包括电工、金属焊接切割、起重机械、机动车辆驾驶、登高架设、锅炉（含水质化验）、压力容器操作、制冷、爆破等作业。特种作业人员的工作，存在的危险因素很多，很容易发生安全事故，因此，对他们必须进行专门的培训教育，提高其认识，增强其技能，以减少其失误，这对防止和减少生产安全事故具有重要意义。相关法规规定，电工、焊工、架子工、司炉工、爆破工、机械操作工及起重机、打桩机和各种机动车辆司机等特殊工种工人，除进行一般安全教育外，还要经过本工种的安全技术教育，经考试合格发证后，方可获准独立操作，每年还要进行一次复查。

4. 采用新工艺、新技术、新材料、新设备时的教育与培训

在采用新工艺、新技术、新材料、新设备时，如对其原理、操作规程、存在的危险因素、防范措施及正确处理方法没有清楚的了解，就极易发生安全生产事故，且一旦事故发生也不能有效控制而导致损失扩大。因此，必须进行事先的培训，使相关人员了解和掌握其安全技术特性，以采取有效的安全防护措施，防止和减少安全生产事故的发生。相关法规规定：采用新工艺、新技术、新材料、新设备施工和调换工作岗位时，要对操作人员进

行新技术操作和新岗位的安全教育,未经教育不得上岗操作。

四、工程建设安全生产的劳动保护制度

1. 从业人员的权利

从业人员往往直接面对生产经营活动中的不安全因素,生命健康安全最易受到威胁,而生产经营单位从追求利润最大化的立场出发,往往容易忽略甚至故意减少对从业人员人身安全的保障。为使从业人员人身安全得到切实保护,法律特别赋予从业人员以自我保护的权利。

(1) 签订安全劳动合同权

生产经营单位与从业人员订立的劳动合同,应当载明有关保障从业人员劳动安全、防止职业危害的事项,以及依法为从业人员办理工伤社会保险的事项。生产经营单位不得以任何形式与从业人员订立协议,免除或减轻其对从业人员因生产安全事故伤亡依法应承担的责任。

(2) 知情权

生产经营单位的从业人员有权了解其作业场所和工作岗位存在的危险因素、防范措施及事故应急措施,生产经营单位应主动告知有关实情。

(3) 建议、批评、检举、控告权

安全生产与从业人员的生命安全与健康息息相关,因此从业人员有权参与本单位生产安全方面的民主管理与民主监督。对本单位的安全生产工作提出意见和建议;对本单位安全生产中存在的问题提出批评、检举和控告。生产经营单位不得因此而降低其工资、福利待遇或解除与其订立的劳动合同。

(4) 对违章指挥、强令冒险作业的拒绝权

对于生产经营单位的负责人、生产管理人员和工程技术人员违反规章制度,不顾从业人员的生命安全与健康,指挥从业人员进行生产活动的行为;以及在存有危及人身安全的危险因素而又无相应安全保护措施的情况下,强迫命令从业人员冒险进行作业的行为,从业人员都依法享有拒绝服从指挥和命令的权利。生产经营单位不得因此而采取降低工资、福利待遇、解除劳动合同等惩罚、报复手段。

(5) 停止作业及紧急撤离权

从业人员发现直接危及人身安全的紧急情况时,有权停止作业或在采取可能的应急措施后撤离作业场所。生产经营单位不得因此而降低其工资、福利待遇或解除其劳动合同。

(6) 依法获得赔偿权

《安全生产法》规定,因生产安全事故受到损害的从业人员,除依法享有工伤保险外,依照有关民事法律尚有获得赔偿的权利,还有权向本单位提出赔偿要求,生产经营单位应依法予以赔偿。

2. 工会对从业人员生产安全权利的保护

工会是职工依法组成的工人阶级的群众组织,《中华人民共和国工会法》规定,维护职工合法权益是工会的基本职责。《安全生产法》从安全生产的角度进一步明确了工会维护职工生命健康与安全的相关权利。

工会有权依法组织职工参加本单位安全生产工作的民主管理与民主监督,维护职工在

安全生产方面的合法权益。

工会有权对建设项目的安全设施与主体工程同时设计、同时施工、同时投入生产和使用进行监督，提出意见。

工会对生产经营单位违反安全生产法律、法规，侵犯从业人员合法权益的行为，有权要求纠正；发现生产经营单位违章指挥，强令冒险作业或发现事故隐患时，有权提出解决的建议，生产经营单位应及时研究答复；发现危及从业人员生命安全的问题时，有权向生产经营单位建议组织从业人员撤离危险场所，生产经营单位必须立即作出处理。

工会有权依法参加事故调查，向有关部门提出处理意见，并要求追究有关人员的责任。

3. 生产经营单位在劳动保护方面的职责

(1) 提供劳动保护用品

劳动保护用品是保护职工安全的必不可少的辅助措施，在某种意义上说，它是劳动者防止职业伤害的最后一道屏障，因此，《安全生产法》规定，生产经营单位必须为从业人员提供符合国家标准或行业标准的劳动保护用品，并监督、教育从业人员按照使用规则佩戴、使用，并明确要求生产经营单位应当安排用于配备劳动保护用品和进行安全生产培训的经费。

(2) 参加工伤社会保险

社会保险是国家和用人单位依照法律规定或合同的约定，对与用人单位存在劳动关系的劳动者在暂时或永久丧失劳动能力以及暂时失业时，为保证其基本生活需要，给予物质帮助的一种社会保障制度，它是社会保障体系的一个重要组成部分。我国目前已建立起的社会保险包括养老保险、失业保险以及工伤保险等。其中工伤保险是指职工在劳动过程中因生产安全事故或患职业病，暂时或永久丧失劳动能力时，在医疗和生活上获得物质帮助的社会保险制度。《安全生产法》规定：生产经营单位必须依法参加工伤社会保险，为从业人员缴纳保险费。

《建筑法》还规定：建筑施工企业必须为从事危险作业的职工办理意外伤害保险，支付保险费。这就是说，只要是从事危险作业的人员，不论是固定工，还是合同工，不论是正式工，还是农民工，其所在的建筑施工企业都必须为其办理意外伤害保险，并支付保险费。这种保险是强制的，它从法律上保障了职工的意外伤害经济补偿权利。

(3) 日常生产经营活动中的劳动保护

生产经营单位必须切实加强管理，保证职工在生产过程中的安全和健康，促进生产的发展。企业要努力改善劳动条件，注意劳逸结合，制定以防止工伤事故、职工中毒和职业病为内容的安全技术措施长远规划和年度计划，并组织实施。要加强季节性劳动保护工作。夏季要防暑降温；冬季要防寒防冻，防止煤气中毒；雨季和台风来临之前，应对临时设施和电气设备进行检修，沿河流域的工地要做好防洪抢险准备；雨雪过后要采取防滑措施。

建筑施工企业在施工过程中，应遵守有关安全生产的法律、法规和建筑行业安全规章、规程。企业法定代表人、项目经理、生产管理人员和工程技术人员不得违章指挥，强令作业人员违章作业，如因违章指挥强令职工冒险作业，而发生重大伤亡事故或造成其他严重后果的，要依法追究其刑事责任。

建筑施工企业及其他存在较多危险因素的单位应建立应急救援组织，如生产经营规模较小，则可不建立救援组织，但应指定兼职的应急救援人员。这些单位还必须配备必要的应急救援器材、设备，并进行经常性维护保养，保证正常运转。

（4）加强对女职工和未成年工的特殊保护

生产经营单位应根据女职工的不同生理特点和未成年工的身体发育情况，进行特殊保护。我国劳动法禁止安排女职工从事矿山井下、国家规定的第四级体力劳动强度的劳动和其他禁忌从事的劳动。不得安排女职工在经期从事高处、低温、冷水作业和国家规定的第三级体力劳动强度的劳动。不得安排女职工在怀孕期间从事国家规定的第三级体力劳动强度的劳动和孕期禁忌从事的劳动。对怀孕7个月以上的女职工，不得安排其延长工作时间和夜班劳动。女职工生育享受不少于90天的产假。不得安排女职工在哺乳未满1周岁的婴儿期间从事国家规定的第三级体力劳动强度的劳动和哺乳期间禁忌从事的其他劳动，不得安排其延长工作时间和夜班劳动。

我国法律严禁雇用未满16周岁的童工，对于已满16周岁但尚未发育成熟的职工，不得安排其从事矿山井下、有毒有害、国家规定的第四级体力劳动强度的劳动和其他禁忌从事的劳动。用人单位应当对未成年工定期进行健康检查。

五、工程建设安全生产的市场准入及奖惩制度

1. 市场准入制度

为确保安全生产，国家对生产经营单位及从业人员都实行了严格的市场准入制度。

生产经营单位必须具备法律、法规及国家标准或行业标准规定的安全生产条件。条件不具备的，不得从事生产经营活动。

承担安全评价、认证、检验的机构必须取得国家的资质许可，方可从事相关活动。未经安全生产教育和培训合格的从业人员，不得上岗作业。特种作业人员必须经专门的安全作业培训，取得特种作业操作资格证书后，方可上岗作业。

2. 奖惩制度

国家实行生产安全事故责任追究制度，依法追究生产安全事故责任人员的法律责任。

国家对在改善安全生产条件、防止生产安全事故、参加抢险救护等方面取得显著成绩的单位和个人，给予奖励。对于向县级以上人民政府及有关部门报告或举报的有功人员应给予奖励。

六、工程建设安全生产的法律责任

为保障人民群众生命和财产安全，根据国家安全生产责任追究制度，国务院《建设工程安全生产管理条例》规定：

（1）县级以上人民政府建设行政主管部门或者其他有关行政管理部门的工作人员，有下列行为之一的，给予降级或者撤职的行政处分；构成犯罪的，依照刑法有关规定追究刑事责任：

1）对不具备安全生产条件的施工单位颁发资质证书的；
2）对没有安全施工措施的建设工程颁发施工许可证的；
3）发现违法行为不予查处的；
4）不依法履行监督管理职责的其他行为。

（2）建设单位未提供建设工程安全生产作业环境及安全施工措施所需费用的，责令限期改正；逾期未改正的，责令该建设工程停止施工。

建设单位未将保证安全施工的措施或者拆除工程的有关资料报送有关部门备案的,责令限期改正,给予警告。

建设单位有下列行为之一的,责令限期改正,处20万元以上50万元以下的罚款;造成重大安全事故、构成犯罪的,对直接责任人员,依照刑法有关规定追究刑事责任;造成损失的,依法承担赔偿责任:

1)对勘察、设计、施工、工程监理等单位提出不符合安全生产法律、法规和强制性标准规定的要求的;

2)要求施工单位压缩合同约定的工期的;

3)将拆除工程发包给不具有相应资质等级的施工单位的。

(3)勘察单位、设计单位有下列行为之一的,责令限期改正,处10万元以上30万元以下的罚款;情节严重的,责令停业整顿,降低资质等级,直至吊销资质证书;造成重大安全事故,构成犯罪的,对直接责任人员,依照刑法有关规定追究刑事责任;造成损失的,依法承担赔偿责任:

1)未按照法律、法规和工程建设强制性标准进行勘察、设计的;

2)采用新结构、新材料、新工艺的建设工程和特殊结构的建设工程,设计单位未在设计中提出保障施工作业人员安全和预防生产安全事故的措施建议的。

(4)工程监理单位有下列行为之一的,责令限期改正,逾期未改正的,责令停业整顿,并处10万元以上30万元以下的罚款;情节严重的,降低资质等级,直至吊销资质证书;造成重大安全事故,构成犯罪的,对直接责任人员,依照刑法有关规定追究刑事责任;造成损失的,依法承担赔偿责任:

1)未对施工组织设计中的安全技术措施或者专项施工方案进行审查的;

2)发现安全事故隐患未及时要求施工单位整改或者暂时停止施工的;

3)施工单位拒不整改或者不停止施工,未及时向有关主管部门报告的;

4)未依照法律、法规和工程建设强制性标准实施监理的。

(5)施工单位有下列行为之一的,责令限期改正;逾期未改正的,责令停业整顿,依照《中华人民共和国安全生产法》的有关规定处以罚款;造成重大安全事故,构成犯罪的,对直接责任人员,依照刑法有关规定追究刑事责任:

1)未设立安全生产管理机构、配备专职安全生产管理人员或者分部分项工程施工时无专职安全生产管理人员现场监督的;

2)施工单位的主要负责人、项目负责人、专职安全生产管理人员、作业人员或者特种作业人员,未经安全教育培训或者经考核不合格即从事相关工作的;

3)未在施工现场的危险部位设置明显的安全警示标志,或者未按照国家有关规定在施工现场设置消防通道、消防水源、配备消防设施和灭火器材的;

4)未向作业人员提供安全防护用具和安全防护服装的;

5)未按照规定在施工起重机械和整体提升脚手架、模板等自升式架设设施验收合格后登记的;

6)使用国家明令淘汰、禁止使用的危及施工安全的工艺、设备、材料的。

(6)施工单位挪用列入建设工程概算的安全生产作业环境及安全施工措施所需费用的,责令限期改正,处挪用费用20%以上50%以下的罚款;造成损失的,依法承担赔偿责任。

(7) 施工单位有下列行为之一的，责令限期改正；逾期未改正的，责令停业整顿，并处 5 万元以上 10 万元以下的罚款；造成重大安全事故，构成犯罪的，对直接责任人员，依照刑法有关规定追究刑事责任：

　　1) 施工前未对有关安全施工的技术要求作出详细说明的；

　　2) 未根据不同施工阶段和周围环境及季节、气候的变化，在施工现场采取相应的安全施工措施，或者在城市市区内的建设工程的施工现场未实行封闭围挡的；

　　3) 在尚未竣工的建筑物内设置员工集体宿舍的；

　　4) 施工现场临时搭建的建筑物不符合安全使用要求的；

　　5) 未对因建设工程施工可能造成损害的毗邻建筑物、构筑物和地下管线等采取专项防护措施的。

施工单位有前款规定第（4）项、第（5）项行为，造成损失的，依法承担赔偿责任。

（8）施工单位有下列行为之一的，责令限期改正；逾期未改正的，责令停业整顿，并处 10 万元以上 30 万元以下的罚款；情节严重的，降低资质等级，直至吊销资质证书；造成重大安全事故、构成犯罪的，对直接责任人员，依照刑法有关规定追究刑事责任；造成损失的，依法承担赔偿责任：

　　1) 安全防护用具、机械设备、施工机具及配件在进入施工现场前未经查验或者查验不合格即投入使用的；

　　2) 使用未经验收或者验收不合格的施工起重机械和整体提升脚手架、模板等自升式架设设施的；

　　3) 委托不具有相应资质的单位承担施工现场安装、拆卸施工起重机械和整体提升脚手架、模板等自升式架设设施的；

　　4) 在施工组织设计中未编制安全技术措施、施工现场临时用电方案或者专项施工方案的。

（9）施工单位的主要负责人、项目负责人未履行安全生产管理职责的，责令限期改正；逾期未改正的，责令施工单位停业整顿；造成重大安全事故、重大伤亡事故或者其他严重后果，构成犯罪的，依照刑法有关规定追究刑事责任。

作业人员不服管理、违反规章制度和操作规程冒险作业造成重大伤亡事故或者其他严重后果，构成犯罪的，依照刑法有关规定追究刑事责任。

施工单位的主要负责人、项目负责人有前款违法行为，尚不够刑事处罚的，处 2 万元以上 20 万元以下的罚款或者按照管理权限给予撤职处分；自刑罚执行完毕或者受处分之日起，5 年内不得担任任何施工单位的主要负责人、项目负责人。

（10）施工单位取得资质证书后，降低安全生产条件的，责令限期改正；经整改仍未达到与其资质等级相适应的安全生产条件的，责令停业整顿，降低其资质等级直至吊销资质证书。

第三节　工程建设重大事故的调查处理

一、工程建设重大事故的概念

工程建设重大事故，是指在工程建设过程中由于责任过失造成工程倒塌或报废、机械设备毁坏和安全设施失当，造成人身伤亡或者重大经济损失的事故。根据 2007 年 3 月 28 日国务院第172次常务会议通过的《生产安全事故报告和调查处理条例》第3条规定，根据生产安全事故（以下简称事故）造成的人员伤亡或者直接经济损失，事故一般分为以下等级：

（1）特别重大事故，是指造成30人以上死亡，或者100人以上重伤（包括急性工业中毒，下同），或者1亿元以上直接经济损失的事故；

（2）重大事故，是指造成10人以上30人以下死亡，或者50人以上100人以下重伤，或者5000万元以上1亿元以下直接经济损失的事故；

（3）较大事故，是指造成3人以上10人以下死亡，或者10人以上50人以下重伤，或者1000万元以上5000万元以下直接经济损失的事故；

（4）一般事故，是指造成3人以下死亡，或者10人以下重伤，或者1000万元以下直接经济损失的事故。

国务院安全生产监督管理部门可以会同国务院有关部门，制定事故等级划分的补充性规定。本条第一款所称的"以上"包括本数，所称的"以下"不包括本数。

二、工程建设重大事故的处理

（一）事故报告

《安全生产管理条例》第50条规定："施工单位发生生产安全事故，应当按照国家有关伤亡事故报告和调查处理的规定，及时、如实地向负责安全生产监督管理的部门、建设行政主管部门或者其他有关部门报告；特种设备发生事故的，还应当同时向特种设备安全监督管理部门报告。接到报告的部门应当按照国家有关规定，如实上报。实行施工总承包的建设工程，由总承包单位负责上报事故"。

《生产安全事故报告和调查处理条例》规定：事故报告应当及时、准确、完整，任何单位和个人对事故不得迟报、漏报、谎报或者瞒报。

1. 重大事故应当逐级上报至国务院；

事故发生后，事故现场有关人员应当立即向本单位负责人报告；单位负责人接到报告后，应当于1小时内向事故发生地县级以上人民政府安全生产监督管理部门和负有安全生产监督管理职责的有关部门报告。

安全生产监督管理部门和负有安全生产监督管理职责的有关部门逐级上报事故情况，每级上报的时间不得超过2小时。同时报告本级人民政府；并通知公安机关、劳动保障行政部门、工会和人民检察院。

2. 报告事故应包括的内容

（1）事故发生单位概况；

（2）事故发生的时间、地点以及事故现场情况；

（3）事故的简要经过；

（4）事故已经造成或者可能造成的伤亡人数（包括下落不明的人数）和初步估计的直接经济损失；

（5）已经采取的措施；

（6）其他应当报告的情况。

事故发生单位负责人接到事故报告后，应当立即启动事故相应应急预案，或者采取有效措施，组织抢救，防止事故扩大，减少人员伤亡和财产损失。

事故发生地有关地方人民政府、安全生产监督管理部门和负有安全生产监督管理职责的有关部门接到事故报告后，其负责人应当立即赶赴事故现场，组织事故救援。

（二）事故现场保护

《安全生产管理条例》第51条规定："发生生产安全事故后，施工单位应当采取措施防止事故扩大，保护事故现场。需要移动现场物品时，应当做出标记和书面记录，妥善保管有关证物"。

施工现场发生生产安全事故后，施工单位负责人应当组织对现场安全事故的抢救，实行总承包的项目，总承包单位应统一组织事故的抢救工作，要根据事故的情况按应急救援预案或企业有关事故处理的制度迅速采取有效措施，组织抢救，防止事故扩大，减少人员伤亡和财产损失。同时要保护事故现场，因抢救工作需要移动现场部分物品时，必须作出标志，绘制事故现场图，并详细记录，妥善保管有关证物，为调查分析事故发生的原因，提供真实的证据。

故意破坏事故现场、毁灭有关证据，为将来进行事故调查、确定事故责任制造障碍者，要承担相应的法律责任。分包单位要根据总承包单位统一组织的应急救援预案和各自的职责分工，投入抢救工作，防止事态扩大。

（三）重大事故的调查

事故调查处理应当坚持实事求是、尊重科学的原则，及时、准确地查清事故经过、事故原因和事故损失，查明事故性质，认定事故责任，总结事故教训，提出整改措施，并对事故责任者依法追究责任。

重大事故由事故发生地省级人民政府负责调查。省级人民政府可以直接组织事故调查组进行调查，也可以授权或者委托有关部门组织事故调查组进行调查。

1. 事故调查组

调查组的组成应当遵循精简、效能的原则。

根据事故的具体情况，事故调查组由有关人民政府、安全生产监督管理部门、负有安全生产监督管理职责的有关部门、监察机关、公安机关以及工会派人组成，并应当邀请人民检察院派人参加。事故调查组可以聘请有关专家参与调查。

事故调查组组长由负责事故调查的人民政府指定。事故调查组组长主持事故调查组的工作。事故调查组成员应当具有事故调查所需要的知识和专长，并与所调查的事故没有直接利害关系。

2. 事故调查组职责

（1）查明事故发生的经过、原因、人员伤亡情况及直接经济损失；
（2）认定事故的性质和事故责任；
（3）提出对事故责任者的处理建议；
（4）总结事故教训，提出防范和整改措施；
（5）提交事故调查报告。

事故调查组有权向有关单位和个人了解与事故有关的情况，并要求其提供相关文件、资料，有关单位和个人不得拒绝。

3. 事故调查报告的内容：

（1）事故发生单位概况；
（2）事故发生经过和事故救援情况；

(3) 事故造成的人员伤亡和直接经济损失;
(4) 事故发生的原因和事故性质;
(5) 事故责任的认定以及对事故责任者的处理建议;
(6) 事故防范和整改措施。

事故调查报告应当附具有关证据材料。事故调查组成员应当在事故调查报告上签名。

事故调查报告报送负责事故调查的人民政府后,事故调查工作即告结束。事故调查的有关资料应当归档保存。

(四) 重大事故处理

对重大事故的处理,坚持"四不放过"的原则。"四不放过"是指事故原因不查清不放过;不采取改正措施不放过;责任人和广大群众不受到教育不放过;与事故有关的领导和责任人不受到查处不放过。

《生产安全事故报告和调查处理条例》规定:
(1) 负责事故调查的人民政府应当自收到事故调查报告之日起15日内做出批复。
(2) 有关机关应当按照人民政府的批复,依照法律、行政法规规定的权限和程序,对事故发生单位和有关人员进行行政处罚,对负有事故责任的国家工作人员进行处分。
(3) 事故发生单位应当按照负责事故调查的人民政府的批复,对本单位负有事故责任的人员进行处理。
(4) 负有事故责任的人员涉嫌犯罪的,依法追究刑事责任。
(5) 事故发生单位应当认真吸取事故教训,落实防范和整改措施,防止事故再次发生。防范和整改措施的落实情况应当接受工会和职工的监督。
(6) 安全生产监督管理部门和负有安全生产监督管理职责的有关部门应当对事故发生单位落实防范和整改措施的情况进行监督检查。
(7) 事故处理的情况由负责事故调查的人民政府或者其授权的有关部门、机构向社会公布,依法应当保密的除外。

第四节 建设工程环境保护的一般规定

一、立法概况

对于建设工程的环境保护,除了建设法律以外,有关的法律、法规还有:《中华人民共和国环境保护法》(1989年)、《建设项目环境影响评价收费标准的原则和办法》(1989年)、《建设项目环境保护管理程序》(1990年)、《关于加强外商投资建设项目环境保护管理的通知》(1992年)、《关于加强国际金融组织贷款建设项目环境影响评价管理工作的通知》(1993年)、《关于进一步做好建设项目环境保护管理工作的几点意见》(1993年)、《关于加强自然资源开发建设项目的生态环境管理的通知》(1994年)等。这些法律法规对于我国在进行建设的同时搞好环境保护起到了积极作用。

二、建设工程环境保护有关规定

(一) 建设项目环境影响评价制度

根据环境保护法和有关的法律法规,凡从事对环境有影响的建设项目,都必须执行环境影响报告书的审批制度,包括工业、交通、水利、农林、商业、卫生、文教、科研、旅游、市政等对环境有影响的一切基本建设项目和技术改造项目以及区域开发建设项目。环境影响报告书是环境影响评价的书面表现形式，其内容主要包括：建设项目概况，建设项目周围地区的环境状况调查，建设项目对周围地区和环境近期、远期影响分析和预测，环境监测制度建议，环境影响评价经济效益分析、对环境质量的影响，建设规模、性质、选址是否合理，是否符合环境保护要求，所采取的防治措施在技术上是否可行，经济上是否合理，是否需要进一步评价，以及评价的结论等。

（二）"三同时"制度

所谓环境保护"三同时"制度，是指建设项目需要配套建设的环境保护设施，必须与主体工程同时设计、同时施工、同时投产使用。《环境影响评价法》第二十六条规定："建设项目建设过程中，建设单位应当同时实施环境影响报告书、环境影响报告表以及环境影响评价文件审批部门审批意见中提出的环境保护对策措施。"环境保护"三同时"制度是建设项目环境保护法律制度的重要组成部分，《建设项目环境保护管理条例》第三章"环境保护设施建设"中，对环境保护"三同时"制度进行了详细规定：

1. 设计阶段

根据《建设项目环境保护管理条例》第17条的规定，建设项目的初步设计，应当按照环境保护设计规范的要求，编制环境保护篇章，并依据经批准的建设项目环境影响报告书或者环境影响报告表，在环境保护篇章中落实防治环境污染和生态破坏的措施以及环境保护设施投资概算。

2. 试生产阶段

根据《建设项目环境保护管理条例》第18条、第19条的规定，建设项目的主体工程完工后，需要进行试生产的，其配套建设的环境保护设施必须与主体工程同时投入试运行。建设项目试生产期间，建设单位应当对环境保护设施运行情况和建设项目对环境的影响进行监测。

3. 竣工验收和投产使用阶段

根据《建设项目环境保护管理条例》第20条至第23条的规定，建设项目竣工后，建设单位应当向审批环境影响评价文件的环境保护行政主管部门申请该建设项目需要配套建设的环境保护设施竣工验收。环境保护设施竣工验收，应当与主体工程竣工验收同时进行。

需要进行试生产的建设项目，建设单位应当自建设项目投入试生产之日起3个月内，向审批环境影响评价文件的环境保护行政主管部门申请该建设项目需要配套建设的环境保护设施竣工验收。

环境保护行政主管部门应当自收到环境保护设施竣工验收申请之日起30日内，完成验收。建设项目需要配套建设的环境保护设施经验收合格，该建设项目方可正式投入生产或者使用。

分期建设、分期投入生产或者使用的建设项目，其相应的环境保护设施应当分期验收。

（三）施工现场及周边环境的管理

在建设工程施工现场应采取一系列环境保护措施，主要有：

（1）施工现场必须建立环境保护、环境卫生管理和检查制度，并应做好检查记录。对施工现场作业人员的教育培训、考核应包括环境保护、环境卫生等有关法律、法规的内容。

(2) 在城市市区范围内从事建筑工程施工,必须在工程开工 15 日以前向工程所在地县级以上地方人民政府环境保护管理部门申报登记。施工期间的噪声排放应当符合国家规定的建筑施工场界噪声排放标准。夜间施工的,需办理夜间施工许可证明,并公告附近社区居民。

(3) 施工现场污水排放在开工前要与所在地县级以上人民政府市政管理部门签署污水排放许可协议,申领《临时排水许可证》。雨水排入市政管网,污水经沉淀处理后二次使用或排入市政污水管网。施工现场泥浆、污水未经处理不得直接排入城市排水设施和河流、湖泊、池塘。

(4) 施工现场产生的固体废弃物应在所在地县级以上地方人民政府环卫部门申报登记,分类存放。对于建筑垃圾和生活垃圾施工单位应与所在地垃圾消纳中心签署环保协议,及时清运处置。有毒有害废弃物应运送到专门的有毒有害废弃物中心消纳。

(5) 施工现场的主要道路必须进行硬化处理,土方应集中堆放。裸露的场地和集中堆放的土方应采取覆盖、固化或绿化等措施。施工现场土方作业应采取防止扬尘的措施。

(6) 拆除建筑物、构筑物时,应采用隔离、洒水等措施,并应在规定期限内将废弃物清理完毕。建筑物内施工垃圾的清运,必须采用相应的容器或管道运输,严禁凌空抛掷。

(7) 施工现场使用的水泥和其他易飞扬的细颗粒建筑材料应密闭存放或采取覆盖等措施。混凝土搅拌场所应采取封闭、降尘措施。

(8) 除有符合规定的装置外,施工现场内严禁焚烧各类废弃物,禁止将有毒有害废弃物作土方回填。

(9) 在居民和单位密集区域进行爆破、打桩等各项工作,项目经理部除按规定报告申请批准外,还应将作业计划、影响范围、程度及有关措施等情况,向有关的居民和单位通报说明,取得协作和配合;对施工机械的噪声与振动扰民,应有相应的措施予以控制。

(10) 经过施工现场的地下管线,应由发包人在施工前通知承包人,标出位置,加以保护。

(11) 施工时发现文物、古迹、爆炸物、电缆等,应当停止施工,保护好现场,及时向有关部门报告,按照有关规定处理后方可继续施工。

(12) 施工中需要停水、停电、封路而影响环境时,必须经有关部门批准,事先告示,并设有标志。

此外,施工企业应加强现场的卫生与防疫工作,改善作业人员的工作环境与生活条件,防止施工过程中各类疾病的发生,保障作业人员的身体健康和生命安全。

案 例 分 析

案例一

【案情简介】

2002 年 3 月 13 日,在江苏某市政公司承接的苏州河滞留污水截流工程金钟路某号段工地上,施工单位正在做工程前期准备工作。为了交接地下管线情况、土质情况及实测原有排水管涵位置标高,下午 15 时 30 分开始地下管线探摸、样槽开挖作业。下午 16 时 30 分左右,当挖掘机将样槽挖至约 2m 深时,突然土体发生塌方,当时正在坑底进行挡土板作业的工人周某避让不及，身体头部以下被埋入土中，事故发生后，现场项目经理、施工人员立即组织抢救，并通知120救护中心、119消防部门赶赴现场抢救，虽经多方抢救但未能成功，下午17时20分左右，周某在某中心医院死亡。

【案例评析】

1. 直接原因

(1) 施工过程中土方堆置不合理。土方堆置未按规范单侧堆土高度不得超过1.5m、离沟槽边距离不得小于1.2m要求进行，实际堆土高度达2m，距沟槽边距离仅1m。

(2) 现场土质较差。现场为原沟浜回填土约4m深，且紧靠开挖的沟槽，其中夹杂许多垃圾，土体非常松散。

2. 间接原因

(1) 施工现场安全措施针对性较差。未能考虑员工逃生办法，对事故的预见性较差，麻痹大意。

(2) 施工人员安全意识较淡薄。对三级安全教育、安全技术交底、进场安全教育未能引起足够的重视，凭经验作业。

(3) 坑底作业人员站位不当，自身防范意识不强，逃生时晕头转向，从而发生了事故。

(4) 施工现场管理不力。由于刚进场作业，对安全生产方面准备不充分，思想上未能引起足够的重视，管理不到位。

3. 主要原因

(1) 施工过程中土方堆置不合理。

(2) 开挖后未按规定在深度达1.2m时，应及时进行分层支撑。而实际开挖至2m后，才开始支撑挡板。

(3) 现场土质较差，土体非常松散。

事故预防及控制措施：

(1) 暂停施工，进行全面安全检查整改。

(2) 召开事故现场会进一步对职工进行安全教育。

(3) 制定针对性强的施工安全技术措施和安全操作规程作业，对上岗职工进行安全技术交底，配备足够的施工保护设施用品如横列板、钢板柱、逃生扶梯等，并督促落实。

案例二

【案情简介】

某建筑工程施工工地在拆除已施工完毕的烟囱井架时，工长甲要求作业人员松开井架顶部缆风绳的地锚，西侧地锚松开后，东侧尚未松开。工人乙用铁锹挖被埋在土中的北侧缆风绳时，北侧缆风绳迅速滑出，井架向南倒塌倾斜，造成21人死亡，10人受伤，直接经济损失268.3万元。后经查明，该工程项目经理在没有查验滑模施工队资质的情况下，将烟囱项目承包给某施工队施工；滑模施工负责人自行加工非标准井架，未进行专项设计，制作粗糙，施工前未经检验和验收；拆卸作业前没有进行技术交底，现场安全管理混乱。

【问题】

1. 这起重大事故可定为哪种等级的重大事故？依据是什么？

2. 简述重大事故发生后的报告与现场保护程序。
3. 安全管理目标主要包括哪些内容？

【案例评析】

1. 这起重大事故可定为重大事故。根据规定，具备下列条件之一者为重大事故：

(1) 10人以上30人以下死亡；
(2) 50人以上100人以下重伤；
(3) 5000万元以上1亿元以下直接经济损失的事故。

2. 重大事故发生后的报告与现场保护程序：

事故发生后，事故现场有关人员应当立即向本单位负责人报告；单位负责人接到报告后，应当于1小时内向事故发生地县级以上人民政府安全生产监督管理部门和负有安全生产监督管理职责的有关部门报告。

安全生产监督管理部门和负有安全生产监督管理职责的有关部门逐级上报事故情况，每级上报的时间不得超过2小时。同时报告本级人民政府；并通知公安机关、劳动保障行政部门、工会和人民检察院。

报告事故应当包括下列内容：

(1) 事故发生单位概况；
(2) 事故发生的时间、地点以及事故现场情况；
(3) 事故的简要经过；
(4) 事故已经造成或者可能造成的伤亡人数（包括下落不明的人数）和初步估计的直接经济损失；
(5) 已经采取的措施；
(6) 其他应当报告的情况。

3. 现场保护：

施工现场发生生产安全事故后，施工单位负责人应当组织对现场安全事故的抢救，实行总承包的项目，总承包单位应统一组织事故的抢救工作，要根据事故的情况按应急救援预案或企业有关事故处理的制度迅速采取有效措施，组织抢救，防止事故扩大，减少人员伤亡和财产损失。同时要保护事故现场，因抢救工作需要移动现场部分物品时，必须作出标志，绘制事故现场图，并详细记录，妥善保管有关证物，为调查分析事故发生的原因，提供真实的证据。

案例三

【案情简介】

2000年初，某村办厂征得镇党委和县征地办的同意，在未办理环境影响评价和"三同时"手续的情况下，在所在地建造铸造车间，从事将废旧铝制品加温加热熔解成铝锭的生产活动（其污染源主要是燃烧的烟尘和冶炼时的废气）。县环境保护局以该车间选址不当，手续不全，未经县环境保护局批准就投产为理由，依照《建设项目环境保护管理条例》的有关规定，对该厂作出罚款5000元和责令停产的行政处罚决定。该厂接到行政处罚决定书后，认为县环保局没有通过监测证明超标，就作出"罚款和停产"的行政处罚决定，违反行政处罚程序，遂向人民法院起诉。一审法院立案后，为了提取污染程度的科学证据，曾口头通知村办厂保护该车间现状，以便进行监测，原告口头表示照办，但过后对车间的烟囱重建加高到22米（原来10米左右），炉顶加了防尘盖，致使无法提取证据。一审法院开庭审理后认为：原告开办铸造车间，未经当地政府及有关部门办理审批手续就开始生产，是违法行为。根据有关的环保法律、法规，县环保局作出的行政处罚是合法的。据此一审判决驳回村办厂的请求，维持县环保局作出的行政处罚决定。村办厂对一审判决不服，在法定期限内向上级人民法院提起上诉。二审法院经过审理后认为：村办厂改建铸造车间，有关报批手续不完备，在未经当地环保部门批准的情况下，擅自投产，应当进行行政处罚。同时认为，县环保局在没有调查清楚该厂排出的废气是否超标，以及在没有对废气进行监测、取得可靠的科学数据的情况下，就作出行政处罚决定是不妥的。

处理结果：

二审法院撤销一审法院判决，并要求县环保局重新作出处理决定。

【案例评析】

我国的环保法律及《建设项目环境保护管理条例》都对可能产生环境污染的建设项目必须办理环境影响评价作了相应规定。村办厂以乡党委和县征地办同意为由，建设污染项目，已构成违反环保法的行为，环保部门有权进行处罚。而且这类处罚只须证明被处罚单位进行了改建、扩建存在违法事实，无须以监测数据作为确认其违法行为的依据，而监测数据可作为确定违法行为危害程度的依据之一。一审法院以环保法为依据，驳回村办厂请求，维持县环保局作出的行政处罚决定，是完全正确的。二审法院更改一审法院审理村办厂未办理环境影响评价和"三同时"有关手续的缘由，而以县环保局在没弄清楚该车间的废气是否超过规定的标准，以及在没有对废气进行监测，取得可靠科学数据的情况下，就作出结论和处理决定为由，撤销一审法院判决可罚又不可罚前后理由是自相矛盾的。因为县环保局并没有依据《中华人民共和国大气污染防治法》等有关法律、法规对村办厂的违法排放污染物行为作出任何处罚，而是对其违反环境影响评价和"三同时"的行为进行处罚，这就没有必要非测定排放废气是否超标不可了。

复习思考题

1. 工程建设安全生产包含哪些内容？
2. 国务院建设行政主管部门在工程建设安全生产方面有哪些主要的管理职责？
3. 工程建设安全生产管理的基本方针是什么？
4. 企业为什么要进行安全教育？
5. 安全责任制的主要内容包括哪些？
6. 为什么说安全检查制度是安全生产的保障？
7. 安全责任追究制度中对于没有履行职责造成人员伤亡和事故损失的企业会怎么处罚？
8. 施工现场的安全管理工作有哪些内容？
9. 如何保障施工现场周边环境的安全？
10. 何谓工程建设重大事故？工程建设重大事故发生的处理程序是如何规定的？
11. 从业人员及工会在安全生产方面都享有哪些权利？
12. 生产经营单位对安全生产负有哪些监督管理职责？
13. 企业主要负责人、各级管理人员及从业人员在安全生产方面都应承担哪些责任？
14. 什么是"三同时"制度？
15. 加强施工现场的环境保护应包括哪些方面内容？

第五章　城乡规划法规

本章主要介绍了城市规划的概念、立法概况、城市规划的编制方针和原则；城市规划实施的法律规定；以及风景名胜区、历史文化名城和村镇规划管理等内容。

第一节　概　　述

一、基本概念

（一）城乡规划的概念

城乡规划是指对一定时期内城市、镇、乡、村庄的经济和社会发展、土地利用、空间布局以及各项建设的综合部署、具体安排和实施管理，是由城镇体系规划、城市规划、镇规划、乡规划和村庄规划组成的规划体系，是政府指导、调控城市和乡村建设的基本手段，是促进城市和乡村协调发展的有效途径，也是维护社会公平、保障公共安全和公众利益、提供公共服务的重要公共政策之一。

组织编制和审批城乡规划，并依法对城市、镇、乡、村庄的土地使用和各项建设的安排实施控制、指导和监督检查的行政管理活动即是城乡规划管理。

规划区，是指城市、镇和村庄的建成区以及因城乡建设和发展需要，必须实行规划控制的区域。规划区的具体范围由有关人民政府在组织编制的城市总体规划、镇总体规划、乡规划和村庄规划中，根据城乡经济社会发展水平和统筹城乡发展的需要划定。其中分为两个部分：一是建成区，即实际已经成片开发建设、市政公用设施和公共设施基本具备的地区；二是尚未建成但由于进一步发展建设的需要必须实行规划控制的区域。

（二）城乡规划的种类

城乡规划，包括城镇体系规划、城市规划、镇规划、乡规划和村庄规划。城市规划、镇规划分为总体规划和详细规划。详细规划分为控制性详细规划和修建性详细规划。

1. 城镇体系规划

城镇体系规划是指一定地域范围内，以区域生产力合理布局和城镇职能分工为依据，确定不同人口规模等级和职能分工的城镇的分布和发展规划。

2. 城市规划、镇规划

城市规划是指对一定时期内城市的经济和社会发展、土地利用、空间布局以及各项建设的综合部署、具体安排和实施管理。

城市规划划分为总体规划和详细规划。详细规划分为控制性详细规划和修建性详细规划。

根据《城市规划基本术语标准》，城市总体规划是指对一定时期内城市性质、发展目标、发展规模、土地利用、空间布局以及各项建设的综合部署和实施措施。城市总体规划包括：城市的性质、发展目标和发展规模，城市建设用地布局和功能分区，城市综合交通体系和河湖、绿地系统各项专业规划。城市详细规划是指以城市总体规划或分区规划为依据，对一定时期内城市局部地区的土地利用、空间环境和各项建设用地所作的具体安排。城市详细规划在城市总体规划和分区规划的基础上，对城市近期建设区域内各项建设作出具体规划。详细规划包括：规划地段各项建设的具体用地范围，建设密度和高度的控制指标，总平面布置、工程管线综合规划和竖向规划。控制性详细规划是指以城市总体规划或分区规划为依据，确定建设地区的土地使用性质和使用强度的控制指标、道路和工程管线控制性位置以及空间环境控制的规划要求。修建性详细规划是指以城市总体规划、分区规划或控制性详细规划为依据，制订用以指导各项建筑和工程设施的设计和施工的规划设计。

镇总体规划和详细规划包括控制性详细规划和修建性详细规划，均适用上述表述内容。

3. 乡规划

乡规划是指对一定时期内乡的经济和社会发展、土地利用、空间布局以及各项建设的综合部署、具体安排和实施管理。

4. 村庄规划

村庄规划是指在其所在乡（镇）域规划所确定的村庄规划建设原则基础上，对一定时期内村庄的经济发展进行综合布局，进一步确定村庄建设规模、用地范围和界线，安排村民住宅建设、村庄公共服务设施和基础设施建设，为村民提供适合其特点并与社会经济发展水平相适应的人居环境。村庄规划主要是安排农民的宅基地和少量公用工程设施。

二、城乡规划法规的立法概况

（一）法律

城乡规划所依据的法律主要是指《中华人民共和国城乡规划法》（以下简称《城乡规划法》），由第十届全国人民代表大会常务委员会第三十次会议于2007年10月28日通过，从2008年1月1日起施行。

《城乡规划法》共七章70条，与《城市规划法》比较，取消了"城市新区开发和旧区改造"这一章，新增加了"城乡规划的修改"和"监督检查"两个章节。

（二）行政法规

指《村庄和集镇规划建设管理条例》，由国务院于1993年6月29日以国务院第116号令发布。该条例对村庄和集镇规划建设管理的原则、村庄和集镇规划的编制与审批、村庄和集镇规划的实施、村庄和集镇建设活动的管理、村庄和集镇建设管理等内容作了全面的规定，是基层规划管理部门对村庄和集镇进行规划管理的重要法律依据，具有很强的实用性和可参照性。目前该条例正在修订过程中。

（三）部门规章

在实际的规划管理工作中，适用最多的就是部门规章这部分内容。因为它的内容比较多且比较繁杂，在这里根据这些部门规章所涉及的管理内容的不同，将它们分为以下四类：

1. 城乡规划编制审批管理类

此类规章涉及的内容主要是城乡规划的编制与审批，其中包括《城市规划编制办法》（建设部令第146号，自2006年4月1日起施行）、《城镇体系规划编制审批办法》、《建制镇规划建设管理办法》等规范性文件。

2. 城乡规划实施管理类

此类规章包括土地使用实施管理、公共设施实施管理、市政工程实施管理和特定地区实施管理等四个方面：

（1）土地使用规划管理规章，主要包括《城市国有土地使用权出让转让规划管理办法》、《建设项目选址规划管理办法》和《城市地下空间开发利用管理规定》；

（2）公共设施规划管理规章，主要包括《停车场建设和管理暂行规定》；

（3）市政工程规划管理规章，主要包括《关于城市绿化规划建设指标的规定》；

（4）特定地区规划管理规章，主要包括《开发区规划管理办法》。

3. 城乡规划实施监督检查管理类

此类规章涉及的主要是行政检查与档案方面的内容，包括《城建监察规定》和《城市建设档案管理规定》。

4. 城乡规划行业管理类

此类规章包括规划设计单位资格管理和规划师执业资格管理两方面的内容。

（1）规划设计单位资格管理规章，如《城市规划编制单位管理规定》。

（2）规划师执业资格管理规章，包括《注册城市规划师执业资格制度暂行规定》和《注册城市规划师执业资格认定办法》。

（四）城乡规划技术标准与技术规范

城乡规划技术标准与技术规范是城乡规划编制和审批过程中必须遵守的技术标准和规范，具有强制性特征。此类技术标准和技术规范可分为两级，第一级为国家规范，第二级为地方规范，我们主要介绍国家规范，这类规范大多由建设部组织编制，主要分为三类：

1. 综合类基本规范

包括《城市规划基本术语标准》、《城市用地分类与规划建设用地标准》、《城市用地分类代码》和《建筑气候区划标准》等。

2. 城乡规划编制规范

包括《城市规划编制办法》、《城市总体规划审查工作规则》、《省域城镇体系规划审查办法》、《村镇规划编制办法》、《历史文化名城保护规划编制要求》、《城市居住区规划设计规范》、《村镇规划标准》等。

3. 城乡规划各专业规划设计规范

包括《城市道路交通规划设计规范》、《城市工程管线综合规划规范》、《城市防洪工程规划设计规范》、《城市给水工程规划规范》、《城市电力规划规范》等。

第二节　城乡规划的编制与实施

一、城乡规划的制定原则

城乡规划的制定是指依法组织编制、审批城乡各类规划。城乡规划的制定关系重大，规划的科学性、合理性将直接影响规划的实施效果，直接影响城乡空间布局的合理性与舒适度，直接影响居民的生活环境与质量，在城乡规划管理工作中具有重要的地位。

《城乡规划法》第4条明确规定：制定和实施城乡规划，应当遵循城乡统筹、合理布局、节约土地、集约发展和先规划后建设的原则，改善生态环境，促进资源、能源节约和综合利用，保护耕地等自然资源和历史文化遗产，保持地方特色、民族特色和传统风貌，防止污染和其他公害，并符合区域人口发展、国防建设、防灾减灾和公共卫生、公共安全的需要。

在规划区内进行建设活动，应当遵守土地管理、自然资源和环境保护等法律、法规的规定。县级以上地方人民政府应当根据当地经济社会发展的实际，在城市总体规划、镇总体规划中合理确定城市、镇的发展规模、步骤和建设标准。

《城乡规划法》第5条进一步规定："城市总体规划、镇总体规划以及乡规划和村庄规划的编制，应当依据国民经济和社会发展规划，并与土地利用总体规划相衔接。"从这一条规定中，我们可以看出，城乡规划的层次低于国民经济发展规划和土地利用总体规划。

二、城乡规划的编制与审批

《城乡规划法》第二章中，对城乡规划的编制与审批有明确的规定：

（1）国务院城乡规划主管部门会同国务院有关部门组织编制全国城镇体系规划，用于指导省域城镇体系规划、城市总体规划的编制。全国城镇体系规划由国务院城乡规划主管部门报国务院审批。

（2）省、自治区人民政府组织编制省域城镇体系规划，报国务院审批。省域城镇体系规划的内容应当包括：城镇空间布局和规模控制，重大基础设施的布局，为保护生态环境、资源等需要严格控制的区域。

（3）城市人民政府组织编制城市总体规划。直辖市的城市总体规划由直辖市人民政府报国务院审批。省、自治区人民政府所在地的城市以及国务院确定的城市的总体规划，由省、自治区人民政府审查同意后，报国务院审批。其他城市的总体规划，由城市人民政府报省、自治区人民政府审批。

（4）县人民政府组织编制县人民政府所在地镇的总体规划，报上一级人民政府审批。其他镇的总体规划由镇人民政府组织编制，报上一级人民政府审批。

（5）省、自治区人民政府组织编制的省域城镇体系规划，城市、县人民政府组织编制的总体规划，在报上一级人民政府审批前，应当先经本级人民代表大会常务委员会审议，常务委员会组成人员的审议意见交由本级人民政府研究处理。

镇人民政府组织编制的镇总体规划，在报上一级人民政府审批前，应当先经镇人民代表大会审议，代表的审议意见交由本级人民政府研究处理。规划的组织编制机关报送审批省域城镇体系规划、城市总体规划或者镇总体规划，应当将本级人民代表大会常务委员会组成人员或者镇人民代表大会代表的审议意见和根据审议意见修改规划的情况一并报送。

（6）城市人民政府城乡规划主管部门根据城市总体规划的要求，组织编制城市的控制性详细规划，经本级人民政府批准后，报本级人民代表大会常务委员会和上一级人民政府备案。

（7）镇人民政府根据镇总体规划的要求，组织编制镇的控制性详细规划，报上一级人民政府审批。县人民政府所在地镇的控制性详细规划，由县人民政府城乡规划主管部门根据镇总体规划的要求组织编制，经县人民政府批准后，报本级人民代表大会常务委员会和上一级人民政府备案。

（8）乡、镇人民政府组织编制乡规划、村庄规划，报上一级人民政府审批。村庄规划在报送审批前，应当经村民会议或者村民代表会议讨论同意。

（9）城乡规划报送审批前，组织编制机关应当依法将城乡规划草案予以公告，并采取论证会、听证会或者其他方式征求专家和公众的意见。公告的时间不得少于30日。组织编制机关应当充分考虑专家和公众的意见，并在报送审批的材料中附具意见采纳情况及理由。

（10）省域城镇体系规划、城市总体规划、镇总体规划批准前，审批机关应当组织专家和有关部门进行审查。

三、城市新区开发和旧区改建

（一）城市新区的开发和建设

城市新区开发和建设，是指按城市总体规划的部署和要求，在城市建成区之外的一定区域，进行集中的、成片的、综合配套的开发建设活动。

城市新区的开发与建设应遵守以下原则：

（1）应当确定合理的建设规模和时序。城市新区开发和建设的依据是经过"批准的城乡规划"，是实施城市规划涉及的一项重要内容。按照本条规定，城市新区的开发与建设应当确定合理的建设规模和时序。这是城市全面、协调、持续发展的基本要求，是科学发展观的需要。按照这些需要，城市新区的开发和建设应进一步考虑并落实好城市规划中确定的城市综合性和协调性发展的需要，需进一步考虑近期和远期发展的需要，要进一步处理好发展和保护的关系等。根据上述关系，在城市新区的开发和建设中，要安排好不同建设标的时间顺序，以确保城市规划的有效落实。

（2）应当充分利用现有市政基础设施和公共服务设施。城市新区的开发和建设也是一个持续科学发展的过程，有其客观规律，就是说，绝对不能随意行事，违反客观规律，随意建设，绝对不能浪费现有资源。城市新区的开发和建设中要充分体现效能原则，要按照本法规定，在充分利用现有市政基础设施和公共服务设施的基础上开发和建设。

（3）应当严格保护自然资源和生态环境。所称环境即《中华人民共和国环境保护法》所称的环境。按照规定，环境是指影响人类生存和发展的各种天然的和经过人工改造的自然因素的总体，包括大气、水、海洋、土地、矿藏、森林、草原、野生生物、自然遗迹、人文遗迹、自然保护区、风景名胜区、城市和乡村等。本法所称自然环境，通常是指人类生存和发展所依赖的各种自然条件总和，对人类生存和发展有直接的影响。本法所称的生态环境，通常是指生物群落及非生物自然因素组成的各种生态系统所构成的整体，它主要是或者完全是由自然因素形成，对人类的生存和发展有间接的、潜在的、长远的影响。本法规定是落实《宪法》原则的要求。按照现行《宪法》规定，国家保障自然资源的合理利用，保护珍贵的动物和植物。禁止任何组织或者个人用任何手段侵占或破坏自然资源。为落实《宪法》确定的这项原则，我国颁布了有关法律和行政法规，国务院也发布了一些政策和措施。就是说，本法规定也是执行有关的环境保护法律、国家环境政策方面的要求，比如《中华人民共和国环境保护法》规定，一切单位和个人有保护环境的义务，并有权对污染和破坏环境的单位和个人进行检举和控告。

各级人民政府对具有代表性的各种类型的自然生态系统区域，珍稀、濒危的野生动植物自然分布区域，重要的水源涵养区域，具有重大科学文化价值的地质构造、著名溶洞和化石分布区、冰川、火山、温泉等自然遗迹，以及人文遗迹、古树名木，应当采取措施加以保护，严禁破坏。开发利用自然资源，必须采取措施保护生态环境。制定城乡规划，应当确定保护和发展环境的目标和任务。城乡建设应当结合当地自然环境的特点，保护植被、水域和自然景观，加强城市园林、绿地和风景名胜的建设。2005年12月3日国务院发布的《国务院关于落实科学发展观加强环境保护的决定》中指出，加强环境保护是落实科学发展观的重要举措，是全面建设小康社会的内在要求，是坚持执政为民、提高执政能力的实际行动，是构建社会主义和谐社会的有力保障。加强环境保护，有利于促进经济结构调整和增长方式转变，实现更快更好地发展；有利于带动环保和相关产业发展，培育新的经济增长点和增加就业；有利于带动环境意识和道德素质，促进社会主义精神文明建设；有利于保障人民群众身体健康，提高生活质量和延长人均寿命；有利于维护中华民族和长远利益，为子孙后代留下良好的生存和发展空间。因此，必须遵守国家有关环境保护法律、行政法规等的规定，不能以牺牲环境为代价，必须在城市新区开发和建设的同时，注重生态建设和环境保护，注重资源的节约和循环使用，推进城市建设的可持续发展。

（4）应当体现地方特色。地方特色是指一个地方的内涵和外在表现明显区别于其他地方的个性特征。我国幅员辽阔，自然区域和文化地域的特征相去甚远，城市新区开发和建设，在实施有关规划时，应当从当地的实际情况出发，结合当地气候与地理环境特征，做到有特色地开发和建设，防止千篇一律。

（5）在城市、镇总体规划确定的建设用地范围以外，不得设立各类开发区和城市新区。为防止在城市、镇总体规划确定的建设用地范围以外设立各类开发区和城市新区，防止城市、镇总体规划执行中的随意性，坚决杜绝"政绩工程"、"形象工程"等不良现象的发生。本法规定，在城市、镇总体规划确定的建设用地范围以外，不得设立各类开发区和城市新区。如果违反这一规定，应依法承担相应的法律责任。比如，按照《中华人民共和国土地管理法》第七十六条规定，"未经批准或者采取欺骗手段骗取批准，非法占用土地的，由县级以上人民政府土地行政主管部门责令退还非法占用的土地，对违反土地利用总体规划擅自将农用地改为建设用地的，限期拆除在非法占用的土地上新建的建筑物和其他设施，恢复土地原状，对符合土地利用总体规划的，没收在非法占用的土地上新建的建筑物和其他设施，可以并处罚款；对非法占用土地单位的直接负责的主管人员和其他直接责任人员依法给予行政处分；对非法占用土地单位的直接负责的主管人员和其他直接责任人员依法给予行政处分；构成犯罪的依法追究刑事责任。超过批准的数量占用土地，多占用的土地以非法占用土地论处"。

（二）旧城区的改建

城市旧城区是在长期的历史发展过程中逐步形成的，是城市各历史时期的政治、经济、社会和文化发展的缩影。城市旧城区通常是历史文化遗存比较丰富，历史格局和传统风貌比较完整，但同时也存在城市格局尺度比较小、基础设施比较陈旧、道路交通比较拥堵、房屋质量比较差、人口密度大且居民大多为中低收入等情况，迫切需要进行更新和改造。因此，结合城市新区的开发，适时逐步推动城市旧区的改造，是保证我国城市建设协调发展的一项重要任务。

旧城区的改建应遵守以下原则：

（1）应当保护历史文化遗产和传统风貌。城市旧区，特别是历史文化名城的老城区，保存着大量优秀的历史文化遗存，是无法替代的和珍贵的文化财富。所以，在旧区的规划建设中，要遵守国家法律、法规和国家有关政策，要高度关注历史格局、传统风貌、历史文化街区和各级文物的保护，采取逐进式有机更新的方式，防止大拆大建。

(2) 应当合理确定拆迁和建设规模，有计划地对危房集中、基础设施落后等地段进行改建。在旧区改建过程中，要合理确定旧区的居住人口规模，重点对危房集中地区进行改建，结合城市新区的开发建设，对旧区功能逐步进行调整，将污染严重、干扰较大的二、三类工业用地、仓储用地等逐步搬迁，同时增加交通、居住、各类基础设施和公共服务设施用地，逐步完善城市旧区的各项功能。

(3) 应当严格依法行政。城市旧区改建要按照《城乡规划法》规定的程序，以及《中华人民共和国物权法》等相关法律、法规的规定进行组织，防止野蛮拆迁等行为的发生。

四、城乡规划的实施

(一) 城乡规划实施的原则

为确保已经批准的城乡规划得到严格的遵守和执行，防止有的地方政府领导人违反法定程序随意干预和变更城乡规划，《城乡规划法》作出了一些保障城乡规划实施的原则性规定。这些规定的核心是强调实施主体实施城乡规划时必须遵守要求，要按照客观规律办事，将规划执行好、落实好。地方各级人民政府应当根据当地经济社会发展水平，量力而行，尊重群众意愿，有计划、分步骤地组织实施城乡规划；城市新区的开发和建设，应当确定合理的建设规模和时序，充分利用现有市政基础设施和公共服务设施，保护自然资源和生态环境，体现地方特色。城市的建设和发展，应当优先安排基础设施以及公共服务设计的建设，妥善处理新区开发与旧区改建的关系，统筹兼顾进城务工人员生活和周边农村经济社会发展、村民生产与生活的需要。镇的建设和发展，应当结合农村经济社会发展和产业结构调整，优先安排供水、排水、供电、供气、道路、通信、广播电视等基础设施和学校、卫生院、文化站、幼儿园、福利院等公共服务设施的建设，为周边农村提供服务。乡、村庄的建设和发展，应当因地制宜、节约用地，发挥村民自治组织的作用，引导村民合理进行建设，改善农村生产、生活条件。

城乡建设和发展，应当依法保护和合理利用风景名胜资源，统筹安排风景名胜区及周边乡、镇、村庄的建设。风景名胜区的规划、建设和管理，应当遵守有关法律、行政法规和国务院的规定。城市地下空间的开发和利用，应当与经济和技术发展水平相适应，遵循统筹安排、综合开发、合理利用的原则，充分考虑防灾减灾、人民防空和通信等需要，并符合城市规划，履行规划审批手续。城乡规划确定的铁路、公路、港口、机场、道路、绿地、输配电设施及输电线路走廊、通信设施、广播电视设施、管理设施、河道、水库、水源地、自然保护区、防汛通道、消防通道、核电站、垃圾填埋场及焚烧厂、污水处理厂和公共服务设施的用地以及其他需要依法保护的用地，禁止擅自改变用途。

城市、县、镇人民政府应当根据城市总体规划、镇总体规划、土地利用总体规划和年度计划以及国民经济和社会发展规划，制定近期建设规划，报总体规划审批机关备案。近期建设规划应当以重要基础设施、公共服务设施和中低收入居民住房建设以及生态环境保护为重点内容，明确近期建设的时序、发展方向和空间布局。近期建设规划期限为五年。

(二) 选址意见书

《城乡规划法》第36条确定了关于申请核发选址意见书的规定："按照国家规定需要有关部门批准或者核准的建设项目，以划拨提供国有土地使用权的，建设单位在报送有关部门批准或者核准前，应当向城乡规划主管部门申请核发选址意见书。前款规定以外的建设项目不需要申请选址意见书。"

1. 规定申请核发选址意见书的主要考虑是便于国家对建设项目的宏观管理,确保规划的正确实施。法律规定申请核发选址意见书,可以将宏观管理与规划管理统一起来,确保建设项目按照规划实施,确保经济效益、社会效益和环境效益相统一。

2. 申请核发选址意见书的时间,必须是在需要有关部门批准或者核准的建设项目批准或者核准前进行。

3. 建设项目选址意见书的内容。按照原建设部和国家计委发布的《建设项目选址规划管理内容》等的规定,建设项目选址意见书应当包括下列内容:一是建设项目的基本情况,主要是建设项目名称、性质、用地与建设规模、供水与能源的需求量、采取的运输方式与运输量以及废水、废气、废渣的排放方式和排放量。二是建设项目与城市布局的协调;建设项目与城市交通、通信、能源、市政、防灾规划的衔接协调;建设项目配套的生活设施与城市生活居住及公共设施规划的衔接与协调;建设项目对于城市环境可能造成的污染影响,以及与城市环境保护规划和风景名胜、文物古迹保护规划的协调。三是建设项目选址、用地范围和具体规划要求。此外,建设项目选址意见书应当包括建设项目地址和用地范围的附图和明确有关问题的附件。附图和附件是建设项目选址意见书的配套证件,具有同等的法律效力。附图和附件由发证单位根据法律、法规规定和实际情况制定。

4. 申请建设项目选址意见书的程序。按照《建设部关于统一印发建设项目选址意见书的通知》的规定,应遵循下述程序:第一,凡计划在城市规划区内进行建设,需要编制设计任务书(可行性研究报告)的,建设单位必须向当地市、县人民政府城市规划主管部门提出选址申请。第二,建设单位填写建设项目选址申请表后,城市规划主管部门根据《建设项目选址规划管理办法》的规定,分级核发建设项目选址意见书。第三,按规定应由上级城市规划主管部门核发选址意见书的建设项目同市、县城市规划主管部门应对建设单位的选址报告进行审核,并提出选址意见,报上级城市规划主管部门核发建设项目选址意见书。

(三)建设用地规划许可证

1. 建设用地规划许可证的概念

建设用地规划许可证是城市、县人民政府城乡规划主管部门依据控制性详细规划,向提出用地申请的建设单位或者个人核定建设用地的位置、面积、允许建设的范围的法律凭证。没有此证的用地单位属非法用地,不能领取房地产权属证件。

2. 建设用地规划许可证的办理程序

(1)划拨用地情况。《城乡规划法》第37条规定:在城市、镇规划区内以划拨方式提供国有土地使用权的建设项目,经有关部门批准、核准、备案后,建设单位应当向城市、县人民政府城乡规划主管部门提出建设用地规划许可申请,由城市、县人民政府城乡规划主管部门依据控制性详细规划核定建设用地的位置、面积、允许建设的范围,核发建设用地规划许可证。

建设单位在取得建设用地规划许可证后,方可向县级以上地方人民政府土地主管部门申请用地,经县级以上人民政府审批后,由土地主管部门划拨土地。

(2)出让用地情况。《城乡规划法》第38条规定:在城市、镇规划区内以出让方式提供国有土地使用权的,在国有土地使用权出让前,城市、县人民政府城乡规划主管部门应当依据控制性详细规划，提出出让地块的位置、使用性质、开发强度等规划条件，作为国有土地使用权出让合同的组成部分。未确定规划条件的地块，不得出让国有土地使用权。

以出让方式取得国有土地使用权的建设项目，在签订国有土地使用权出让合同后，建设单位应当持建设项目的批准、核准、备案文件和国有土地使用权出让合同，向城市、县人民政府城乡规划主管部门领取建设用地规划许可证。

城市、县人民政府城乡规划主管部门不得在建设用地规划许可证中，擅自改变作为国有土地使用权出让合同组成部分的规划条件。

（四）建设工程规划许可制度

1. 建设工程规划许可证的概念

建设工程规划许可证是城市、县人民政府城乡规划主管部门依法核发的，确认有关建设工程符合城市规划要求的法律凭证。建设工程规划许可证是有关建设工程符合城市规划要求的法律凭证，是建设单位建设工程的法律凭证，是建设活动中接受监督检查时的法定依据。没有此证的建设单位，其工程建筑是违章建筑，不能领取房地产权属证件。

建设工程规划许可证可以确认城市中有关建设活动符合法定规划的要求，确保建设主体的合法权益。它是城乡建设档案的重要内容，也是作为建设活动进行过程中接受监督检查时的法定依据。

2. 建设工程规划许可证的申报范围

《城乡规划法》第40条规定：在城市、镇规划区内进行建筑物、构筑物、道路、管线和其他工程建设的，建设单位或者个人应当向城市、县人民政府城乡规划主管部门或者省、自治区、直辖市人民政府确定的镇人民政府申请办理建设工程规划许可证。

3. 建设工程规划许可证的办理程序

申请办理建设工程规划许可证，应当提交使用土地的有关证明文件、建设工程设计方案等材料。需要建设单位编制修建性详细规划的建设项目，还应当提交修建性详细规划。对符合控制性详细规划和规划条件的，由城市、县人民政府城乡规划主管部门或者省、自治区、直辖市人民政府确定的镇人民政府核发建设工程规划许可证。

城市、县人民政府城乡规划主管部门或者省、自治区、直辖市人民政府确定的镇人民政府应当依法将经审定的修建性详细规划、建设工程设计方案的总平面图予以公布。

申请办理建设工程规划许可证需要提交的材料，每个地区虽都有具体要求，但基本相同，以下是上海市建设工程规划许可证的申办材料：

① 填写《建设工程规划许可证申请表》1份；② 总平面设计图三份（比例1/500或1/1000，应标明建筑基地界限，新建建筑物的外轮廓尺寸和层数，新建建筑物与基地界限、道路规划红线、相邻建筑物、河道和高压线的间距尺寸）；③ 地形图3份（向市测绘院晒印，比例1/500或1/1000，地形图上需按上述总平面设计图要求划示新建建筑物位置及有关尺寸）；④ 建设基地的土地使用权属证件（复印件）；如属新征土地，应提供市房地资源局核发的建设用地批准书（复印件1份）；⑤ 原有基地拆房，需提供应拆房屋的权属证明（复印件1份）；⑥ 建筑施工图2套（平、立、剖面图和图纸目录单），分层面积表2份（应按国家有关建筑面积规定计算）；⑦ 基础施工平面图、基础详图及桩位平面布置图各2份；⑧ 建设项目计划批准文件1份；⑨ 建筑工程概预算书1份；⑩ 消防、环保、卫生等有关部门审核意见单各1份。

（五）其他建设工程规划许可制度

1. 乡村建设规划许可证

《城乡规划法》第41条规定：在乡、村庄规划区内进行乡镇企业、乡村公共设施和公益事业建设的，建设单位或者个人应当向乡、镇人民政府提出申请，由乡、镇人民政府报城市、县人民政府城乡规划主管部门核发乡村建设规划许可证。

在乡、村庄规划区内使用原有宅基地进行农村村民住宅建设的规划管理办法，由省、自治区、直辖市制定。

在乡、村庄规划区内进行乡镇企业、乡村公共设施和公益事业建设以及农村村民住宅建设，不得占用农用地；确需占用农用地的，应当依照《中华人民共和国土地管理法》有关规定办理农用地转用审批手续后，由城市、县人民政府城乡规划主管部门核发乡村建设规划许可证。

建设单位或者个人在取得乡村建设规划许可证后，方可办理用地审批手续。

2. 各类临时建设的规划行政许可

《城乡规划法》第44条规定：在城市、镇规划区内进行临时建设的，应当经城市、县人民政府城乡规划主管部门批准。临时建设影响近期建设规划或者控制性详细规划的实施以及交通、市容、安全等的，不得批准。

临时建设应当在批准的使用期限内自行拆除。临时建设和临时用地规划管理的具体办法，由省、自治区、直辖市人民政府制定。

第三节 风景名胜区与历史文化名城保护

一、风景名胜区的规划管理

1. 风景名胜区及管理原则

风景名胜区是指具有观赏、文化或者科学价值，自然景观、人文景观比较集中，环境优美，可供人们游览或者进行科学、文化活动的区域。

我国《风景名胜区条例》于2006年9月6日国务院第149次常务会议通过，自2006年12月1日起施行。该条例共七章52条。

《风景名胜区条例》第3条明确规定："国家对风景名胜区实行科学规划、统一管理、严格保护、永续利用的原则。"

另外，《风景名胜区条例》中还规定：风景名胜区所在地县级以上地方人民政府设置的风景名胜区管理机构，负责风景名胜区的保护、利用和统一管理工作。国务院建设主管部门负责全国风景名胜区的监督管理工作。国务院其他有关部门按照国务院规定的职责分工，负责风景名胜区的有关监督管理工作。省、自治区人民政府建设主管部门和直辖市人民政府风景名胜区主管部门，负责本行政区域内风景名胜区的监督管理工作。省、自治区、直辖市人民政府其他有关部门按照规定的职责分工，负责风景名胜区的有关监督管理工作。

2. 风景名胜区的设立

设立风景名胜区，应当有利于保护和合理利用风景名胜资源。

风景名胜区划分为国家级风景名胜区和省级风景名胜区。自然景观和人文景观能够反映重要自然变化过程和重大历史文化发展过程，基本处于自然状态或者保持历史原貌，具有国家代表性的，可以申请设立国家级风景名胜区；具有区域代表性的，可以申请设立省级风景名胜区。

设立国家级风景名胜区，由省、自治区、直辖市人民政府提出申请，国务院建设主管部门会同国务院环境保护主管部门、林业主管部门、文物主管部门等有关部门组织论证，提出审查意见，报国务院批准公布。

设立省级风景名胜区，由县级人民政府提出申请，省、自治区人民政府建设主管部门或者直辖市人民政府风景名胜区主管部门，会同其他有关部门组织论证，提出审查意见，报省、自治区、直辖市人民政府批准公布。

3. 风景名胜区的规划

风景名胜区规划分为总体规划和详细规划。风景名胜区总体规划的编制，应当体现人与自然和谐相处、区域协调发展和经济社会全面进步的要求，坚持保护优先、开发服从保护的原则，突出风景名胜资源的自然特性、文化内涵和地方特色。风景名胜区应当自设立之日起2年内编制完成总体规划。总体规划的规划期一般为20年。

风景名胜区总体规划应当包括下列内容：①风景资源评价；②生态资源保护措施、重大建设项目布局、开发利用强度；③风景名胜区的功能结构和空间布局；④禁止开发和限制开发的范围；⑤风景名胜区的游客容量；⑥有关专项规划。

风景名胜区详细规划应当根据核心景区和其他景区的不同要求编制，确定基础设施、旅游设施、文化设施等建设项目的选址、布局与规模，并明确建设用地范围和规划设计条件。

风景名胜区详细规划，应当符合风景名胜区总体规划。

国家级风景名胜区规划由省、自治区人民政府建设主管部门或者直辖市人民政府风景名胜区主管部门组织编制。省级风景名胜区规划由县级人民政府组织编制。

国家级风景名胜区的总体规划，由省、自治区、直辖市人民政府审查后，报国务院审批。国家级风景名胜区的详细规划，由省、自治区人民政府建设主管部门或者直辖市人民政府风景名胜区主管部门报国务院建设主管部门审批。

省级风景名胜区的总体规划，由省、自治区、直辖市人民政府审批，报国务院建设主管部门备案。省级风景名胜区的详细规划，由省、自治区人民政府建设主管部门或者直辖市人民政府风景名胜区主管部门审批。

风景名胜区规划经批准后，应当向社会公布，任何组织和个人有权查阅。风景名胜区内的单位和个人应当遵守经批准的风景名胜区规划，服从规划管理。风景名胜区规划未经批准的，不得在风景名胜区内进行各类建设活动。

4. 风景名胜区保护

风景名胜区内的景观和自然环境，应当根据可持续发展的原则，严格保护，不得破坏或者随意改变。

《风景名胜区条例》第26条规定："在风景名胜区内禁止进行下列活动：①开山、采石、开矿、开荒、修坟立碑等破坏景观、植被和地形地貌的活动；②修建储存爆炸性、易燃性、放射性、毒害性、腐蚀性物品的设施；③在景物或者设施上刻划、涂污；④乱扔垃圾。"

同时,《风景名胜区条例》第29条规定:"在风景名胜区内进行下列活动,应当经风景名胜区管理机构审核后,依照有关法律、法规的规定报有关主管部门批准:①设置、张贴商业广告;②举办大型游乐等活动;③改变水资源、水环境自然状态的活动;④其他影响生态和景观的活动。"

二、历史文化名城的规划管理

1. 历史文化名城的概念

历史文化名城指我国古代政治、经济、文化的中心或者近代革命运动和重大历史事件发生的重要城市。

《历史文化名城名镇名村保护条例》是经2008年4月2日国务院第3次常务会议通过的,自2008年7月1日起施行。共六章48条,分别为:总则、申报与批准、保护规划、保护措施、法律责任和附则。

2. 历史文化名城申报应具备的条件

根据《历史文化名城名镇名村保护条例》第7条的规定,具备下列条件的城市、镇、村庄,可以申报历史文化名城、名镇、名村:

(1) 保存文物特别丰富;
(2) 历史建筑集中成片;
(3) 保留着传统格局和历史风貌;
(4) 历史上曾经作为政治、经济、文化、交通中心或者军事要地,或者发生过重要历史事件,或者其传统产业、历史上建设的重大工程对本地区的发展产生过重要影响,或者能够集中反映本地区建筑的文化特色、民族特色。

申报历史文化名城的,在所申报的历史文化名城保护范围内还应当有2个以上的历史文化街区。

3. 历史文化名城的规划内容

历史文化名城反映了城市的特定性质,应当在城市规划中体现出来,使历史文化名城和文物的价值进一步得到开发和利用。历史文化名城和文物的保护应突出保护重点,这些重点主要包括保护文物古迹、风景名胜及其环境;对于具有传统风貌的商业、手工业、居住以及其他性质的街区;需要保护整体环境的文物古迹、革命纪念建筑集中连片的地区,或者在城市发展历史上有价值的近代建筑群等。

历史文化名城的规划内容有:

(1) 保护原则、保护内容和保护范围;
(2) 保护措施、开发强度和建设控制要求;
(3) 传统格局和历史风貌保护要求;
(4) 历史文化街区、名镇、名村的核心保护范围和建设控制地带;
(5) 保护规划分期实施方案。

4. 历史文化名城的保护

在历史文化名城、名镇、名村保护范围内从事建设活动,应当符合保护规划的要求,不得损害历史文化遗产的真实性和完整性,不得对其传统格局和历史风貌构成破坏性影响。

《历史文化名城名镇名村保护条例》第26条规定:"历史文化街区、名镇、名村建设控制地带内的新建建筑物、构筑物，应当符合保护规划确定的建设控制要求。"第28条规定："在历史文化街区、名镇、名村核心保护范围内，不得进行新建、扩建活动。但是，新建、扩建必要的基础设施和公共服务设施除外。"

在历史文化名城、名镇、名村保护范围内禁止进行下列活动：①开山、采石、开矿等破坏传统格局和历史风貌的活动；②占用保护规划确定保留的园林绿地、河湖水系、道路等；③修建生产、储存爆炸性、易燃性、放射性、毒害性、腐蚀性物品的工厂、仓库等；④在历史建筑上刻划、涂污。

建设工程选址，应当尽可能避开历史建筑；因特殊情况不能避开的，应当尽可能实施原址保护。对历史建筑实施原址保护的，建设单位应当事先确定保护措施，报城市、县人民政府城乡规划主管部门会同同级文物主管部门批准。因公共利益需要进行建设活动，对历史建筑无法实施原址保护、必须迁移异地保护或者拆除的，应当由城市、县人民政府城乡规划主管部门会同同级文物主管部门，报省、自治区、直辖市人民政府确定的保护主管部门会同同级文物主管部门批准。

对历史建筑进行外部修缮装饰、添加设施以及改变历史建筑的结构或者使用性质的，应当经城市、县人民政府城乡规划主管部门会同同级文物主管部门批准，并依照有关法律、法规的规定办理相关手续。

案 例 分 析

案例一

【案情简介】

贵州省电子联合康乐公司不服贵州省贵阳市城市规划局作出的对其违法建设拆除的决定，向贵阳市中级人民法院提起行政诉讼。

原告贵州省电子联合康乐公司诉称：被告贵阳市城市规划局作出的原告限期拆除违法建筑决定所依据的事实不清，适用法律、法规错误。原告新建的儿童乐园大楼曾经贵阳市城市管理委员会同意，且报送给被告审批。该工程虽然修建手续不全，但不属于严重违反城市规划。请求法院撤销被告的限期拆除房屋决定。庭审中，原告又提出变更被告的拆除决定为罚款，保留诉讼请求的意见。

原告将修建计划报送被告贵阳市城市规划局审批。原告在被告尚未审批，没有取得建设工程规划许可证的情况下，于1992年8月23日擅自动工修建儿童乐园大楼。同年12月9日，被告和市、区城管会的有关负责人到施工现场，责令原告立即停工，并写出书面检查。原告于当日向被告作出书面检查，表示愿意停止施工，接受处理。但是原告并未停止施工。

1993年2月20日，被告根据《中华人民共和国城市规划法》第三十二条、第四十条，《贵州省关于中华人民共和国城市规划法实施办法》第二十三条、第二十四条的规定，作出违法建筑拆除决定书，限令原告在1993年3月7日前自行拆除未完工的违法修建的儿童乐园大楼。原告不服，向贵州省城乡建设环境保护厅申请复议。贵州省城乡建设环境保护厅于1993年4月7日作出维护贵阳市城市规划局的违法建筑拆除决定。在复议期间，原告仍继续施工，致使建筑面积为1730m²的六层大楼主体工程基本完工。

上述事实，经庭审调查核实，原、被告双方均无争议。

贵阳市中级人民法院认为：原告新建儿童乐园大楼虽经城管部门原则同意，并向被告申请办理有关建设规划手续，但在尚未取得建设工程规划许可证的情况下动工修建，违反了《中华人民共和国城市规划法》第三十二条"建设单位或者个人在取得建设工程规划许可证件和其他有关批准文件后，方可申请办理开工手续"的规定，属违法建筑。贵阳市城市规划局据此作出限期拆除违法建筑的处罚决定并无不当。鉴于该违法建筑位于贵阳市区主干道一侧，属城市规划区重要地区，未经规划部门批准即擅自动工修建永久性建筑物，其行为本身就严重影响了该区域的整体规划，且原告在被告制止及作出处罚决定后仍继续施工，依照《贵州省关于中华人民共和国城市规划法实施办法》和《贵阳市城市建设规划管理办法》的规定，属从重处罚情节，故原告以该建筑物不属严重影响城市规划的情节为由，请求变更被告的拆除大楼的决定为罚款保留房屋的意见不予支持。依照《中华人民共和国行政诉讼法》第五十四条第（一）项的规定，该院于1993年5月21日判决：维持贵阳市城市规划局作出的违法建筑拆除决定。

第一审审判后，原告贵州省电子联合康乐公司不服，以"原判认定的事实不清，适用法律有错误"为由，向贵州省高级人民法院提出上诉，请求撤销原判，改判为罚款保留房屋，并补办修建手续。被告贵阳市城市规划局提出答辩认为，第一审判认定事实清楚，适用法律、法规正确，符合法定程序，应依法维持。

贵州省高级人民法院在庭审期间，1993年10月20日，上诉人贵州省电子联合康乐公司主动提出："服从和执行贵阳市中级人民法院的一审判决，申请撤回上诉。"贵州省高级人民法院经审查认为，上诉人无证修建儿童乐园大楼属严重违法建筑的事实存在，对上诉人作出拆除该违法房屋建筑的处罚决定合法。上诉人自愿申请撤回上诉，依照行政诉讼法第五十一条的规定，于1993年11月1日作出裁定：准许上诉人贵州省电子联合康乐公司撤回上诉。双方当事人按贵阳市中级人民法院的一审判决执行。到1994年2月，贵州省电子联合康乐公司违法修建的儿童乐园大楼已全部拆除。

【案例评析】

在本案中，原告贵州省电子联合康乐公司最明显的一个问题就是有明知故犯的嫌疑。首先，其施工过程经贵阳市城市管理委员会同意后，已经报送给被告审批。说明当事人知道应该办理工程有关审批手续。既然知道，却在未取得合法手续的情况下进行施工。其次，违法进行施工后，城市规划局和市、区城管会的有关负责人到施工现场，责令其立即停工，并写出书面检查。原告于当日作出书面检查，表示愿意停止施工，接受处理。但是并未停止施工。其行为事实，是抗拒行政执法。不仅如此，还诉称"贵阳市城市规划局作出的限期拆除违法建筑决定所依据的事实不清，适用法律、法规错误。"确实有些过分。但在法律事实面前，最终还是主动提出："服从和执行贵阳市中级人民法院的一审判决，申请撤回上诉。"并将违法修建的儿童乐园大楼全部拆除。应该说，这个处理未涉及某些人抗拒执法的处理，也未进行其他罚款，已经是较宽容了。

案例二

【案情简介】

林某在未办理报批手续的情况下，擅自于2009年6月将其经营的精研塑料厂从该市某镇北海路迁至该镇新工业区，增设了八台切割机，新建了挤塑车间，且未取得建设工程许可证，未采取任何环境保护设施后擅自将主体工程正式投入生产。规划局和环保局联合执法，经过调查、取证和组织听证后，于7月20日作出了《行政处罚决定书》，认定上述行为违反了《城乡规划法》、《某市建设项目环境保护管理条例》，对林某作出停止生产、补办手续并处罚款3万元的行政处罚决定，林某不服，于2001年7月10日向某市人民法院提起行政诉讼，请求判决撤销处罚决定。林某认为自己是个体工商户，不属于建设单位，另外，工厂搬迁经营场所，增加小型设备不属于要经建设管理部门、计划管理部门批准的项目，故不属于建设项目。

问题：

(1) 林某认为自己是个体工商户，不属于建设单位。这个理由是否成立？
(2) 林某认为自己的搬迁不是建设项目的理由是否成立？
(3) 法院应当如何判决？为什么？

【案情评析】

1. 根据城乡规划法，规划区范围内任何建设都必须符合城市规划，都必须按法定程序进行报批，这包括单位和个人（个体经济和其他各种不同经济类型的开发活动）。因此，林某以个体工商户做借口，想跳过规划报建程序，这明显不符合城乡规划法的要求。

2. 林某工厂的搬迁属于建设项目，依据城市规划管理条例，城市建设项目是指一切新建、扩建、改建、翻建的房屋建筑（包括工业建筑、公共建筑、住宅建筑、仓储建筑等）、地下建筑、围墙建筑、大门建筑、小品建筑、人防工程、消防工程、防洪工程、公共设施、铁路、地铁、公路、城市道路、桥梁、涵洞、机场、码头、广场、停车场、公园、城市绿化、市政管线等。林某工厂异地搬迁，涉及建设用地的重新选址、建筑工程的重新设计、建设项目的环境保护、建设工程竣工验收等问题，均需要重新按照新建建设项目的规划审批程序进行报建。否则就是属于违法建设、违法生产，必须依法处罚。

3. 法院应作出维持判决。因为，城建局和环保局的行政处罚行为证据确凿，适用法律、法规正确，符合法定程序。

复习思考题

1. 什么是城乡规划、规划区？
2. 城乡规划制定的原则是什么？
3. 城市新区开发简述应遵守哪些原则？
4. 旧城区的改建应遵守哪些原则？
5. 城市规划分哪几类？它们的编制权限和审批权限是如何规定的？
6. 什么是选址意见书？
7. 什么是建设用地规划许可证？取得建设用地规划许可证要经过哪些程序？
8. 取得建设工程规划许可证要经过哪些程序？
9. 城市新区开发和旧区改建分别要注意哪些问题？
10. 何谓风景名胜区？在风景名胜区内禁止哪些活动？
11. 什么是历史文化名城，历史文化名城保护有哪些要求？

第六章 建设工程承发包法规

本章主要介绍了工程发包与承包的概念、立法概况及有关规定；工程招标、投标的有关规定及方式，工程招标、投标中的招标文件与投标书、标底与投标报价，工程开标、评标与定标的有关规定；以及建设工程招投标的决策、管理与监督等内容。

第一节 建设工程承发包概述

一、建设工程承发包的概念及方式

（一）工程承发包的概念

1. 工程项目

工程项目又称单项工程，是指具有独立存在意义的一个完整工程，它由许多单位工程组成的综合体。

2. 工程发包与承包

工程发包与承包是指作为交易一方的建设单位或者总承包单位将所需完成的建筑工程的勘察、设计、施工等工作的全部或一部分，通过合同委托给另一方勘察、设计、施工单位去完成并按合同规定支付报酬的行为。一般发包方为建设单位或工程总承包单位，承包方为勘察设计单位、施工单位、工程设备单位或工程设备制造单位。

（二）建设工程发包与承包的方式

我国自建国以来一直是计划经济状态，建筑业的生产任务是由行政主管部门下达所获得。但自改革开放之后我国进入市场经济，同样建筑业的市场也随之形成。从1982年起我国建筑领域进行改革，逐步确立了建设工程发包与承包制度。实践证明建设工程发包与承包制度能够鼓励竞争防止垄断，有效地提高了工程质量，降低了工程造价和工期，对促进经济的发展起到了良好的作用。《中华人民共和国建筑法》第十九条规定发包方式：建筑工程依法实行招标发包，对不适于招标发包的可以直接发包。所以建筑工程的发包方式分为招标发包和直接发包。

建筑工程招标发包是：发包方事先确定拟建物的招标内容及要求，愿意承包的单位递交投标书、证明其承包工程的造价、工期、达到的质量标准条件等，再由发包方从若干个投标的承包方中择优选取工程承包方的交易方式。

建筑工程直接发包是：发包方直接把工程发包给承包方。双方协商约定工程建设的工期、费用及其他条件的交易方式。

二、建设工程承发包法规的立法概况及有关规定

（一）立法概况

自改革开放以来，我国从计划经济转为市场经济，建筑市场同时形成。自1982年建筑工程发包与承包制实施以来，对推动公开竞争提高工程质量起到了积极的作用，同时暴

露出一些问题。如没有统一约束，各自为政，行政干预，招投标中徇私舞弊权钱交易等。国家为了规范建筑市场，保证工程质量，清除建筑领域的腐败现象，先后颁布了《建筑法》(1997年)、《招标投标法》(1999年)及《工程建设项目招标代理机构资格认定办法》(2000年)、《建设工程设计招标管理办法》(2000年)、《工程建设项目招标范围和规模标准规定》(2000年)、《工程建设项目自行招标试行办法》(2000年)、《房屋建筑和市政基础设施工程施工招标投标管理办法》(2001年)、《工程建设项目施工招标投标办法》(2003年)等部门规章和规范性文件。

（二）建设工程承发包的一般规定

《建筑法》及其他有关法规规定建设工程发包时必须遵守下列要求：

1. 建设工程发包与承包合同必须采用书面形式

合同是一种协议。我国法律规定经济合同可采用书面形式或口头形式，但法律另有规定或当事人另有约定的除外。建设工程建设周期长，涉及金额大且建设过程当中不可预见的问题会出现，社会影响大，合同更显重要。所以《建筑法》第三章"建筑工程发包与承包"第十五条规定：建筑工程的发包单位与承包单位应当依法订立书面合同；明确双方的权利和义务；不按照合同约定履行义务的依法承担违约责任。所以口头订立的建设工程承包合同不符合建筑法律规定，则为无效。

2. 承包单位必须有相应资格

建设活动不同于一般的经济活动。它关系着人民生命财产安全，社会影响大，所以世界大多数国家对工程建设活动都实行执业资格制度，我国也实行了这一制度。《建筑法》在第二章"建筑许可"第十三条规定：从事建筑活动的建筑施工企业、勘察单位、设计单位和工程监理单位，按照其拥有的注册资本、专业技术人员、技术装备和已完成的建筑工程业绩等资质条件，划分为不同的资质等级，经资质审查合格，取得相应的资质等级书后，方可在其资质等级许可的范围内从事建筑活动。建筑构配件和非标准设备的加工生产单位也必须是具有生产许可证或是经有关主管部门依法批准生产的单位。

建筑业企业资质分为施工总承包、专业承包和劳务分包三个序列。

取得施工总承包资质的企业（以下简称施工总承包企业），可以承接施工总承包工程。施工总承包企业可以对所承接的施工总承包工程内各专业工程全部自行施工，也可以将专业工程或劳务作业依法分包给具有相应资质的专业承包企业或劳务分包企业。

取得专业承包资质的企业（以下简称专业承包企业），可以承接施工总承包企业分包的专业工程和建设单位依法发包的专业工程。专业承包企业可以对所承接的专业工程全部自行施工，也可以将劳务作业依法分包给具有相应资质的劳务分包企业。

取得劳务分包资质的企业（以下简称劳务分包企业），可以承接施工总承包企业或专业承包企业分包的劳务作业。

施工总承包资质、专业承包资质、劳务分包资质序列按照工程性质和技术特点分别划分为若干资质类别。各资质类别按照规定的条件划分为若干资质等级。

建筑业企业资质等级标准和各类别等级资质企业承担工程的具体范围，由国务院建设主管部门会同国务院有关部门制定。

建筑业企业不得超越本企业资质等级或以其他企业的名义承揽工程，或允许其他企业或个人以本企业的名义承揽工程。

建筑业企业不得与建设单位或企业之间相互串通投标，或以行贿等不正当手段谋取中标。

建筑业企业不得未取得施工许可证擅自施工；不得将承包的工程转包或违法分包；不得违反国家工程建设强制性标准。

3. 建设工程承发包中禁止行贿受贿

市场经济在推动社会经济发展的同时也出现了一些弊端。尤其在建筑市场的建设工程承发包中行贿受贿的行为尤为严重。通过行贿受贿来承包工程的非法行为是社会所不能容忍的，必须予以禁止。《建筑法》第三章工程发包与承包第十七条规定：发包单位及其工作人员在建筑工程发包中不得收受贿赂、回扣或者索取其他好处。承包单位及其工作人员不得利用向发包单位及其工作人员行贿、提供回扣或者给予其他好处等不正当手段承揽工程。以单位名义所行使的行贿受贿，表面上看不是一个人获得的非法利益，没有犯罪主体，但其是集体共同犯罪，已构成单位犯罪。我国于1997年修订颁布的新《刑法》对此已有明确规定，并规定对单位犯罪采取双罚制，即除对单位判处罚金外，还要对直接负责的主管人员和其他直接责任人员判处相应的刑罚。

4. 提倡总承包、禁止肢解分包

我国当前的建设工程承包，一般有以下几种方式：

(1) 全过程承包。即从项目可行性研究开始，到勘察、设计、施工、验收、交付使用为止的建设项目全过程承包。这样的工程称为"交钥匙工程"。

(2) 设计、施工总承包。即从勘察、设计、到竣工验收为止的总承包。

(3) 施工总承包。即对工程施工全过程进行总承包。

《建筑法》第三章建筑工程发包与承包第二十八条规定：禁止承包单位将其承包的全部建筑工程转包给他人，禁止承包单位将其承包的全部建筑工程肢解以后以分包的名义分别包给他人。

在国际上，将一个工程的各部位发包给不同的施工（或设计）单位，由各单位分别完成工程的不同部位也是通行做法，并称之为"平行发包"，也即我们所称的"肢解发包"。我国当前的建设单位行为还很不规范，随意性很大，市场竞争规范也不完善，肢解发包往往造成相互扯皮，严重影响建筑工程质量和进度，还给贪污犯罪提供了方便，因此我国现行的建设法规做出了禁止将建设工程肢解发包的明确规定。

5. 发包方式

《建筑法》第三章"建筑工程发包与承包"第十九条规定：建筑工程依法实行招标发包，对不适于招标发包的可以直接发包。所以我国建筑工程无特殊要求的都要以招标方式发包，不能直接发包。承包人非法转包、违法分包建设工程或者没有资质的实际施工人借用有资质的建筑施工企业名义与他人签订建设工程施工合同的行为无效。人民法院可以根据民法通则第一百三十四条规定，收缴当事人已经取得的非法所得。

6. 特殊工程项目的招标投标

对于一些特殊工程项目，我国相关法律、法规也规定，经项目审批部门批准，可不进行招标投标而直接发包，这些工程项目有：

(1) 建设项目的勘察、设计要采用特定专利或专有技术，或建筑艺术造型有特殊要求的；

(2) 工程项目的施工，主要技术采用特定的专利或专有技术的；
(3) 在建工程追加的附属小型工程或主体加层工程，原中标人仍具备承包能力的；
(4) 施工企业自建自用且在该施工企业资质等级允许业务范围内的工程。

第二节 建设工程招标

建筑工程招标与投标是在市场经济条件下建筑市场进行工程建设项目发承包所采用的一种交易方式。它具有公平竞争减少行贿受贿等腐败和不正当的行为的功能。

一、建设工程招标的范围和原则

1. 招标人

招标人是依照招投标法的规定提出招标项目，进行招标的法人或其他组织。

2. 建设工程招标的概念

建设工程招标是指招标人就拟建工程事先公布采购条件和要求，以法定的方式吸引承包单位参加竞争，从中择优选定工程承包方的法律行为。

建筑工程招标从法律上讲是一种要约邀请，即它不指特定的单位和个人。但是根据《合同法》的规定，招标人一旦进入招标程序后就应当承担缔约责任，同时还要受到建筑市场管理的相关法规约束。因此招标人要受招标行为的约束。

3. 建设工程招标的范围

根据《招标投标法》和《工程建设项目招标范围和规模规定》，必须采用招标方式选择承包单位的建设项目包括：

(1) 大型基础设施、公用事业等关系社会公共利益、公众安全的项目；
(2) 国家投资、融资的项目；
(3) 使用国际组织或者外国政府贷款、援助资金的项目；
(4) 施工单项合同估算价在200万元人民币以上；
(5) 重要设备、材料等货物的采购，单项合同估算价在100万元人民币以上；
(6) 勘察、设计、监理等服务的采购，单项合同在50万元人民币以上。

4. 按照规定属于下列情形之一的，可以不进行招标，采用直接委托的方式发包：

(1) 涉及国家安全、国家秘密的工程；
(2) 抢险救灾工程；
(3) 利用扶贫资金实行以工代赈、需要使用农民工等特殊情况；
(4) 建筑造型有特殊要求设计；
(5) 采用特定专利技术、专有技术进行勘察、设计或施工；
(6) 停建缓建后恢复建设的单位工程，且承包人未发生变更的；
(7) 施工企业自建自用的工程，且该施工企业资质等级符合工程要求的；
(8) 在建工程追加的附属小型工程或者主体加层工程，且承包人未发生变更的；
(9) 法律、法规、规章规定的其他情形。

5. 建设工程招标的原则

建设工程招标的原则也就是建设工程招标活动应遵循的原则：公开、公平、公正和诚实信用。

公开就是必须有极高的透明度,招标信息、招标程序、开标过程、中标结果都必须公开,使每一个投标人获得同等的信息。

公平就是要求给予所有投标人以平等机会,使他们享有的权利和履行的义务都是同等的,不得歧视任何一方。

公正就是要求按事先公布的标准进行评标,要求公正对待每一个投标人。

诚实信用是所有民事活动都应遵循的基本原则之一。要求当事人应以诚实、守信的态度行使权利、履行义务,保证彼此都能得到自己应得的利益,同时不得损害第三人和社会的利益,不得规避招标、串通投标、泄露标底、骗取中标。

6. 招标人符合法律规定的自行招标条件的,可以自行办理招标事宜。任何单位和个人不得强制其委托招标代理机构办理招标事宜。

7. 招标代理机构应当在招标人委托的范围内承担招标事宜。招标代理机构可以在其资格等级范围内承担下列招标事宜:

(1) 拟订招标方案,编制和出售招标文件、资格预审文件;
(2) 审查投标人资格;
(3) 编制标底;
(4) 组织投标人踏勘现场;
(5) 组织开标、评标,协助招标人定标;
(6) 草拟合同;
(7) 招标人委托的其他事项。

招标代理机构不得无权代理、越权代理,不得明知委托事项违法而进行代理。

招标代理机构不得接受同一招标项目的投标代理和投标咨询业务;未经招标人同意,不得转让招标代理业务。

8. 工程招标代理机构与招标人应当签订书面委托合同,并按双方约定的标准收取代理费;国家对收费标准有规定的,依照其规定。

二、建设工程招标的方式

招标方式按性质的不同可划分为:公开招标和邀请招标。

招标方式按竞争范围的不同可划分为:国际性竞争招标和国内竞争性招标。

招标方式按价格确定方式的不同可划分为:固定总价项目招标、成本加酬金项目招标、单价不变项目招标。

1. 公开招标

公开招标,即是招标人以招标公告的方式邀请不特定的法人或其他经济组织来进行投标,是面向全社会的招标。

2. 邀请招标

邀请招标,即是招标人以投标邀请书的方式邀请一些特定的法人或其他经济组织来投标。

3. 公开招标和邀请招标的区别

(1) 发布信息的方式不同。一是公告,一是投标邀请书。

(2) 选择承包人的范围不同。公开招标是面向全社会的,一切潜在的对招标项目感兴趣的法人和其他经济组织都可参加投标竞争,其竞争性体现得最为充分,招标人拥有绝对的选择余地，但事先不知道投标人的数量。邀请招标所针对的对象是事先已了解的法人和其他经济组织，投标人的数量有限，其竞争性不是完全充分的，招标人选择的范围相对较小，它可能漏掉在技术上更有竞争力的承包商或供应商。

（3）公开程度不同。公开招标中所有的活动都必须严格按照预先指定并为大家所知的程序及标准公开进行，其作弊的可能性大大减小；而邀请招标的公开程度就相对逊色一些，产生不法行为的机会也就多一些。

（4）时间和费用不同。由于公开招标程序比较复杂，投标人的数量没有限定，所以其时间和费用都相对较多。而邀请招标只在有限的投标人中进行，所以其时间可大大缩短，费用也可以有所减少。

4. 国务院发展计划部门确定的国家重点建设项目和各省、自治区、直辖市人民政府确定的地方重点建设项目，以及全部使用国有资金投资或者国有资金投资占控股或者主导地位的工程建设项目，应当公开招标；有下列情形之一的，经批准可以进行邀请招标：

（1）项目技术复杂或有特殊要求，只有少量几家潜在投标人可供选择的；
（2）受自然地域环境限制的；
（3）涉及国家安全、国家秘密或者抢险救灾，适宜招标但不宜公开招标的；
（4）拟公开招标的费用与项目的价值相比，不值得的；
（5）法律、法规规定不宜公开招标的。

5. 需要审批的工程建设项目，国务院发展计划部门确定的国家重点建设项目和各省、自治区、直辖市人民政府确定的地方重点建设项目，以及全部使用国有资金投资或者国有资金投资占控股或者主导地位的工程建设项目，有下列情形之一的，可以不进行施工招标：

（1）涉及国家安全、国家秘密或者抢险救灾而不适宜招标的；
（2）属于利用扶贫资金实行以工代赈需要使用农民工的；
（3）施工主要技术采用特定的专利或者专有技术的；
（4）施工企业自建自用的工程，且该施工企业资质等级符合工程要求的；
（5）在建工程追加的附属小型工程或者主体加层工程，原中标人仍具备承包能力的；
（6）法律、行政法规规定的其他情形。

国家重点建设项目的邀请招标，应当经国务院发展计划部门批准；地方重点建设项目的邀请招标，应当经各省、自治区、直辖市人民政府批准。

全部使用国有资金投资或者国有资金投资占控股或者主导地位的并需要审批的工程建设项目的邀请招标，应当经项目审批部门批准，但项目审批部门只审批立项的，由有关行政监督部门审批。

6. 采用邀请招标方式的，招标人应当向三家以上具备承担施工招标项目的能力、资信良好的特定的法人或者其他组织发出投标邀请书。

三、建设工程招标的程序

《招标投标法》第九条规定，招标项目按照国家有关规定需要履行项目审批手续的，应当先履行审批手续，取得批准。招标人应当有进行招标项目的资金或资金来源已落实，并应当在招标文件中如实载明。

（一）建设工程招标必须具备的条件
1. 招标人已经依法成立；
2. 初步设计及概算应当履行审批手续的已经批准；
3. 招标范围、招标方式和招标组织形式等应当履行审批手续的已经批准；
4. 有相应资金或资金来源已落实；
5. 有招标所需的技术图纸和技术资料。

（二）建设工程招标的一般程序

招标是招标人选择中标人并与其签订合同的过程。建设工程招标是指招标人就拟建工程事先公布采购条件和要求，以法定的方式吸引承包单位参加竞争，从中择优选定工程承包方的法律行为。招标应具有一系列的工作程序。

1. 招标准备阶段

招标准备阶段的主要工作是由招标人完成的，其主要工作包括以下内容：

（1）根据其工程特点及具体情况选择招标方式

首先根据工程特点和招标人的管理能力确定招标范围，再依据工程总进度计划确定项目建设过程中的招标次数和每次招标的工作内容，如工程监理招标、设计招标、施工招标等，然后按照每次招标前准备工作的完成情况，选择合同的计价方式；最终根据工程项目特点、招标前准备工作的完成情况、合同类型等因素的影响程度，确定招标方式。

（2）办理招标备案

建设工程关系到人民生命财产的安全，所以对建设工程的招标投标，国家及地方建设行政主管部门具有监督管理的责任。招标人要向建设行政主管部门办理申请招标手续。招标备案文件应说明：招标工作范围、招标方式、计划工期、对投标人的资质要求、招标项目的前期准备工作的完成情况、自行招标还是委托代理招标等内容。获得认可后才可以开展招标工作。

（3）编制招标有关文件

为了达到建设工程预期的质量目标、工期目标、费用目标且使招标活动正常进行，需要编制招标文件。招标人根据施工招标项目的特点和需要编制招标文件。招标文件一般包括下列内容：

①投标邀请书；
②投标人须知；
③合同主要条款；
④投标文件格式；
⑤采用工程量清单招标的，应当提供工程量清单；
⑥技术条款；
⑦设计图纸；
⑧评标标准和方法；
⑨投标辅助材料。

招标人应当在招标文件中规定实质性要求和条件，并用醒目的方式标明。招标文件规定的各项技术标准应符合国家强制性标准。招标文件中规定的各项技术标准均不得要求或标明某一特定的专利、商标、名称、设计、原产地或生产供应者，不得含有倾向或者排斥潜在投标人的其他内容。如果必须引用某一生产供应者的技术标准才能准确或清楚地说明拟招标项目的技术标准时，则应当在参照后面加上"或相当于"的字样。

（4）招标标底

招标人可根据项目特点决定是否编制标底。编制标底的，标底编制过程和标底必须保密。招标项目编制标底的，应根据批准的初步设计、投资概算，依据有关计价办法，参照有关工程定额，结合市场供求状况，综合考虑投资、工期和质量等方面的因素合理确定。标底由招标人自行编制或委托中介机构编制。一个工程只能编制一个标底。任何单位和个人不得强制招标人编制或报审标底，或干预其确定标底。招标项目可以不设标底，进行无标底招标。

2. 招标阶段

如果是公开招标则从发布招标公告开始，若为邀请招标则从发出投标邀请函开始，到投标截止日期为止的时间称为招标投标阶段，此阶段的主要工作包括：

（1）发布招标公告或发出投标邀请函

无论是招标公告还是投标邀请函，具体格式可由招标人自定，但招标公告或者投标邀请书应当至少载明下列内容：

1）招标人的名称和地址；
2）招标项目的内容、规模、资金来源；
3）招标项目的实施地点和工期；
4）获取招标文件或者资格预审文件的地点和时间；
5）对招标文件或者资格预审文件收取的费用；
6）对投标人的资质等级的要求。

招标人应当按招标公告或者投标邀请书规定的时间、地点出售招标文件或资格预审文件。自招标文件或者资格预审文件出售之日起至停止出售之日止，最短不得少于五个工作日。

招标人可以通过信息网络或者其他媒介发布招标文件，通过信息网络或者其他媒介发布的招标文件与书面招标文件具有同等法律效力，但出现不一致时以书面招标文件为准。招标人应当保持书面招标文件原始正本的完好。

（2）进行资格预审

资格预审，是指在投标前对潜在投标人进行的资格审查。资格预审的目的：一是对潜在投标人进行资格审查，看其是否具备完成招标文件中对建设工程项目所要求的工作的能力；二是通过预审评出综合实力强的一批申请投标人，再请他们参加投标竞争以减少评标工作量。

资格预审程序包括：招标人依据项目的特点编写资格预审文件（资格预审表），申请参加投标竞争的潜在投标人按要求填报后作为投标人的预审文件、资格的评审等。其中资格的评审就是根据工程项目特点和发包工作性质从资质条件、人员能力、设备和技术能力、财务状况、工程经验、企业信誉等分别给予不同权重，对其中的各方面再细化评定内容和分项评分标准，通过对各投标人的评定和打分，确定各投标人的综合素质得分，最后招标人向预审合格的投标人发出邀请投标函并请对方确认。

（3）资格审查应主要审查潜在投标人或者投标人是否符合下列条件：

1）具有独立订立合同的权利；

2）具有履行合同的能力，包括专业、技术资格和能力，资金、设备和其他物质设施状况，管理能力、经验、信誉和相应的从业人员；

3）没有处于被责令停业，投标资格被取消，财产被接管、冻结，破产状态；

4）在最近三年内没有骗取中标和严重违约及重大工程质量问题；

5）法律、行政法规规定的其他资格条件。

资格审查时，招标人不得以不合理的条件限制、排斥潜在投标人或者投标人，不得对潜在投标人或者投标人实行歧视待遇。任何单位和个人不得以行政手段或者其他不合理方式限制投标人的数量。

（4）发售招标文件

招标文件通常分为投标须知、合同条件、技术规范、图纸和技术资料、工程量清单等内容。招标人可以通过信息网络或者其他媒介发布招标文件，通过信息网络或者其他媒介发布的招标文件与书面招标文件具有同等法律效力，但出现不一致时以书面招标文件为准。招标人应当保持书面招标文件原始正本的完好。

对招标文件或者资格预审文件的收费应当合理，不得以营利为目的。对于所附的设计文件，招标人可以向投标人酌收押金；对于开标后投标人退还设计文件的，招标人应当向投标人退还押金。

招标文件或者资格预审文件售出后，不予退还。招标人在发布招标公告、发出投标邀请书后或者售出招标文件或资格预审文件后不得擅自终止招标。

（5）组织现场考察

招标人在投标须知规定的时间组织投标人自费进行现场考察。设置此程序的目的，其一是让投标人了解工程项目的现场情况、自然条件、施工条件以及周围环境条件，以便于编制投标书；其二也是要求投标人通过自己的实地考察确定投标的原则和策略，避免合同履行过程中投标人以不了解现场情况为理由推卸应承担的合同责任。

（6）解答投标人的质疑

投标人研究招标文件和现场考察后以书面形式提出某些质疑问题，招标人应及时给予书面回答。招标人对任何一位投标人所提问题的回答，必须发送给每一位投标人保证招标的公开和公正，但不必说明问题的来源。回答函件作为招标文件的组成部分，如果书面解答的问题与招标文件中的规定不一致，以函件的解答为准。

3. 决标成交阶段

决标成交阶段包括开标、评标与定标、发中标通知书、签订合同等工作，其主要内容将在本章第四节中阐述。

四、投标保证金

招标人可以在招标文件中要求投标人提交投标保证金，投标保证金除现金外，可以是银行出具的银行保函、保兑支票、银行汇票或现金支票。投标保证金一般不得超过投标总报价的2%，但最高不得超过80万元人民币。投标保证金有效期应当超出投标有效期30天。

施工招标项目需要划分标段、确定工期的，招标人应当合理划分标段、确定工期，并在招标文件中载明。对工程技术上紧密相连、不可分割的单位工程不得分割标段。

招标人应当确定投标人编制投标文件所需要的合理时间,但是,依法必须进行招标的项目,自招标文件开始发出之日起至提交投标文件截止之日止,最短不得少于20天。

第三节 建设工程投标

投标又称报价,是指作为承包方的投标人根据招标人的招标条件向招标人提交其依照招标文件的要求所编制的投标文件,即向招标人提出自己的报价,以期望承包该项目的行为。

一、投标人及其资质

1. 投标人

(1) 投标人是指响应投标,参加投标竞争的人。

(2) 响应投标是指获得招标信息或收到投标邀请书后购买投标文件,接受资格审查,编制投标文件等按招标人要求所进行的活动。

2. 投标联合体

大型建设工程项目,往往不是一个投标人所能完成的,所以,法律允许几个投标人组成一个联合体,共同参与投标,并对投标联合体投标的相关问题做出了明确规定。

(1) 联合体的法律地位。联合体是由多个法人或经济组织组成,但它在投标时作为一个独立的投标人出现的,具有独立的民事权利能力和行为能力。

(2) 联合体的资格。《招标投标法》规定,组成联合体各方均应具备相应的投标资格;由同一专业的单位组成的联合体,按照资质等级较低的单位确定资质等级。这是为了促使资质优秀的投标人组成联合体,防止以高资质获取招标项目,而由资质等级较低的投标人来完成的行为。

(3) 联合体各方的责任。联合体各方应签订共同投标协议,明确约定各方在拟承包的工程中所承担的义务和责任。

(4) 投标人的意思自治。投标时,投标人是否与他人组成联合体,与谁组成联合体,都由投标人自行决定,任何人都不得干涉。《招标投标法》规定,招标人不得强制投标人组成联合体共同投标,不得限制投标人之间的竞争。

3. 投标人应具备的条件

为了保证建设工程的顺利完成,《招标投标法》规定:"国家有关规定对投标人资格条件或者招标文件对投标人资格条件有规定的,投标人应当具备规定的资格条件"。

主要包括:投标人的法人地位;投标企业的资质等级;技术装备情况;与招标工程项目有关的业绩;投标企业的财务状况;投标企业的企业信誉。附加的还有:可以针对工程所需的特别措施;专业工程施工资质;环境保护方针和保证体系;建造师资质的要求等。

二、建设工程投标程序

1. 获得招标信息

获取招标信息是指投标人获得招标人对拟建工程项目进行建设招标的信息。目前投标人获得招标信息的途径很多，但最普遍的是通过大众媒体所发布的公告获取招标信息。

2. 准备投标资格资料

投标人在向招标人提出投标申请时，应附带有关投标资格的资料，以供招标人审查，这些资料应表明自己存在的合法地位、资质等级、技术与装备水平、资金与财务状况、近期经营状况及以前所完成的与招标工程项目有关的业绩。

3. 建立投标组织

由于建筑市场中业主相对少而工程承包单位较多，所以工程项目投标过程竞争十分激烈，需要有专门的机构和人员对投标全过程加以组织与管理，以提高工作效率和中标的可能性。建立一个强有力的、内行的领导班子是获得投标成功的根本保证，因此投标领导班子应由下列人才组成：经营管理类人才、专业技术人才、商务金融类人才、专业翻译人才、法律与合同管理人才等。

4. 前期投标决策

前期投标决策是指投标人在证实招标信息后，对招标人的信誉、实力等方面进行了解，根据了解到的情况正确做出投标决策，以减少工程实施过程中承包方的风险。

5. 资格预审、购买招标文件

（1）资格预审是投标人在投标过程中要通过的第一关，由招标人根据自己所编制的资格预审文件内容进行审查。一般要求被审查的投标人提供以下资料：

1）投标企业概况；

2）投标企业的财务状况；

3）对于本工程拟投入的主要管理人员情况；

4）目前剩余劳动力和施工机械情况；

5）近三年承建的工程情况；

6）目前正在承建的工程情况；

7）两年来涉及的诉讼案件情况；

8）其他资料（如各种奖励和处罚）。

（2）购买招标文件

投标人通过资格预审后，就可以在规定的时间内向招标人购买招标文件，且按招标文件的要求向招标人提供投标保证金和图纸押金。

（3）分析招标文件

投标人应认真阅读招标文件中的所有条款，尤其招标文件对于投标报价、工期、质量等方面的要求。同时对招标文件中的合同条款、无效标书等主要内容应认真分析研究，理解招标文件隐含的涵义，对于可能发生疑义或不清楚的地方，应向招标人书面提出。

6. 参加现场踏勘

投标人除对招标文件进行认真研读分析之外，还应根据招标文件规定的时间，对拟建工程的施工场地进行现场考察。现场考察应由招标人组织，投标人自费自愿参加。现场踏勘时应从以下六个方面详细了解工程的有关情况，为投标工作提供第一手资料。

(1) 工程的性质以及与其他工程之间的关系;
(2) 投标人投标的那一部分工程与其他承包商之间的关系;
(3) 工地的地貌、地质、气候、交通、电力、水源、有无障碍物等情况;
(4) 工地的临时设施的情况;
(5) 工地料场的开采条件、其他加工条件;
(6) 工地附近的治安情况。

7. 参加投标预备会

投标预备会又称答疑会或标前会议,一般在现场踏勘后1~2天内举行。其目的是解答投标人对招标文件及现场踏勘中所提出的问题进行解释,并对图纸进行交底。投标人在对招标文件进行认真分析和对现场进行踏勘之后,应尽可能地将投标过程中可能遇到的问题向招标人提出疑问,争取得到招标人的解答,为下一步投标工作的顺利进行打下基础。

8. 编制投标文件

建设工程投标文件,是建设工程投标人单方面阐述自己响应招标文件要求,旨在向招标人提出愿意订立合同的意思表示,是投标人确定和解释有关投标事项的各种书面形式的统称。《招标投标法》规定:"投标文件应当对招标文件提出的实质性要求和条件做出响应"。实质性要求和条件,是指招标项目的价格、项目进度计划、技术规范、合同的主要条款等,投标文件必须对之做出响应,不得遗漏、回避,更不能对招标文件进行修改或提出任何附带条件。还应包括拟派出的项目负责人与主要技术人员的简历、业绩和拟用于完成工程项目的机械设备等内容。

(1) 投标文件的组成

投标人应当按照招标文件的要求编制投标文件。投标文件应当对招标文件提出的实质性要求和条件作出响应。

投标文件一般包括下列内容:
1) 投标函;
2) 投标报价;
3) 施工组织设计;
4) 商务和技术偏差表。

投标人根据招标文件载明的项目实际情况,拟在中标后将中标项目的部分非主体、非关键性工作进行分包的,应当在投标文件中载明。

招标人可以在招标文件中要求投标人提交投标保证金。

投标人应当按照招标文件要求的方式和金额,将投标保证金随投标文件提交给招标人。

投标人不按招标文件要求提交投标保证金的,该投标文件将被拒绝,作废标处理。

投标人应当在招标文件要求提交投标文件的截止时间前,将投标文件密封送达投标地点。招标人收到投标文件后,应当向投标人出具标明签收人和签收时间的凭证,在开标前任何单位和个人不得开启投标文件。

在招标文件要求提交投标文件的截止时间后送达的投标文件,为无效的投标文件,招标人应当拒收。

提交投标文件的投标人少于三个的，招标人应当依法重新招标。重新招标后投标人仍少于三个的，属于必须审批的工程建设项目，报经原审批部门批准后可以不再进行招标；其他工程建设项目，招标人可自行决定不再进行招标。

投标人在招标文件要求提交投标文件的截止时间前，可以补充、修改、替代或者撤回已提交的投标文件，并书面通知招标人。补充、修改的内容为投标文件的组成部分。

在提交投标文件截止时间后到招标文件规定的投标有效期终止之前，投标人不得补充、修改、替代或者撤回其投标文件。投标人补充、修改、替代投标文件的，招标人不予接受；投标人撤回投标文件的，其投标保证金将被没收。

在开标前，招标人应妥善保管好已接收的投标文件、修改或撤回通知、备选投标方案等投标资料。

两个以上法人或者其他组织可以组成一个联合体，以一个投标人的身份共同投标。

联合体各方签订共同投标协议后，不得再以自己名义单独投标，也不得组成新的联合体或参加其他联合体在同一项目中投标。联合体各方必须指定牵头人，授权其代表所有联合体成员负责投标和合同实施阶段的主办、协调工作，并应当向招标人提交由所有联合体成员法定代表人签署的授权书。

联合体投标的，应当以联合体各方或者联合体中牵头人的名义提交投标保证金。以联合体中牵头人名义提交的投标保证金，对联合体各成员具有约束力。

（2）下列行为均属投标人串通投标报价：

1) 投标人之间相互约定抬高或压低投标报价；

2) 投标人之间相互约定，在招标项目中分别以高、中、低价位报价；

3) 投标人之间先进行内部竞价，内定中标人，然后再参加投标；

4) 投标人之间其他串通投标报价的行为。

（3）下列行为均属招标人与投标人串通投标：

1) 招标人在开标前开启投标文件，并将投标情况告知其他投标人，或者协助投标人撤换投标文件，更改报价；

2) 招标人向投标人泄露标底；

3) 招标人与投标人商定，投标时压低或抬高标价，中标后再给投标人或招标人额外补偿；

4) 招标人预先内定中标人；

5) 其他串通投标行为。

（4）投标人不得以他人名义投标

前款所称以他人名义投标，指投标人挂靠其他施工单位，或从其他单位通过转让或租借的方式获取资格或资质证书，或者由其他单位及其法定代表人在自己编制的投标文件上加盖印章和签字等行为。

（5）投标文件的编制要求

1) 投标人编制投标文件时必须使用招标文件提供的投标文件表格格式，但表格可以按同样格式扩展。投标保证金、履约保证金的方式，按招标文件有关规定可以选择。实质性的项目或数字如工期、质量等级、价格等未填写的，将视为无效或作废的投标处理。

2）应当编制的投标文件"正本"仅一份，"副本"则按招标文件前附表所述的份数提供。

3）投标文件正本和副本均应使用不能擦去的墨水书写或打印。

4）所有投标文件均由投标人的法定代表人签署、加盖印鉴，并加盖法人单位公章。

5）填报投标文件应反复校核，保证分项和汇总计算均无错误。全套投标文件均应无涂改和行间插字，除非这些删改是根据招标人的要求进行的，或者是投标人造成的必须需改的错误，修改处应由投标文件签字人签字证明并加盖印鉴。

6）投标人应将投标文件的技术标和商务标分别密封在内层包封，再密封在一个外层包封中。标书封口加封条贴缝处应全部加盖密封章或法人章。内外层包封都应有投标人的法定代表人签署加盖印鉴，并加盖法人单位公章。

7）技术编制的要求

① 针对性

针对性是指投标书要根据招标工程的具体特点针对性地选择技术规范标准，不得为了使标书"上规模"以体现投标人的水平，对规范进行长篇引用或抄袭，否则会使标书无针对性且在评标时会引起评标专家的反感，因而导致技术严重失分。

② 全面性

全面性是指投标书中技术标的内容要全面，因为在评标时，对技术标的评分标准一般都分为许多项目，这些项目都赋予一定的分值。

③ 先进性

先进性是指投标书中技术标的内容所采用的先进技术、设备、材料或工艺，使投标书对招标人和评标专家产生更强的吸引力，从而使技术标得到高分。

④ 可行性

可行性是指投标书中技术标的内容所采用的先进技术、设备、材料或工艺最终都要付诸实施，这些都必须有切合实际的可行性，不得盲目提出。

⑤ 经济性

承包商参加投标承揽工程业务的最终目的是为了获取最大的经济利益，而施工方案的经济性直接关系到承包商的经济利益，因此必须十分慎重。

⑥ 投标文件编制的步骤

A. 编制投标文件的准备工作；

B. 实质性响应条款的编制；

C. 复核、计算工程量；

D. 编制施工组织设计；

E. 计算投标报价；

F. 装订成册。

9. 投标文件的送达

投标文件的送达有三种方式：直接送达、邮寄送达、委托送达。

投标人应在招标文件规定的投标截止日期内将投标文件提交给招标人。在投标截止期以后送达的投标文件，招标人拒收。

投标人可以在提交投标文件后，在规定的投标截止时间之前，采用书面形式向招标人递交补充、修改或撤回其投标文件的通知。在投标截止日期后不得更改投标文件。投标人递交的补充、修改内容为投标文件的组成部分。根据招标文件规定，在投标截止时间与招标文件中规定的投标有效期终止日之间的这段时间内，投标人不得撤回投标文件，否则其投标保证金将不予退还。

三、建设工程投标决策

投标决策，是指承包商为实现其一定利益目标，针对招标项目的实际情况，对投标可行性和具体策略进行论证和抉择的活动。

（一）投标决策的原则

投标决策十分复杂，为保证投标决策的科学性，必须遵守一定的原则。

（1）目标性。投标的目的是实现投标人的某种目的，因此投标前投标人应首先明确投标目标，如：获取盈利、占领市场、创造信誉等，只有这样投标才能有的放矢。

（2）系统化。决策中应从系统的角度出发，采用系统分析的方法，以实现整体目标最优化。

建设单位所追求的投资目标，不只是质量、进度或费用之中的某一方面的最优化，而是由这三者组合而成的整体目标的最优化。因此，决策时，投标人应根据建设单位的具体情况，采用系统分析的方法，综合平衡三者关系，以便实现整体目标的最优化。

同时，投标人所追求的目标往往也不是单一的，在追求利润最大化的同时，他们往往还有追求信誉、抢占市场等目的。对于这些目标也要采用系统的方法进行分析、平衡，以便实现企业的整体目标最优化。

（3）信息化。决策应在充分占有信息基础上进行，只有最大限度地掌握了诸如项目特点、材料价格、人工费水平、建设单位信誉、可能参与竞争的对手情况等信息，才能保证决策的科学性。

（4）预见性。预测是从历史和现状出发，运用科学的方法，通过对已占有信息的分析，推断事物发展趋向的活动。投标决策的正确性取决于对投标竞争环境和未来的市场环境预测的正确性。因此预测是决策的基础和前提，没有科学的预测就没有科学的决策。在投标决策中，必须首先对未来的市场状况及各影响要素的可能变化做出推测，这是进行科学的投标决策所必需的。

（5）针对性。要取得投标成功，投标人不但要保证报价符合建设单位目标，而且还要保证竞争的策略有较强的针对性。为了中标，一味拼命压价，并不能保证一定中标，往往会因为没有扬长避短而被对手击败。同时，技术标的针对性也是取得投标成功所必需的。

（二）投标决策的内容

建设工程投标决策的内容，一般说来，主要包括三个层次：一是投标项目选择的决策；二是造价估算的决策；三是投标报价的决策。

1. 投标项目选择决策

建设工程投标决策的首要任务，是在获取招标信息后，对是否参加投标竞争进行分析、论证，并做出抉择。

若项目对投标人来说基本上不存在技术、设备、资金和其他方面问题的，或虽有技术、设备、资金和其他方面问题但可预见并已有了解决办法，就属于低风险标。低风险标实际上就是不存在未解决或解决不了的重大问题，没有什么大的风险的标。如果企业经济实力不强，经不起风险，投低风险标是比较恰当的选择。

若项目对投标人来说存在技术、设备、资金或其他方面未解决的问题，承包难度比较大，就属于高风险标。投高风险标，关键是要能想出办法解决好工程中存在的问题。如果问题解决好了，可获得丰厚的利润，开拓出新的技术领域，锻炼出一支好的队伍，使企业素质和实力上一个台阶；如果问题解决得不好，企业的效益、声誉等都会受损，严重的可能会使企业出现亏损甚至破产。因此，承包商对投标进行决策时，应充分估计项目的风险度。

承包商决定是否参加投标，通常要综合考虑各方面的情况，如承包商当前的经营状况和长远目标，参加投标的目的，影响中标机会的内部、外部因素等。一般说来，有下列情形之一的招标项目，承包商不宜选择投标：

（1）工程规模超过企业资质等级的项目；
（2）超越企业业务范围和经营能力之外的项目；
（3）企业当前任务比较饱满，而招标工程是风险较大或盈利水平较低的项目；
（4）企业劳动力、机械设备和周转材料等资源不能保证的项目；
（5）竞争对手在技术、经济、信誉和社会关系等方面具有明显优势的项目。

2．造价估算的决策

投标项目的造价估算与施工图预算编制有较大差别。投标项目的造价估算应该是企业的施工预算。而施工预算与施工图预算的主要区别在于编制依据不同，性质也不同。施工图预算的编制依据主要是国家、地方或行业的预算定额和费用定额，而投标造价估算理论上应以企业根据自身实际情况而编制的企业定额为依据。当企业没有企业定额时，往往采用对施工图预算根据统计资料或经验进行调整的方法，编制出符合承包商自身特定条件的施工预算。施工图预算反映的是社会平均的施工成本，而施工预算反映的是企业的个别施工成本。

投标项目的造价估算与施工图预算除了上述区别以外，还有两个重大差异：一是在投标项目的造价估算中应包括一定的风险费用；二是投标项目的造价估算应具体针对特定投标人的特定施工方案和施工进度计划。

因此，在投标项目的造价估算编制时，有一个风险费用确定和施工方案选择的决策工作。

（1）风险费用估算。在工程项目造价估算编制中要特别注意风险费用的决策。风险费用是指工程施工中难以事先预见的费用，当风险费用在实际施工中发生时，则构成工程成本的组成部分，但如果在施工中没有发生，这部分风险费用就转化为企业的利润。因此，在实际工程施工中应尽量减少风险费用的支出，力争转化为企业的利润。

由于风险费用是事先无法具体确定的费用，如果估计太大就会降低中标概率；估计太小，一旦风险发生就会减少企业利润，甚至亏损。因此，确定风险费用多少是一个复杂的决策，是工程项目造价估算决策的重要内容。

从大量的工程实践中获得的统计数据表明，工程施工风险主要来自于以下因素：

1）工程量计算的准确程度。工程量计算准确程度低，施工成本的风险就大。
2）单价估计的精确程度。直接成本是分项分部工程量与单价乘积的总和，单价估计不精确，风险就相应加大。

3）施工中自然环境的不可预测因素。如气候、地震和其他自然灾害以及地质情况，这些往往是不能完全在事前准确预见的，因此施工就存在着一定风险。

4）市场材料、人工、机械价格的波动因素。这些因素在不同的合同价格中风险虽不一样，但都存在用风险费用来补偿的问题。

5）国家宏观经济政策的调整。国家宏观经济政策的调整不是一个企业能完全估计得到的，而且这种调整一旦发生，企业往往是不能抗拒的，因此投标项目的造价估算中也应考虑这部分风险。

6）其他社会风险，虽然发生概率很低，但有时也应作一定防范。要精确估计风险费用，要做大量工作。首先要识别风险，即找出对于某个特定的项目可能产生的风险有哪些，进而对这些风险发生的概率进行评估，然后制定出规避这些风险的具体措施。这些措施有的是只要加强管理就能实现的，有的则必须在事前或事后发生一定的费用。因此，要预先确定风险费用的数额必须经过详细的分析和计算。同时，风险发生的概率和规避风险的具体措施选择都必须进行认真的决策。

（2）施工方案决策。对于施工技术成熟、施工方法已普及的工程项目，不同承包商的施工方案并无实质差别，如砖混结构施工、框架结构施工方法等。但对于一些水利、桥梁、隧道等特殊工程，不同承包商的施工方案差别较大，投资（成本）也不一样，此时，存在一个施工方案决策的问题。

施工方案的选择不但关系到质量好坏、进度快慢，而且最终都会直接或间接地影响到工程造价。因此，施工方案的决策，不是纯粹的技术问题，而且也是造价决策的重要内容。

有的施工方案能提高工程质量，虽然成本要增加，但返工率能降低，又会减少返工损失。反之，在满足招标文件要求的前提下，选择适当的施工方案，控制质量标准不要过高，虽然有可能降低成本，但返工率也可能因此而提高，从而费用也可能增加。增加的成本多还是减少的返工损失多，这需要进行详细的分析和决策。

有的施工方案能加快工程进度，虽然需要增加抢工费，但进度加快，施工的固定成本能节约，因此，要对增加的支出多还是节约的成本多进行比较。反之，在满足招标文件要求的前提下，适当放慢进度，工人的劳动效率会提高，抢工费用也不会发生，直接费会节约，但工期延长，固定成本增加，总成本又会增加。因此也要进行详细的分析和决策。

3. 投标报价的决策

投标报价的决策分为宏观决策和微观决策，先应进行宏观决策，后要进行微观决策。

（1）报价的宏观决策。所谓投标报价的宏观决策，就是根据竞争环境，宏观上是采取报高价还是报低价的决策。

必须注意，我国的主要建设法规都对低于成本价的恶意竞争进行了限制，因此对于国内工程来说，目前阶段是不能报亏损价的。

（2）报价的微观决策。所谓报价的微观决策，就是根据报价的技巧具体确定每个分项工程是报高价还是报低价，以及报价的高低幅度。在同一工程造价估算中，单价高低一般根据以下具体情况确定：

1）估计工程量将来增加的分项工程，单价可提高一些，否则报低一些。

2) 能先获得付款的项目（如土方、基础工程等），单价可报高一些，否则报低一些。

3) 对做法说明明确的分项工程，单价应报高一些。反之，图纸不明确或有错误，估计将来要修改的分项工程，单价可报低一些，一旦图纸修改可以重新定价。

4) 没有工程量，只填报单价的项目（如土方工程中的水下挖土、挖湿土等备用单价），其单价要高些，这样做也不影响投标总价。

5) 暂定施工内容要具体分析，将来肯定要做的单价可适当提高，如果工程分标，该施工内容可能由其他承包商施工时，则不宜报高价。

在进行上述调整时，若同时保持投标报价总量不变，则这种报价方法称为不平衡报价法。这种报价方法的意义在于，在不影响报价的竞争力的前提下，谋取更大的经济效益。但各项目价格的调整需掌握在合理的幅度内，以免引起建设单位的反感，甚至被确定为废标，遭受不应有的损失。

四、建设工程投标报价

（一）投标报价的组成

目前我国建筑市场常见的报价方式有三种。一是按工程概、预算编制方法进行编制；二是按工程量清单法报价；三是按总价浮动率报价法。采用不同的报价法，则投标报价的组成和计算也有所不同。

1. 按工程概、预算方法编制

按工程概、预算方法编制投标报价，在费用上与工程概、预算文件中的费用基本一致。但严格地讲，一是工程概、预算的内容比较规范，其中各种费用都按规定的费率和定额进行计算，不能随意更改，而投标报价则可根据承包商的实际情况进行计算，可以包含风险费用，可以上下浮动，有关定额可作参考；二是工程概、预算文件编制完成后，主要用于对投资的控制，而投标报价只用于投标，二者的性质和用途不同。

按工程概、预算方法编制投标报价，主要由直接工程费、间接费、计划利润、税金和风险费组成。

（1）直接工程费。投标报价中的直接工程费由直接费、其他直接费、现场经费组成。

直接费：是指施工过程中耗费的构成实体和有助于工程形成的各项费用，包括人工费、材料费、施工机械使用费。其中的人工费，是指直接从事建筑安装工程施工的生产工人开支的各项费用；直接费中的材料费，是指施工过程中耗用的构成工程实体的原材料、辅助材料、构配件、零件、半成品的费用和周转使用材料的摊销（或租赁）费用；直接费中的施工机械使用费是指使用施工机械作业所发生的机械使用费以及机械安装、拆卸和进出场费用。

其他直接费，是指直接费以外施工过程中发生的其他费用，如冬、雨期及夜间施工增加费等。

现场经费，是指为了施工准备、组织施工生产和管理所需费用，主要包括临时设施费和现场管理费。其中临时设施费，是指施工企业为进行建筑安装工程施工所必需的生活和生产用的临时建筑物、构筑物和其他临时设施费用等。现场经费中的现场管理费，是指为现场必不可少的管理费用。如现场管理人员的基本工资、工资性补贴、职工福利费、劳动保护费等。

（2）间接费。投标报价中的间接费，由企业管理费、财务费和其他费组成。

企业管理费，是指施工企业为组织施工生产经营活动所发生的管理费用，如管理人员的基本工资、工资性补贴及按规定标准计提的职工福利费等。

财务费用，是指企业为筹集资金而发生的各项费用，包括企业经营期间发生的短期贷款利息净支出、汇总净损失、调剂外汇手续费、金融机构手续费以及企业为筹集资金发生的其他财务费用。

其他费用，是指企业按规定支付工程造价（定额）管理部门的定额编制管理费、劳动管理部门的定额测定费、按有关部门规定支付的上级管理费。

（3）计划利润。计划利润是指按规定应计入建筑安装工程造价的利润。

（4）税金。税金是指国家税法规定的应计入建筑安装工程造价内的营业税、城市维护建设税及教育费附加等。

（5）风险费用。在概算中，除上述费用外，还包括不可预见费。在预算中则没有该项费用，所以在投标报价中，应该考虑一定比例的风险费用。

2. 工程量清单报价法

工程量清单报价法中单价的确定有两种方式：其一，单价的确定方法与按概、预算方法编制投标报价的方法一样，总价的计算方法也同概、预算方法编制投标报价，唯一不同的是工程量不用投标人计算而是由招标人提供；其二单价由工程费、施工服务费、利润和税金等构成。

采用工程量清单报价法中单价由工程费、施工服务费、利润和税金等构成的报价组成：

（1）工程费。工程费是指直接用于建筑安装工程上的有关费用，通常由人工费、材料费两部分组成。人工费是指直接从事建筑安装施工的生产工人工资和各种津贴。材料费是指直接应用于建筑安装工程的材料、构件、零件、成品及半成品的所有用量。

（2）施工服务费。施工服务费是指为建筑安装工程施工服务的一切费用，包括：管理人员工资、非生产人员的工资、流动施工及地区津贴费、劳保支出费、办公费、差旅交通费等。

施工服务费中的各项费用，由投标人根据投标工程的建设规模、工期、质量要求、施工方法、结合自身的具体情况进行测算报价。

（二）投标报价的程序

承包工程有总价合同、单价合同、成本加酬金合同等合同形式，不同的合同形式的计算报价是有差别的。具有代表性的单价合同报价计算主要步骤如下：

1. 研究招标文件

招标文件是投标的主要依据，承包商在计算标价之前和整个投标报价期间，均应组织参加投标报价的人员认真细致地阅读招标文件，仔细分析研究，弄清招标文件的要求和报价内容。一般主要应弄清报价范围，取费标准，采用定额、工、料、机定价方法、技术要求，特殊材料和设备，有效报价区间等。同时，在招标文件研究过程中要注意发现互相矛盾和表述不清的问题等。对这些问题，应及时通过招标预备会或采用书面提问形式，请招标人给予解答。

在投标实践中，报价发生较大偏差甚至造成废标的原因，常见的有两个：其一是造价估算误差太大，其二是没弄清招标文件中有关报价的规定。因此，标书编制以前，全体与投标报价有关的人员都必须反复认真研读招标文件。

2. 现场调查

现场条件是承包商投标报价的重要依据之一。现场调查不全面不细致，很容易造成与现场条件有关的工作内容遗漏或者工程量计算错误。而一旦中标以后，承包商就无权对考虑不全的因素提出报价修正，而且在今后合同的履行中也不能提出补偿的要求，从而使承包商蒙受很大的损失。现场调查一般主要包括如下方面：

（1）自然地理条件，包括施工现场的地理位置；地形、地貌；用地范围；气象、水文情况；地质情况；地震及设防烈度；洪水、台风及其他自然灾害情况等。

（2）市场情况，包括建筑材料和设备、施工机械设备、燃料、动力和生活用品的供应状况、价格水平与变动趋势；劳务市场状况；银行利率和外汇率等情况。

（3）施工条件，包括临时设施、生活用地位置和大小；供排水、供电、进场道路、通信设施现状；引接供排水线路、电源、通信线路和道路的条件和距离；附近现有建（构）筑物、地下和空中管线情况；环境对施工的限制等。

（4）其他条件，包括交通运输条件；工地现场附近的治安情况等。

3. 编制施工组织设计

施工组织设计包括进度计划和施工方案等内容，是技术标的主要组成部分。施工组织设计的水平反映了承包商的技术实力，不但是决定承包商能否中标的重要因素，而且由于施工进度安排是否合理，施工方案选择是否恰当，对工程成本与报价有密切关系。一个好的施工组织设计可大大降低标价。因此，在估算工程造价之前，工程技术人员应认真编制好施工组织设计，为准确估算工程造价提供依据。

4. 计算或复核工程量

要确定工程造价，首先要根据施工图和施工组织设计计算工程量，并列出工程量表。而当采用工程量清单招标时，投标者应根据图纸仔细对招标文件中所附的工程量表进行复核，通知招标单位对较大的漏项或误差进行更正。

工程量的大小是投标报价的最直接依据；为确保复核工程量准确，在计算中应注意以下方面：

（1）正确划分分项工程，做到与当地定额或单位估价表项目一致；

（2）按一定顺序进行，避免漏算或重算；

（3）以施工图为依据；

（4）结合已定的施工方案或施工方法；

（5）进行认真复核与检查。

5. 确定工、料、机单价

当采用预算定额进行造价估算时，大部分的分项工程各地的定额都提供了工、料、机单价，但也有部分工程或因为单位估价表中无单价，或因为单位估价表中单价与实际采用材料不同，或因为当地文件规定需根据当地的造价信息刊物提供的单价换算，或因为在造价信息中也未提供单价，因此在造价估算时应对工、料、机单价进行重新确定。

不言而喻，当采用企业定额进行造价估算时，则所有的工、料、机单价都需要通过调查，按实际确定。

6. 计算工程直接费

根据分项工程中工、料、机等生产要素的需用量和其单价，计算分项工程的直接成本的单价和合价，进而计算出整个工程的直接费。

7. 计算间接费

根据当地的费用定额或根据企业的实际情况，以直接费为基础，计算出工程间接费。

8. 估算上级企业管理费、预计利润、税金及风险费用

9. 计算工程总估价

综合工程直接费、间接费、上级企业管理费、风险费用，预计利润和税金形成工程总估价。

10. 审核工程估价

在确定最终的投标报价前，还需进行报价的宏观审核。宏观审核的目的在于通过变换角度的方式对报价进行审查，以提高报价的准确性，提高竞争能力。

宏观审核通常所采取的观察角度主要有以下方面：单位工程造价；全员劳动生产率；单位工程消耗指标；分项工程造价比例；各类费用的比例；预测成本比较；扩大系数估算法；企业内部定额估价法等。

综合运用上述方法与指标，就可以减少报价中的失误，不断提高报价水平。

11. 确定报价策略和投标技巧

根据投标目标、项目特点、竞争形势等，在采用前述的报价决策的基础上具体确定报价策略和投标技巧。

12. 最终确定投标报价

根据已确定的报价策略和投标技巧对估算造价进行调整，最终确定投标报价。

（三）投标报价的审核

为了提高中标的概率，在投标报价正式确定之前，应对其进行认真审查、核算。审核的方法很多，常用的有下列方法：

（1）以一定时期本地区内各类项目的单位工程造价，对投标价进行审核；

（2）运用全员劳动生产率，对投标报价（主要适用于同类工程、特别是一些难以用单位工程造价分析的工程）进行审核；

（3）用各类单位工程用工、用料的正常指标，对投标价进行审核；

（4）用各项分项工程价值的正常比例（如一幢建筑物的各分部工程：基础、主体、屋面等在工程价值中所占有的大体合理的比例），对投标价进行审核；

（5）用各类费用的正常比例（如：人工费、材料设备费、施工机械费、间接费等各类费用之间所占有的合理比例），对投标价进行审核；

（6）用现存的一个国家或地区的同类型工程报价项目和中标项目的预测工程成本资料，对投标价进行审核；

（7）用个体分析整体综合控制法，即先对若干个个体工程逐个进行分析，然后对由个体工程组成的整体工程进行综合研究控制，对投标价进行审核；

（8）用综合定额估算法（即以综合定额和扩大系数估算工程的工料数量和工程造价）对投标价进行审核。

五、建设工程投标应注意的问题

对于投标中各方应注意的问题，《招标投标法》也有明确的规范要求。

1. 保密要求

由于投标是一次性的竞争行为，为了保证其公正性，就必须对当事人各方提出严格的保密要求；投标文件及其修改、补充的内容都必须以密封的形式送达，招标人签收后必须以原样保存，不得开启。对于标底和潜在投标人的名称、数量以及可能影响公平竞争的其他有关招标情况，招标人都必须保密，不得向他人透露。

2. 合理报价

《招标投标法》规定："投标人不得以低于成本的价格报价、竞标"。投标人如果以低于成本价格报价，一旦中标必然会采取偷工减料，以次充好等非法手段避免亏损，以求生存。这不但严重破坏社会主义经济市场经济秩序且关系着人民生命财产的安全，给社会带来隐患，必须予以禁止。

3. 诚实信用

诚实信用是所有公民应遵守的原则。从这个原则出发，《招标投标法》规定：投标人不得相互串通投标，损害国家利益、社会公共利益和他人的合法利益；不得向招标人或评标委员会成员行贿以谋取中标；不得以他人名义投标或以其他方式弄虚作假、骗取中标。

《招标投标法》还规定：凡投标人之间相互约定抬高、压低或约定分别以高、中、低价位报价；投标人之间先进行内部议价，内定中标人后再进行投标及有其他串通投标行为的，皆属投标人串通投标行为。而招标人在开标前开启投标文件；并将招标情况告知其他投标人；或协助投标人撤换投标文件、更改报价；招标人向投标人泄露标底；招标人与投标人商定，投标是压低或抬高标价，中标后再给投标人或招标人额外补偿；招标人预先内定投标人等行为，皆为投标人与招标人串通投标行为。

4. 投标人数量的要求

《招标投标法》规定：投标人少于三个的，招标人应当依照本法重新招标。当投标人少于三个时，就会缺乏竞争性，且投标人有可能抬高承包条件，损害招标人利益，所以必须重新招标，这也是国际上通行的作法。

第四节 建设工程决标

一、开标

（一）开标的概念

开标是指投标截止后，招标人按招标文件所规定的时间和地点，开启投标人提交的投标文件，公开宣布投标人的名称、投标价格及投标文件中的其他主要内容的活动。

（二）开标的时间与地点

开标应当在招标文件确定的提交投标文件截止时间的同一时间公开进行；开标地点应当为招标文件中预先确定的地点。提交投标文件截止时间即是开标时间，它一般都精确至某年某月某时某分。其目的是为了避免开标与投标截止时间之间存在时间间隔，从而防止泄露投标内容等一些不法行为的发生。

（三）有关开标的相关规定

1. 参加人

开标由招标人主持，邀请所有的投标人参加。开标时，还可邀请招标主管部门、评标委员会、监察部门的有关人员参加，也可委托公证部门对整个开标过程依法进行公证。

2. 标书密封的现场认定及当众宣读、记录备案

开标时，由投标人或者其推选的代表检查投标文件的密封情况，也可以由招标人委托的公证机构检查并公证；经确认无误后，由工作人员当众拆封，宣读投标人名称、投标价格和投标文件的其他主要内容。开标过程应当记录，并存档备查。如投标文件没有密封，或有被开启的痕迹，应被认定为投标无效，其内容不予宣读。且不得允许投标人通过修正或撤销不符合要求的差异或保留，使之成为具有相应的投标文件而参与评标。

二、评标与定标

（一）评标

评标就是依据招标文件的规定和要求，对投标文件所进行的审查、评审和比较。评标由招标人组建的评标委员会负责。

1. 评标委员会

评标是一项涉及多种专业知识的复杂技术活动，是保证合同文件能按质、按期完成，保证招标的主要环节，评标由招标人依法组建的评标委员会负责。依法必须招标的项目，其评标委员会由招标人的代表和有关技术、经济等方面的专家组成，成员人数为五人以上的单数，其中技术、经济方面的专家不得少于成员总数的2/3。

2. 评标委员会中专家资格

为了保证评标的质量，参加评标的专家必须是具有较高专业水平，并有丰富的实际工作经验且对业务相对熟悉的专业人员。《招标投标法》规定：参加评标委员会的专家应当满足从事相关领域工作满八年并具有高级职称或具有同等专业水平的条件。

3. 评标委员会专家人选的确定

为了防止招标人选定评标专家的主观随意性，评标专家由招标人从国务院或省、自治区、直辖市人民政府有关部门提供的专家库中确定。一般招标项目可采取随机抽取方式，特殊招标项目因有特殊要求或技术特别复杂，只有少数专家能够胜任，可由招标人直接确定。评标专家与投标人有利害关系的人不得进入评标委员会，已经进入的应更换。

4. 评标的标准

评标委员会应当按照招标文件确定的评标标准和方法，对投标文件进行评审和比较；设有标底的，应当参考标底。评标委员会完成评标后，应当向招标人提出书面评标报告，并推荐合格的中标候选人。

招标人根据评标委员会提出的书面评标报告，从推荐的合格中标候选人中确定中标人。招标人也可以授权评标委员会直接确定中标人。

国务院对特定招标项目的评标有特别的规定。任何未在招标文件中列明的标准和方法，均不得采用。对招标文件中列明的标准和方法，均不得有任何改变。

5. 独立评审

《招标投标法》规定："招标人应当采取必要措施，保证评标在严格保密的情况下进行。任何单位和个人不得非法干预、影响评标的过程和结果"。同时还规定了相应的惩罚措施。

6. 标价的确认

对于报价存在前后矛盾的投标文件，除招标文件另有约定外，应按下述原则修正和确

认，用数字表示的数额与用文字表示的数额不一致时，以文字数额为准；单价与工程量的乘积与总价不一致时，以单价为准；若单价有明显的小数点错位，应以总价为准，并修改单价。调整后的报价经投标人确认后产生约束力。

7. 评标方法

（1）经评审的最低投标价法

经评审的最低投标价法一般适用于具有通用技术、性能标准或者招标人对其技术、性能没有特殊要求的招标项目。

采用经评审的最低投标价法的，评标委员会应当根据招标文件中规定的评标价格调整方法，将所有人的投标报价以及投标文件的商务偏差做出必要的价格调整。

采用经评审的最低投标价法的，中标人的投标应当符合招标文件规定的技术要求和标准，但评标委员会无需对投标文件的技术部分进行价格折算。

采用经评审的最低投标价法的，应当在投标文件能够满足招标文件实质性要求的投标人中，评审出价格最低的投标人，但投标价格低于企业成本的除外。

（2）综合评估法

不宜采用经评审的最低投标价法的招标项目，一般应当采取综合评估法进行评审。

采用综合评估法的，应当对投标文件提出的工程质量、施工工期、投标价格、施工组织设计或施工方案、投标人及项目经理业绩等，能否最大限度地满足招标文件中规定的各项要求和评价标准进行评审和比较。以评分方式进行评估的，对于各种评比奖项不得额外计分。

8. 投标文件的澄清

评标时，若发现投标文件的内容有含义不明确、不一致或明显文字错误的、纯属计算上错误等情形，评标委员会可通知投标人做出必要的澄清和说明，以确认其正确的内容。但投标人的澄清和说明，只能是对上述问题的解释和补正，不能补充新的内容或更改投标文件中的报价、技术方案、工期、主要合同条款等实质性内容。澄清的要求及答复均应采用书面形式。投标人的答复必须有法定代表人或其授权代理人的签字，并作为投标文件的组成部分。如投标文件存在下列问题评标委员会应按废标处理：

（1）建筑工程设计投标文件中无相应资格的注册建筑师签字或注册建筑师受聘单位与投标人不符及无投标人公章的；

（2）工程施工投标文件中既无单位公章又无法定代表人或其授权代理人签字的；

（3）未按规定的格式填写，内容不全或关键字模糊、无法辨认的；

（4）投标人的名称或组织结构与资格预审时不一致的；

（5）未按招标文件要求提交保证金的；

（6）联合体投标未附联合体各方共同协议的；

（7）同一投标人递交两份或多份内容不同的投标文件或在一份投标文件中对同一投标项目有两个或多个报价并未申明哪一个有效的（按投标文件规定备选方案的除外）。

（二）定标

1. 定标的原则

（1）能够最大限度地满足招标文件中规定的各项综合评价标准；

（2）能够满足招标文件各项要求，并经评审的价格最低，但投标价格低于成本的除外。

2. 评标结果

评标结束后，评标委员会应向投标人提交书面评标报告，并就中标人提出意见，根据不同情况，可有三种不同意见。

（1）推荐中标候选人。评标委员会可在评标报告中推荐 1～3 个中标候选人，由招标人确定。

（2）直接确定中标人。在得到招标人授权的情况下，评标委员会可在评标报告中直接确定中标人。

（3）否决所有投标人。经评审，评标委员会认为所有投标都不符合招标文件要求，可否决所有投标。该情况下，强制招标的项目应重新进行招标。

3. 发中标通知书

评标委员会提出书面评标报告后，招标人一般应当在 15 日内确定中标人，但最迟应当在投标有效期结束后 30 个工作日前确定。中标通知书由招标人发出。

中标通知书是招标人向中标人发出的告知其中标的书面通知文件。《招标投标法》规定：中标人确定之后，招标人应向中标人发出中标通知书，并同时将中标结果通知所有未中标的投标人。

4. 中标通知书的法律效力

招标投标过程也就是订立合同的过程。招标人发出的招标公告或投标邀请书属于要约邀请；投标人向招标人送达的投标文件属于要约；中标通知书则是招标人做出的承诺。中标通知书发出后，即对招标人和中标人产生法律效力。

5. 中标通知书开始生效的时间

中标通知书为承诺，一般情况下，都是承诺送达要约人时生效，合同也随之成立，这即是一般合同中承诺生效的"收信主义"。但《招标投标法》中对承诺的生效采用了"发信主义"，即做出承诺时即生效。所以在中标通知书发出后，招标人不得更改中标结果，中标人不得放弃中标项目，否则都要承担相应的法律责任。

6. 招标人和中标人应当自中标通知书发出之日起 30 日内，按照招标文件和中标人的投标文件订立书面合同。招标人和中标人不得再行订立背离合同实质性内容的其他协议。

招标文件要求中标人提交履约保证金或者其他形式履约担保的，中标人应当提交；拒绝提交的，视为放弃中标项目。招标人要求中标人提供履约保证金或其他形式履约担保的，招标人应当同时向中标人提供工程款支付担保。

招标人不得擅自提高履约保证金，不得强制要求中标人垫付中标项目建设资金。

招标人与中标人签订合同后五个工作日内，应当向未中标的投标人退还投标保证金。

第五节 法 律 责 任

为了规范招标投标活动，保护国家利益、社会公共利益和招标投标活动当事人的合法权益，提高经济效益，保证工程项目质量，我国在 1999 年 8 月通过了《中华人民共和国招标投标法》，以法律的形式规范工程招标投标的各过程，违者将负一定的法律责任。

一、招标人违反招标投标法的法律责任

为了防止招标人在建设工程招标投标过程中的徇私舞弊、规范建筑市场及招标投标的公正性，对招标人有如下的法律责任：

（1）必须进行招标的项目而不招标的，将必须招标的项目化整为零或者以其他任何方式规避招标的，责令限期改正，可以处项目合同金额5‰以上10‰以下的罚款；对全部或部分使用国有资金的项目，可以暂停项目执行或者暂停资金拨付；对单位直接负责的主管人员和其他直接责任人员依法给予处分。

（2）招标人以不合理的条件限制或排斥潜在投标人的，对潜在投标人实行歧视待遇的，强制要求投标人组成联合体共同投标的，或者限制投标人之间竞争的，责令改正，可以处1万元以上5万元以下的罚款。

（3）标代理机构违法泄露应当保密的与招标投标活动有关的情况和资料的，或者与招标人、投标人串通损害国家利益、社会公共利益或者他人合法权益的，由有关行政监督部门处5万元以上25万元以下罚款，对单位直接负责的主管人员和其他直接责任人员处单位罚款数额5%以上10%以下罚款；有违法所得的，并处没收违法所得；情节严重的，有关行政监督部门可停止其一定时期内参与相关领域的招标代理业务，资格认定部门可暂停直至取消招标代理资格；构成犯罪的，由司法部门依法追究刑事责任。给他人造成损失的，依法承担赔偿责任。

前款所列行为影响中标结果，并且中标人为前款所列行为的受益人的，中标无效。

（4）依法必须进行招标的项目招标人向他人透露已获取招标文件的潜在投标人的名称、数量或者可能影响公平竞争的有关招标投标的其他情况的，或者泄露标底的，给予警告，并处1万元以上10万元以下的罚款；对单位直接负责的主管人员和其他直接责任人员依法给予处分。构成犯罪的，依法追究刑事责任。

前款所列行为影响中标结果，并且中标人为前款所列行为的受益人的，中标无效。

（5）招标人以不合理的条件限制或者排斥潜在投标人的，对潜在投标人实行歧视待遇的，强制要求投标人组成联合体共同投标的，或者限制投标人之间竞争的，有关行政监督部门责令改正，可处一万元以上五万元以下罚款。

（6）依法必须进行招标的项目，招标人违反本法规定，与投标人就投标价格、投标方案等实质性内容进行谈判的，给予警告，对单位直接负责的主管人员和其他直接责任人员依法给予处分。

（7）招标人在评标委员会推荐的中标候选人以外确定中标人的，依法必须进行招标的项目在所有投标被评标委员会否决以后自行确定中标人的，中标无效。责令改正，可以处中标项目金额千分之五以上千分之十以下的罚款；对单位直接负责的主管人员和其他直接责任人员依法给予处分。

（8）招标人在发布招标公告、发出投标邀请书或者售出招标文件或资格预审文件后终止招标的，除有正当理由外，有关行政监督部门给予警告，根据情节可处三万元以下的罚款；给潜在投标人或者投标人造成损失的，并应当赔偿损失。

（9）招标人或者招标代理机构有下列情形之一的，有关行政监督部门责令其限期改正，根据情节可处三万元以下的罚款；情节严重的，招标无效：

1）未在指定的媒介发布招标公告的；

2）邀请招标不依法发出投标邀请书的；

3）自招标文件或资格预审文件出售之日起至停止出售之日止，少于五个工作日的；

4）招标人应当确定投标人编制投标文件所需要的合理时间；但是，依法必须进行招标的项目，自招标文件开始发出之日起至投标人提交投标文件截止之日止，最短少于二十日的；

5）应当公开招标而不公开招标的；

6）不具备招标条件而进行招标的；

7）应当履行核准手续而未履行的；

8）不按项目审批部门核准内容进行招标的；

9）在提交投标文件截止时间后接收投标文件的；

10）投标人数量不符合法定要求不重新招标的。

被认定为招标无效的，应当重新招标。

（10）招标人不按规定期限确定中标人的，或者中标通知书发出后，改变中标结果的，无正当理由不与中标人签订合同的，或者在签订合同时向中标人提出附加条件或者更改合同实质性内容的，有关行政监督部门给予警告，责令改正，根据情节可处三万元以下的罚款；造成中标人损失的，并应当赔偿损失。

二、投标人违反招标投标法的法律责任

为了保证建设工程的质量和为了防止在建设工程招标投标过程中的行贿受贿、规范建筑市场及招标投标的公正性，对投标人有如下的法律责任：

1. 投标人相互串通投标或者与招标人串通投标的，投标人以向招标人或评标委员会成员行贿的手段谋取中标的，中标无效，处中标项目金额5‰以上10‰以下的罚款；对直接负责的主管人员和其他直接责任人员处单位罚款数额的5%以上10%以下的罚款；有违法所得的，并处没收违法所得；情节严重的，取消1~2年内参加依法必须进行招标的项目的投标资格并予以公告，直至由工商行政管理机构吊销营业执照；构成犯罪的，依法追究刑事责任。给他人造成损失的，依法承担赔偿责任。

2. 投标人以他人名义投标或者以其他方式弄虚作假，骗取中标的，中标无效，给招标人造成损失的，依法承担赔偿责任；构成犯罪的，依法追究刑事责任。

3. 依法必须进行招标项目的投标人有前款所列行为尚未构成犯罪的，有关行政监督部门处中标项目金额5‰以上10‰以下的罚款，对单位直接负责的主管人员和其他直接责任人员处单位罚款数额5%以上10%以下的罚款；有违法所得的，并处没收违法所得；情节严重的，取消其1~3年投标资格，并予以公告，直至由工商行政管理机关吊销营业执照。

三、评标委员会成员违反招标投标法的法律责任

评标委员会成员收受投标人的财物或者其他好处的，评标委员会成员或者参加评标的有关工作人员向他人透露对投标文件的评审和比较、中标候选人的推荐以及与评标有关的其他情况的，给予警告，没收其收受的财物，可以并处3000元以上50000元以下的罚款，对有所列违法行为的评标委员会成员取消担任评标委员会成员的资格，不得再参加任何依法必须进行招标的项目的评标；构成犯罪的，依法追究刑事责任。

评标委员会成员收受投标人的财物或者其他好处的，评标委员会成员或者参加评标的有关工作人员向他人透露对投标文件的评审和比较、中标候选人的推荐以及与评标有关的其他情况的，给予警告，没收其收受的财物，可以并处3000元以上50000元以下的罚款，对有所列违法行为的评标委员会成员取消担任评标委员会成员的资格，不得再参加任何依法必须进行招标的项目的评标；构成犯罪的，依法追究刑事责任。

评标委员会成员在评标过程中擅离职守，影响评标程序正常进行，或者在评标过程中不能客观公正地履行职责的，有关行政监督部门给予警告；情节严重的，取消担任评标委员会成员的资格，不得再参加任何招标项目的评标，并处一万元以下的罚款。

评标过程有下列情况之一的，评标无效，应当依法重新进行评标或者重新进行招标，有关行政监督部门可处三万元以下的罚款：

（一）使用招标文件没有确定的评标标准和方法的；

（二）评标标准和方法含有倾向或者排斥投标人的内容，妨碍或者限制投标人之间竞争，且影响评标结果的；

（三）应当回避担任评标委员会成员的人参与评标的；

（四）评标委员会的组建及人员组成不符合法定要求的；

（五）评标委员会及其成员在评标过程中有违法行为，且影响评标结果的。

四、招标代理机构违反招标投标法的法律责任

招标代理机构是依法设立、从事招标代理业务并提供相关服务的社会中介组织。

招标代理机构应具备：从事招标代理业务的营业场所和相应资金；具有编制招标文件和组织评标的专业力量；有符合法律规定，可以作为评标委员会成员人选的技术、经济等方面的专家库。

招标代理机构泄露应当保密的与招标投标活动有关的情况和资料的，或者与招标人、投标人串通损害国家利益、社会公共利益或者他人合法权益的，处50000元以上250000元以下的罚款，对单位直接负责的主管人员和其他直接责任人员处单位罚款数额的5%以上10%以下的罚款；有违法所得的，并没收违法所得；情节严重的，暂停直至取消招标代理资格；构成犯罪的，依法追究刑事责任。给他人造成损失的，依法承担赔偿责任。

五、中标人违反招标投标法的法律责任

中标人确定之后，自中标通知书发出之日起30日内，按照招标文件和投标文件，招标人与中标人订立书面合同。招标人与中标人不得再行订立背离合同实质性内容的其他协议，如签了这样的协议，其在法律上也是无效的。

中标人将中标项目转让给他人的，将中标项目肢解后分别转让给他人的，违反本法规定将中标项目的部分主体、关键性工作分包给他人的，或者分包人再次分包的，转让、分包无效，处转让、分包项目金额5‰以上10‰以下的罚款；有违法所得的，并没收违法所得；可以责令停业整顿；情节严重的，由工商行政管理机关吊销营业执照。

中标人不履行与招标人订立的合同的，履约保证金不予退还，给招标人造成的损失超过履约保证金数额的，还应当对超过部分予以赔偿；没有提交履约保证金的，应当对招标人的损失承担赔偿责任。

中标人不按照与招标人订立的合同履行义务，情节严重的，有关行政监督部门取消其二至五年参加招标项目的投标资格并予以公告，直至由工商行政管理机关吊销营业执照。

中标人将中标项目转让给他人的，将中标项目肢解后分别转让给他人的，违法将中标项目的部分主体、关键性工作分包给他人的，或者分包人再次分包的，转让、分包无效，有关行政监督部门处转让、分包项目金额千分之五以上千分之十以下的罚款；有违法所得的，并处没收违法所得；可以责令停业整顿；情节严重的，由工商行政管理机关吊销营业执照。

招标人与中标人不按照招标文件和中标人的投标文件订立合同的，或者招标人、中标人订立背离合同实质性内容的协议的，责令改正；可以处中标项目金额5‰以上10‰以下的罚款。

中标人不履行与招标人订立的合同的，履约保证金不予退还，给招标人造成损失超过履约保证金数额的，还应当对超过部分予以赔偿；没有提交履约保证金的，应当对招标人的损失承担赔偿责任。

中标人不按照与招标人订立的合同履行义务，情节严重的，取消其二至五年内参加依法必须进行招标的项目的投标资格并予以公告，直至由工商行政管理机关吊销营业执照。

因不可抗力不能履行合同的，不适用前两款规定。

案 例 分 析

【案情简介】

本案工程的施工总承包单位为B公司，玻璃幕墙专业工程项目由发包方A公司自己委托玻璃幕墙专业施工单位C公司分包承担，由于C公司的施工延误导致工期拖延。发包人A公司以施工总承包单位B公司收取"总包管理费"却没有履行总包管理职责，而要求与玻璃幕墙专业施工单位C公司共同承担连带责任，而总承包单位B公司则以玻璃幕墙专业工程项目的合同当事人并非是B公司与C公司所签订为由而拒绝承担连带责任，由于C公司的施工延误导致工期拖延从而产生纠纷。

分清这一纠纷的关键是分清总包配合费与总包管理费的异同之处，具体争议焦点主要是有以下几点：

(1) B公司收取的"总包管理费"，其实质是什么？而总包管理费与总包配合费的区别主要有哪些？

(2) 若B公司在履行配合义务过程中存在瑕疵，是承担按份责任还是承担连带责任？而共同责任中的按份责任与连带责任法律有哪些主要规定？

(3) A公司要求违约者承担宾馆延误开张的预期利润是否有法律依据？

【案例评析】

1. B公司收取的"总包管理费"，其实质是"总包配合费"，二者是不同的概念

作为总承包单位的B公司愿意接受所谓的"总包管理费"主要有二个道理，其一是认为总承包人收取总包管理费实属"天经地义"；其二是在总包范围外多收取一部分工程价款"何乐而不为"。但是，就是这个看似"你情我愿"的合意，却因为"名不符实"而"祸起萧墙"。因为，B公司收取的名曰"总包管理费"，其实质是"总包配合费"。

根据《建筑法》第二十九条规定："建筑工程总承包单位可以将承包工程中的部分工程发包给具有相应资质条件的分包单位；但是，除总承包合同中约定的分包外，必须经建设单位认可。"因此，当总承包人要求发包人同意其分包时，发包人往往要求总承包人同

意由其直接与分包人结算,并约定以分包工程价款的一定比例向总承包人支付总包管理费。此时总承包单位收取的是名副其实的总包管理费。

根据《合同法》第二百八十三条规定,发包人除具有按时足额支付工程价款的法定义务外,还应承担向承包人提供符合要求的施工条件的义务。因此,当发包人采取总包加平行发包模式时,直接发包的专业工程项目的施工条件往往需要总承包人配合才能满足,此时,发包人会与总承包人签订就总包人提供的配合工作(例如脚手架、垂直运输等)而约定双方的权利和义务。往往就出现如同本案中B公司与A公司所约定的情形,虽然,双方约定的是由总包人收取总包管理费,但是,其实质收取的是总包配合费。

B公司虽然收取的是"总包管理费",但其实质收取的是"总包配合费"。因为总包管理费与总包配合费所约定的主体和取费的形式相同并且取费比例相近,所以,在实际工作中,往往二者容易混淆,甚至正好相反,以至于,当需要配合的专业工程项目质量或工期出现问题时,发包人往往要求收取"总包管理费"的总承包人承担连带责任。二者的主要区别是:总承包人对该专业工程项目是否有发包权,若有,则对该专业工程项目有管理的义务,则收取的费用无论如何,其性质是总包管理费,若无,则对该专业工程项目无管理的义务,其性质仅是总包配合费。

2. B公司收取总包管理费实为总包配合费,不应当与C公司共同承担连带责任

玻璃幕墙工程不属于B公司的总承包范围内,是由A公司直接发包给C公司承建的,因此,对玻璃幕墙工程从法律层面而言,B公司没有总包管理的义务,虽然B公司从A公司收取的费用名称为"总包管理费",但其实质是总包配合费。既然是总包配合费,B公司应只就配合义务承担相应法律责任。

《合同法》第二百七十二条第二款规定:"总承包人或者勘察、设计、施工承包人经发包人同意,可以将自己承包的部分工作交由第三人完成。第三人就其完成的工作成果与总承包人或者勘察、设计、施工承包人向发包人承担连带责任。"《建设工程质量管理条例》第二十七条规定:"总承包单位依法将建设工程分包给其他单位的,分包单位应当按照分包合同的约定对其分包工程的质量向总承包单位负责,总承包单位与分包单位对分包工程的质量承担连带责任。"因此,如果收取的费用性质属于总包管理费,当专业工程项目出现质量等问题,总包人与分包人应共同向发包人承担连带责任。如果收取的费用性质是总包配合费,当专业工程项目出现质量等问题,则总承包人仅对履行配合义务的瑕疵承担责任,而不存在与专业工程施工单位共同向发包人承担连带责任。

3. A公司要求C公司承担宾馆延误开张的预期利润具有法律依据

《合同法》第一百一十三条规定:"当事人一方不履行合同义务或者履行不符合约定,给对方造成损失的,损失赔偿额应当相当于因违约所造成的损失,包括合同履行后可以获得的利益,但不得超过违反合同一方订立合同时预见到或者应当预见到的因违反合同可能造成的损失。"《合同法》第一百一十九条规定:"当事人一方违约后,对方应当采取适当措施防止损失的扩大;没有采取适当措施致使损失扩大的,不得就扩大的损失要求赔偿。当事人因防止损失扩大而支出的合理费用,由违约方承担。"

因此守约方可以要求违约方赔偿两方面的损失,即直接损失和可得利益,同时,也可以要求违约方承担守约方防止扩大损失的合理费用。但是,"可得利益"要求不得超过违约者预见到或应当预见到因违约对守约者造成的损失,同时,要求这种预见或应当预见的

时间节点是在签订合同时,而不是其他别的时候。另外,为了防止违约行为造成进一步的损失,守约者所采取的措施而支出的费用是可以要求违约者承担。例如,继续履行、变更合同等所支出的费用。当然,违约者也可以以守约方没有采取适当措施为理由来抗辩守约方要求超额的赔偿要求。由此看来,A公司要求C公司承担宾馆延误开张的预期利润是有法律依据的。

<h2 style="text-align:center">复 习 思 考 题</h2>

1. 什么是建设工程招标投标?
2. 什么是招标人?招标人应具备的条件?
3. 建设工程发包的方式有几种?其适用范围?
4. 建设工程招标的方式有哪几种?公开招标和邀请招标各自的特点是什么?
5. 什么是投标人?投标人应具备的条件?
6. 建设工程投标报价有哪些程序?
7. 我国建筑市场常见的报价方式有哪几种?
8. 何谓开标?《招标投标法》对开标的时间、地点、参加人员有何规定?
9. 何谓评标?评标委员会组成方面有哪些规定?
10. 中标通知书在法律上的性质是什么?其何时生效?
11. 招标人违反招标投标法的法律责任是什么?
12. 投标人违反招标投标法的法律责任是什么?
13. 招标人与中标人为什么要签订书面合同?
14. 招标代理机构应具备的条件有哪些?

第七章 建设工程监理法规

本章主要介绍了建设工程监理制度的概念、监理的原则；建设工程监理范围与规模标准；建设工程监理规范；施工旁站监理管理办法；工程监理单位和人员的法律责任等内容。

第一节 建设工程监理概述

一、我国建设工程监理制度

1. 建设工程监理的概念

建设工程监理是指具有相应资质的工程监理企业，接受建设单位的委托，承担其项目管理工作，并代表建设单位对承建单位的建设行为进行监控的专业化服务活动。

2. 我国建设工程监理制度产生的背景

建设工程监理是国际上通行的对工程项目建设进行的监督与管理，在西方国家已有100多年的历史，至今已趋于成熟和完善。

从新中国成立直至20世纪80年代，我国固定资产投资基本上是由国家统一安排计划（包括具体的项目计划），由国家统一财政拨款。在我国当时经济基础薄弱、建设投资和物资短缺的条件下，这种方式对国家集中有限的财力、物力、人力进行经济建设，迅速建立我国的工业体系和国民经济体系起到了积极作用。

1978年以后，我国进入了改革开放的新时期，国务院决定在基本建设和建筑业领域采取一些重大的改革措施，例如，投资有偿使用（即"拨改贷"）、投资包干责任制、投资主体多元化、工程招标投标制等。在这种情况下，改革传统的建设工程管理形式，已经势在必行。否则，难以适应我国经济发展和改革开放新形势的要求。

通过对我国几十年建设工程管理实践的反思和总结，并对国外工程管理制度与管理方法进行了考察，我们认识到建设单位的工程项目管理是一项专门的学问，需要一大批专门的机构和人才，建设单位的工程项目管理应当走专业化、社会化的道路。在此基础上，建设部于1988年发布了"关于开展建设监理工作的通知"，明确提出建设监理制度成为我国建设领域实行的一项制度。我国建设监理工作从1988年开始试点，经过了试点阶段（1988～1993年）、稳步推行阶段（1993～1996年），1997年《建筑法》以法律制度的形式作出规定，国家推行建筑工程监理制度，从而使建设工程监理在全国范围内进入全面推行阶段。

建设工程监理制度是我国建设体制深化改革的一项重大措施，它是市场经济的产物。建立并推行建设监理制度，是建立和完善社会主义市场经济的需要，也是开拓国际市场、进入国际经济大循环的需要。

3. 建设工程监理的作用

建设工程监理的作用是保证建设行为符合国家法律、法规和有关政策，防止建设行为的随意性和盲目性，促使工程建设进度、投资、质量等按合同进行，保证建设行为的合法性和经济性。具体体现在如下几个方面：

（1）有利于提高建设工程投资决策科学化水平，工程监理企业可协助建设单位选择适当的工程咨询机构，管理工程咨询合同的实施，并对咨询结果（如项目建议书、可行性研究报告）进行评估，提出有价值的修改意见和建议；或者直接从事工程咨询工作，为建设单位提供建设方案。工程监理企业参与或承担项目决策阶段的监理工作，有利于提高项目投资决策的科学化水平，避免项目投资决策失误，也为实现建设工程投资综合效益最大化打下了良好的基础。

（2）有利于规范工程建设参与各方的建设行为。在建设工程实施过程中，工程监理企业可依据委托监理合同和有关的建设工程合同对承建单位的建设行为进行监督管理。由于这种约束机制贯穿于工程建设的全过程，采用事前、事中和事后控制相结合的方式，因此可以有效地规范各承建单位的建设行为，最大限度地避免不当建设行为的发生。即使出现不当建设行为，也可以及时加以制止，最大限度地减少其不良后果。应当说，这是约束机制的根本目的。另一方面，由于建设单位不了解建设工程有关的法律、法规、规章、管理程序和市场行为准则，也可能发生不当建设行为。在这种情况下，工程监理单位可以向建设单位提出适当的建议，从而避免发生建设单位的不当建设行为，这对规范建设单位的建设行为也可起到一定的约束作用。当然，要发挥上述约束作用，工程监理企业首先必须规范自身的行为，并接受政府的监督管理。

（3）有利于促使承建单位保证建设工程质量和使用安全。在加强承建单位自身对工程质量管理的基础上，由工程监理企业介入建设工程生产过程的管理，对保证建设工程质量和使用安全有着重要作用。

（4）有利于实现建设工程投资效益最大化。建设工程投资效益最大化有以下三种不同表现：一是在满足建设工程预定功能和质量标准的前提下，建设投资额最少；二是在满足建设工程预定功能和质量标准的前提下，建设工程寿命周期费用（或全寿命费用）最少；三是建设工程本身的投资效益与环境、社会效益的综合效益最大化。

二、建设工程的监理范围与规模标准

（一）建设工程的监理范围

（1）国家重点建设工程；

（2）大中型公用事业工程；

（3）成片开发建设的住宅小区工程；

（4）利用外国政府或者国际组织贷款、援助资金的工程；

（5）国家规定必须实行监理的其他工程。

（二）建设工程的规模标准

（1）国家重点建设工程，是指依据《国家重点建设项目管理办法》所确定的对国民经济和社会发展有重大影响的骨干项目。

（2）大中型公用事业工程，是指项目总投资在3000万元以上的工程项目：供水、供电、供气、供热等市政工程项目；科技、教育、文化等项目；体育、旅游、商业等项目；卫生、社会福利等项目；其他公用事业项目。

（3）成片开发建设的住宅小区工程，建筑面积在 5 万平方米以上的住宅建设工程必须实行监理；5 万平方米以下的住宅建设工程，可以实行监理，具体范围和规模标准，由省、自治区、直辖市人民政府建设行政主管部门规定。为了保证住宅质量，对高层住宅及基础、结构复杂的多层住宅应当实行监理。

（4）利用外国政府或者国际组织贷款、援助资金的工程范围包括：使用世界银行、亚洲开发银行等国际组织贷款项目；使用国外政府及其机构贷款的项目；使用国际组织或者国外政府援助资金的项目。

（5）国家规定必须实行监理的其他工程是指：

1）项目总投资在 3000 万元以上关系社会公共利益、公众安全的基础设施项目。包括煤炭、石油、化工、天然气、电力、新能源等项目；铁路、公路、管道、水运、民航以及其他交通运输等项目；邮政、电信枢纽、通信、信息网络等项目；防洪、灌溉、排涝、发电、引（供）水、滩涂治理、水源保护、水土保持等水利建设项目；道路、桥梁、铁路和轻轨交通、污水排放及处理、垃圾处理、地下管道、公共停车场等城市基础设施项目；生态环境保护项目；其他基础设施项目。

2）学校、影剧院、体育场馆项目。

建设工程监理范围应包括整个工程建设的全过程，包括招标、设计、施工、材料设备采购、设备安装调试等环节，对工期、质量、造价、安全等进行全方位的监督管理。

三、建设工程监理的原则

从事工程建设监理活动，应当遵循守法、诚信、公正、科学的准则，具体要求是：

（一）符合工程监理活动特性的原则

（1）服务性。建设工程监理具有服务性，是从它的业务性质方面定性的。建设工程监理的主要手段是规划、控制、协调，主要任务是控制建设工程的投资、进度和质量，最终应当达到的基本目的是协助建设单位在计划的目标内将建设工程建成投入使用。在工程建设中，监理人员利用自己的知识、技能和经验、信息以及必要的试验、检测手段，为建设单位提供管理服务。工程监理企业不能完全取代建设单位的管理活动。它不具有工程建设重大问题的决策权，它只能在授权范围内代表建设单位进行管理。

（2）独立性。工程建设监理单位、工程建设单位、工程施工单位在同一建设工程活动中的关系是平等的、横向的关系。监理单位是独立的一方。《建筑法》明确指出，工程监理企业应当根据建设单位的委托，客观、公正地执行监理任务。《工程建设监理规定》和《建设工程监理规范》要求工程监理企业按照"公正、独立、自主"原则开展监理工作。按照独立性要求，工程监理单位应当严格地按照有关法律、法规、规章、工程建设文件、工程建设技术标准、建设工程委托监理合同、有关的建设工程合同等的规定实施监理；在委托监理的工程中，与承建单位不得有隶属关系和其他利害关系；在开展工程监理的过程中，必须建立自己的组织，按照自己的工作计划、程序、流程、方法、手段，根据自己的判断，独立地开展工作。

（3）公正性。公正性是监理行业的必然要求，也是监理单位和监理工程师工作的职业道德。工程建设监理的公正性也是承建商的共同要求。建设监理制度赋予监理单位在项目建设中具有监督管理的权力，被监理方必须接受监理方的监督管理。所以监理单位和监理工作人员必须以公正的第三方身份开展工程建设监理活动。

(4) 科学性。建设工程监理是一种高智能的技术服务，因此要求监理工作有健全的组织机构、完善的科学检测技术、经济方法和严格规范的工作程序、丰富的专业技能以及实践经验来履行监理职责。

（二）参照国际惯例的原则

西方发达国家工程建设监理工作已有100多年的发展历史，其监理体系已趋于成熟和完善，各国具有严密的法律、法规，完善的组织机构以及规范化的方法、手段和实施程序。国际咨询工程师联合会（FIDIC）制订的土木工程合同条款，被国际建筑界普遍认可和采用，这些条款把工程技术、管理、经济、法律有机地、科学地结合在一起，突出监理工程师的负责制，为建设监理制度的规范化、国际化起了促进作用。我国的建设工程活动已经进入国际市场，因此从事工程建设监理单位和从业的监理工程师应当充分研究和借鉴国际间通行的做法和经验。

（三）结合我国国情的原则

工程建设监理制度的建立，既要借鉴国际惯例，又不能完全照搬照抄，应当充分结合中国国情，建立具有中国特色的工程建设监理制度体系，更好地规范我国工程建设监理工作。

四、建设工程监理的特点和依据

（一）现阶段建设工程监理的特点

1. 建设工程监理的服务对象具有单一性

工程监理企业只接受建设单位的委托，即只为建设单位服务。它不能接受承建单位的委托为其提供管理服务。从这个意义上看，可以认为我国的建设工程监理就是为建设单位服务的项目管理。

2. 建设工程监理属于强制推行的制度

3. 建设工程监理具有监督功能

我国监理工程师在质量控制方面的工作所达到的深度和细度，应当说远远超过国际上建设项目管理人员的工作深度和细度，这对保证工程质量起了很好的作用。

4. 市场准入采取企业资质和人员资格双重控制

我国对建设工程监理的市场准入采取了企业资质和人员资格的双重控制。要求专业监理工程师以上的监理人员要取得监理工程师资格证书，不同资质等级的工程监理企业至少要有一定数量的取得监理工程师资格证书并经注册的人员。

（二）工程建设监理的依据

根据工程建设监理的有关规定，监理依据有下列四大类：

(1) 国家和部门制定颁布的法律、法规、办法。
(2) 国家现行的技术规范、技术标准、规程和工程质量检测验评标准。
(3) 国家批准的建设文件、设计文件和设计图纸。
(4) 依法签订的各类工程合同文件等。

五、建设工程监理的发展趋势

(1) 加强法制建设，走法制化的道路。
(2) 以市场需求为导向，向全方位、全过程监理发展。
(3) 适应市场需求，优化工程监理企业结构。

应当通过市场机制和必要的行业政策引导，在工程监理行业逐步建立起综合性监理企业与专业性监理企业相结合、大中小型监理企业相结合的合理的企业结构。按工作内容分，建立起能承担全过程、全方位监理任务的综合性监理企业与能承担某一专业监理任务（如招标代理、工程造价咨询）的监理企业相结合的企业结构。按工作阶段分，建立起能承担工程建设全过程监理的大型监理企业与能承担某一阶段工程监理任务的中型监理企业和只提供旁站监理劳务的小型监理企业相结合的企业结构。

(4) 加强培训工作，不断提高从业人员素质。

(5) 与国际惯例接轨，走向世界。

我国的监理工程师和工程监理企业应当做好充分准备，不仅要迎接国外同行进入我国后的竞争挑战，而且也要把握进入国际市场的机遇，敢于到国际市场与国外同行竞争。在这方面，大型、综合素质较高的工程监理企业应当率先采取行动。

第二节 建设工程监理规范及施工旁站监理管理办法

建设工程监理制作为工程建设领域的一项改革举措，旨在改变陈旧的工程管理模式，建立专业化、制度化的建设监理机构，协助建设单位做好项目管理工作，以提高建设水平和投资效益。工程建设监理制度的推行，离不开政府的宏观监控和指导，以及相关制度的建立与健全。为此，建设部先后颁发了《工程建设监理试行规定》、《工程建设监理单位资质管理试行办法》、《监理工程师资格考试和注册试行办法》，2000年颁布了中华人民共和国国家标准《建设工程监理规范》，2001年建设部颁发了《工程监理企业资质管理规定》、《建设工程监理范围和规模标准规定》等一系列法规文件。我国建设监理起步晚，建设监理的法规建设还落后于建设监理的发展，要形成一套具有中国特色的建设监理法规体系，还需要不断探索、总结和完善。本节将着重介绍《建设工程监理规范》和《施工旁站监理管理办法》。

一、建设工程监理规范

《建设工程监理规范》（以下简称《监理规范》）分总则、术语、项目监理机构及其设施、监理规划及监理实施细则、施工阶段的监理工作、施工合同管理的其他工作、施工阶段监理资料的管理、设备采购监理与设备监造共计8部分，另附有施工阶段监理工作的基本表式。

(一) 总则

(1) 制定目的：为了提高建设工程监理水平，规范建设工程监理行为。

(2) 适用范围：本规范适用于新建、扩建、改建建设工程施工、设备采购和监造的监理工作。

(3) 关于监理单位开展建设工程监理必须签订书面建设工程委托监理合同的规定。

(4) 建设工程监理应实行总监理工程师负责制的规定。

(5) 监理单位应公正、独立、自主地开展监理工作，维护建设单位和承包单位的合法权益。

(6) 建设工程监理应符合建设工程监理规范和国家其他有关强制性标准、规范的规定。

(二) 术语

《监理规范》对项目监理机构、监理工程师、总监理工程师、总监理工程师代表、专业监理工程师、监理员、监理规划、监理实施细则、工地例会、工程变更、工程计量、见证、旁站、巡视、平行检验、设备监造、费用索赔、临时延期批准、延期批准等19条建设工程监理常用术语做出了解释。

(三)项目监理机构及其设施

该部分内容包括:项目监理机构、监理人员职责和监理设施。

1. 项目监理机构

(1) 关于项目监理机构建立时间、地点及撤离时间的规定;

(2) 决定项目监理机构组织形式、规模的因素;

(3) 项目监理机构人员配备以及监理人员资格要求的规定;

(4) 项目监理机构的组织形式、人员构成及对总监理工程师的任命应书面通知建设单位,以及监理人员变化的有关规定。

2. 监理人员职责

《监理规范》规定了总监理工程师、总监理工程师代表、专业监理工程师和监理员的职责。

3. 监理设施

(1) 建设单位提供委托监理合同约定的办公、交通、通讯、生活设施。项目监埋机构应妥善保管和使用,并在完成监理工作后移交建设单位。

(2) 项目监理机构应按委托监理合同的约定,配备满足监理工作需要的常规检测设备和工具。

(3) 在大中型项目的监理工作中,项目监理机构应实施监理工作计算机辅助管理。

(四)监理规划及监理实施细则

1. 监理规划

规定了监理规划的编制要求、编制程序与依据、主要内容及调整修改等。

2. 监理实施细则

规定了监理实施细则编写要求、编写程序与依据、主要内容等。

(五)施工阶段的监理工作

1. 制定监理程序的一般规定

制定监理工作程序应根据专业工程特点,应体现事前控制和主动控制的要求,应注重工作效果,应明确工作内容、行为主体、考核标准、工作时限,应符合委托监理合同和施工合同,应根据实际情况的变化对程序进行调整和完善。

2. 施工准备阶段的监埋工作

施工准备阶段,项目监理机构应做好的工作包括:熟悉设计文件;参加设计技术交底会;审查施工组织设计;审查承包单位现场项目管理机构的质量管理、技术管理体系和质量保证体系;审查分包单位资格报审表和有关资料并签认;检查测量放线控制成果及保护措施;审查承包单位报送的工程开工报审表及有关资料,符合条件时,由总监理工程师签发;参加第一次工地会议,并起草会议纪要等。

3. 工地例会

规定了工地例会制度,包括:会议主持人,会议纪要的起草和会签,会议的主要内容,以及有关组织专题会议的要求。

4. 工程质量控制工作

规定了项目监理机构工程质量控制的工作内容：施工组织设计调整的审查；重点部位、关键工序的施工工艺和保证工程质量措施的审查；使用新材料、新工艺、新技术、新设备的控制措施；对承包单位实验室的考核；对拟进场的工程材料、构配件和设备的控制措施；直接影响工程质量的计量设备技术状况的定期检查；对施工过程进行巡视和检查；旁站监理的内容；审核、签认分项工程、分部工程、单位工程的质量验评资料；对施工过程中出现的质量缺陷应采取的措施；发现施工中存在重大质量隐患应及时下达工程暂停令，整改完毕并符合规定要求应及时签署工程复工令；质量事故的处理等。

5. 工程造价控制工作

规定了项目监理机构进行工程计量、工程款支付、竣工结算的程序，同时，规定了进行工程造价控制的主要工作：应对工程项目造价目标进行风险分析，并应制定防范性对策；审查工程变更方案；做好工程计量和工程款支付工作；做好实际完成工程量和工作量与计划完成量的比较、分析，并制定调整措施；及时收集有关资料，为处理费用索赔提供依据；及时按有关规定做好竣工结算工作等。

6. 工程进度控制工作

规定了项目监理机构进行工程进度控制的程序，同时，规定了工程进度控制的主要工作：审查承包单位报送的施工进度计划；制定进度控制方案，对进度目标进行风险分析，制定防范性对策；检查进度计划的实施，并根据实际情况采取措施；在监理月报中向建设单位报告工程进度及有关情况，并提出预防由建设单位原因导致工程延期及相关费用索赔的建议等。

7. 竣工验收

在竣工验收阶段，项目监理机构要做好以下工作：审查承包单位报送的竣工资料；进行工程质量竣工预验收，对存在的问题及时要求承包单位整改；签署工程竣工报验单，并提出工程质量评估报告；参加建设单位组织的竣工验收，并提供相关资料；对验收中提出的问题，要求承包单位进行整改；会同验收各方签署竣工验收报告。

8. 工程质量保修期的监理工作

项目监理机构在工程质量保修期要做好工程质量缺陷检查和记录工作；对承包单位修复的工程质量进行验收并签认；分析确定工程质量缺陷的原因和责任归属，并签署应付费用的工程款支付证书。

（六）施工合同管理的其他工作

1. 工程暂停和复工

规定了签发工程暂停令的根据；签发工程暂停令的适用范围情况；签发工程暂停令应做好的相关工作（确定停工范围、工期和费用的协商等）；及时签署工程复工报审表等。

2. 工程变更的管理

内容包括：项目监理机构处理工程变更的程序；处理工程变更的基本要求；总监理工程师未签发工程变更，承包单位不得实施工程变更的规定；未经总监理工程师审查同意而实施的工程变更，项目监理机构不得予以计量的规定。

3. 费用索赔的处理

内容包括：处理费用索赔的依据；项目监理机构受理承包单位提出的费用索赔应满足

的条件；处理承包单位向建设单位提出费用索赔的程序；应当综合作出费用索赔和工程延期的条件；处理建设单位向承包单位提出索赔时，对总监理工程师的要求。

4. 工程延期及工程延误的处理

内容包括：受理工程延期的条件；批准工程临时延期和最终延期的规定；作出工程延期应与建设单位和承包单位协商的规定；批准工程延期的依据；工期延误的处理规定。

5. 合同争议的调解

内容包括：项目监理机构接到合同争议的调解要求后应进行的工作；合同争议双方必须执行总监理工程师签发的合同争议调解意见的有关规定；项目监理机构应公正地向仲裁机关或法院提供与争议有关的证据。

6. 合同的解除

内容包括：合同解除必须符合法律程序；因建设单位违约导致施工合同解除时，项目监理机构确定承包单位应得款项的有关规定；因承包单位违约导致施工合同终止后，项目监理机构清理承包单位的应得款，或偿还建设单位的相关款项应遵循的工作程序；因不可抗力或非建设单位、承包单位原因导致施工合同终止时，项目监理机构应按施工合同规定处理有关事宜。

（七）施工阶段监理资料的管理

（1）施工阶段监理资料应包括的内容；

（2）施工阶段监理月报应包括的内容，以及编写和报送的有关规定；

（3）监理工作总结应包括的内容等有关规定；

（4）关于监理资料的管理事宜。

（八）设备采购监理与设备监造

1. 设备采购监理工作包括：组建项目监理机构；编制设备采购方案、采购计划；组织市场调查，协助建设单位选择设备供应单位；协助建设单位组织设备采购招标或进行设备采购的技术及商务谈判；参与设备采购订货合同的谈判，协助建设单位起草及签订设备采购合同；采购监理工作结束，总监理工程师应组织编写监理工作总结。

2. 设备监造监理工作包括：组建设备监造的项目监理机构；熟悉设备制造图纸及有关技术说明，并参加设计交底；编制设备监造规划；审查设备制造单位生产计划和工艺方案；审查设备制造分包单位资质；审查设备制造的检验计划、检验要求等20项工作。

3. 规定了设备采购监理与设备监造的监理资料。

二、施工旁站监理管理办法

为了提高建设工程质量，建设部于2002年7月颁布了《房屋建筑工程施工旁站监理管理办法》（试行）。该规范性文件要求在工程施工阶段的监理工作中实行旁站监理，并明确了旁站监理的工作程序、内容及旁站监理人员的职责。

1. 旁站监理的概念

旁站监理是指监理人员在工程施工阶段监理中，对关键部位、关键工序的施工质量实施全过程现场跟班的监督活动。旁站监理是控制工程施工质量的重要手段之一，也是确认工程质量的重要依据。

在实施旁站监理工作中，如何确定工程的关键部位、关键工序，必须结合具体的专业工程而定。就房屋建设工程而言，其关键部位、关键工序包括两类内容，一是基础工程类：土方回填，混凝土灌注桩浇筑，地下连续墙、土钉墙、后浇带及其他结构混凝土、防水混凝土浇筑，卷材防水层细部构造处理，钢结构安装；二是主体结构工程类：梁柱节点钢筋隐蔽过程，混凝土浇筑，预应力张拉，装配式结构安装，钢结构安装，网架结构安装，索膜安装。至于其他部位或工序是否需要旁站监理，可由建设单位与监理企业根据工程具体情况协商确定。

2. 旁站监理程序

旁站监理一般按下列程序实施：

（1）监理企业制定旁站监理方案，明确旁站监理的范围、内容、程序和旁站监理人员职责，并编入监理规划中。旁站监理方案同时送建设单位、施工企业和工程所在地的建设行政主管部门或其委托的工程质量监督机构各一份。

（2）施工企业根据监理企业制定的旁站监理方案，在需要实施旁站监理的关键部位、关键工序进行施工前 24 小时，书面通知监理企业派驻工地的项目监理机构。

（3）项目监理机构安排旁站监理人员按照旁站监理方案实施旁站监理。

3. 旁站监理人员的工作内容和职责

（1）检查施工企业现场质检人员到岗、特殊工种人员持证上岗以及施工机械、建筑材料准备情况。

（2）在现场跟班监督关键部位、关键工序的施工执行施工方案以及工程建设强制性标准情况。

（3）核查进场建筑材料、建筑构配件、设备和商品混凝土的质量检验报告等，并可在现场监督施工企业进行检验或者委托具有资格的第三方进行复验。

（4）做好旁站监理记录和监理日记，保存旁站监理原始资料。

如果旁站监理人员或施工企业现场质检人员未在旁站监理记录上签字，则施工企业不能进行下一道工序施工，监理工程师或者总监理工程师也不得在相应文件上签字。旁站监理人员在旁站监理时，如果发现施工企业有违反工程建设强制性标准行为的，有权制止并责令施工企业立即整改；如果发现施工企业的施工活动已经或者可能危及工程质量的，应当及时向监理工程师或者总监理工程师报告，由总监理工程师下达局部暂停施工指令或者采取其他应急措施，制止危害工程质量的行为。

第三节 建设工程监理的法律责任

一、工程监理廉政责任书

为了加强工程建设中的廉政建设工作，从源头上预防和解决腐败，确保工程质量，国务院建设行政主管部门决定在工程建设勘察设计、施工、监理中，推行《廉政责任书》制度。

工程监理廉政责任书的主要内容包括建设单位（甲方）和监理单位（乙方）双方的共同责任、甲方的责任、乙方的责任、违约责任及责任书的法律地位。

（一）甲乙双方的责任

（1）应严格遵守国家关于市场准入、项目招标、工程建设、工程监理和市场活动有关法律、法规，相关政策，以及廉政建设的各项规定。

（2）严格执行建设工程项目监理合同文件，自觉按合同办事。

（3）业务活动必须坚持公开、公正、诚信、透明的原则（除法律法规另有规定外），不得为获取不正当的利益，损害国家、集体和对方利益，不得违反工程建设管理、建设监理的规章制度。

（4）发现对方在业务活动中有违规、违纪、违法行为的，应及时提醒对方，情节严重的，应向其上级主管部门或纪检监察、司法等有关机关举报。

（二）甲方的责任

甲方的领导和从事该建设工程项目的工作人员在工程建设的事前、事中、事后应遵守以下规定：

（1）不准向乙方和相关单位索要或接受回扣、礼盒、有价证券、贵重物品和好处费、感谢费等。

（2）不准在乙方和相关单位报销任何应由甲方或个人支付的费用。

（3）不准要求、暗示或接受乙方和相关单位为个人装修住房、婚丧嫁娶、配偶子女的工作安排以及出国（境）、旅游等提供方便。

（4）不准参加有可能影响公正执行公务的乙方和相关单位的宴请、健身、娱乐等活动。

（5）不准向乙方和相关单位介绍或为配偶、子女、家属参与同甲方工程项目合同有关的监理分包项目等活动。不准向乙方和相关单位介绍或为配偶、子女、亲属参与同项目工程合同有关的设备、材料、工程承分包、劳务等经济活动。不得以任何理由向乙方和相关单位推荐分包单位和要求购买与项目工程合同规定以外的材料、设备等。

（三）乙方的责任

应与甲方和相关单位保持正常的业务交往，按照有关法律法规和程序开展业务工作，严格执行工程建设的方针、政策，尤其是有关勘察设计、建设施工安装的强制性标准和规范以及监理法规，认真履行监理职责，并遵守以下规定：

（1）不准以任何理由向甲方和相关单位及其工作人员索要、接受或赠送礼金、有价证券、贵重物品及回扣、好处费、感谢费等。

（2）不准以任何理由为甲方和相关单位报销应由对方或个人支付的费用。

（3）不准接受或暗示为甲方、相关单位或个人装修住房、婚丧嫁娶、配偶子女的工作安排以及出国（境）、旅游等提供方便。

（4）不准违反合同约定而使用甲方、相关单位提供的通信、交通工具和高档办公用品。

（5）不准以任何理由为甲方、相关单位或个人组织有可能影响公正执行公务的宴请、健身、娱乐等活动。

（四）违约责任

（1）甲方工作人员有违反责任行为的，按照管理权限，依据有关法律法规和规定给予党纪、政纪处分或组织处理；涉嫌犯罪的，移交司法机关追究刑事责任；给乙方单位造成经济损失的，应予以赔偿。

（2）乙方工作人员有违反责任行为的，按照管理权限，依据有关法律法规和规定给予党纪、政纪处分或组织处理；涉嫌犯罪的，移交司法机关追究刑事责任；给甲方单位造成经济损失的,应予以赔偿。

(五)"责任书"的法律地位

"工程监理廉政责任书"作为工程监理合同的附件,与工程监理合同具有同等法律效力。经双方签署后立即生效。

二、工程监理企业的法律责任

工程监理企业应当按照其拥有的注册资本、专业技术人员和工程监理业绩等资质条件申请资质,经审查合格,取得相应等级的资质证书后,方可在其资质等级许可的范围内从事工程监理活动。违反《工程监理企业资质证书》的监理行为应当承担法律责任。

(1) 以欺骗手段取得《工程监理企业资质证书》承揽工程的,吊销资质证书,处合同约定的监理酬金1倍以上2倍以下的罚款;有违法所得的,予以没收。

(2) 未取得《工程监理企业资质证书》承揽监理业务的,予以取缔,处合同约定的监理酬金1倍以上2倍以下的罚款;有违法所得的,予以没收。

(3) 超越本企业资质等级承揽监理业务的,责令停止违法行为,处合同约定的监理酬金1倍以上2倍以下的罚款;可以责令停业整顿,降低资质等级;情节严重的,吊销资质证书;有违法所得的,予以没收。

(4) 转让监理业务的,责令改正,没收违法所得,处合同约定的监理酬金25%以上50%以下的罚款,可以责令停业整顿,降低资质等级;情节严重的,吊销资质证书。

(5) 工程监理企业允许其他单位或者个人以本企业名义承揽监理业务的,责令改正,没收违法所得,处合同约定的监理酬金1倍以上2倍以下的罚款;可以责令停业整顿,降低资质等级;情节严重的,吊销资质证书。

(6) 有下列行为之一的,责令改正,处50万元以上100万元以下的罚款,降低资质等级或者吊销资质证书;有违法所得的,予以没收;造成损失的,承担连带赔偿责任:

1) 与建设单位或者施工单位串通,弄虚作假、降低工程质量的;

2) 将不合格的建设工程、建筑材料、建筑构配件和设备按照合格签字的。

(7) 工程监理单位与被监理工程的施工承包单位以及建筑材料、建筑构配件和设备供应单位有隶属关系或者其他利害关系承担该项建设工程的监理业务的,责令改正,处5万元以上10万元以下的罚款,降低资质等级或者吊销资质证书;有违法所得的,予以没收。

三、监理工程师的法律责任

监理工程师的法律责任与其法律地位密切相关,同样是建立在法律法规和委托监理合同的基础上。因而,监理工程师法律责任的表现行为主要有两方面,一是违反法律法规的行为,二是违反合同约定的行为。

(一)违法行为

现行法律法规对监理工程师的法律责任专门作出了具体规定。例如,《建筑法》第35条规定:"工程监理单位不按照委托监理合同的约定履行监理义务,对应当监督检查的项目不检查或者不按照规定检查,给建设单位造成损失的,应当承担相应的赔偿责任"。

《中华人民共和国刑法》第137条规定:建设单位、设计单位、施工单位、工程监理单位违反国家规定,降低工程质量标准,造成重大安全事故的,对直接责任人员,处五年以下有期徒刑或者拘役,并处罚金;后果特别严重的,处五年以上十年以下有期徒刑,并处罚金。

《建设工程质量管理条例》第 36 条规定：工程监理单位应当依照法律、法规以及有关技术标准、设计文件和建设工程承包合同，代表建设单位对施工质量实施监理并对施工质量承担监理责任。

这些规定能够有效地规范、指导监理工程师的执业行为，提高监理工程师的法律责任意识，引导监理工程师公正守法地开展监理业务。

（二）违约行为

监理工程师一般主要受聘于工程监理企业，从事工程监理业务。工程监理企业是订立委托监理合同的当事人，是法定意义的合同主体。但委托监理合同在具体履行时，是由监理工程师代表监理企业来实现的，因此，如果监理工程师出现工作过失，违反了合同约定，其行为将被视为监理企业违约，由监理企业承担相应的违约责任。当然，监理企业在承担违约赔偿责任后，有权在企业内部向有相应过失行为的监理工程师追偿部分损失。所以，由监理工程师个人过失引发的合同违约行为，监理工程师应当与监理企业承担一定的连带责任。其连带责任的基础是监理企业与监理工程师签订的聘用协议或责任保证书，或监理企业法定代表人对监理工程师签发的授权委托书。一般来说，授权委托书应包含职权范围和相应责任条款。

（三）安全生产责任

安全生产责任是法律责任的一部分，来源于法律法规和委托监理合同。国家现行法律法规未对监理工程师和建设单位是否承担安全生产责任做出明确规定，所以，目前监理工程师和建设单位承担安全生产责任尚无法律依据。由于建设单位没有管理安全生产的权力，因而不可能将不属于其所有的权力委托或转交给监理工程师，在委托监理合同中不会约定监理工程师负责管理建筑工程安全生产。

导致工程安全事故或问题的原因很多，有自然灾害、不可抗力等客观原因，也有建设单位、设计单位、施工企业、材料供应单位等主观原因。监理工程师虽然不管理安全生产，不直接承担安全责任，但不能排除其间接或连带承担安全责任的可能性。如果监理工程师有下列行为之一，则应当与质量、安全事故责任主体承担连带责任。

（1）违章指挥或者发出错误指令，引发安全事故的；

（2）将不合格的建设工程、建筑材料、建筑构配件和设备按照合格签字，造成工程质量事故，由此引发安全事故的；

（3）与建设单位或施工企业串通，弄虚作假、降低工程质量，从而引发安全事故的。

案 例 分 析

案例一

【案情简介】

某小区高层建筑工程在施工过程中，施工单位未经监理工程师事先同意，自行订购了一批钢筋，钢筋运抵施工现场后监理工程师进行了检验，检验中监理人员发现钢筋质量存在以下问题：

1. 施工单位未能提交产品合格证、质量保证书和检测证明资料。

2. 实物外观粗糙、标识不清，且有锈斑。

【问题】

监理工程师应如何处理上述问题？

【案例评析】

1. 由于该批材料由施工单位采购，监理工程师检验发现外观不良、标识不清，且无合格证等情况后，应书面通知施工单位暂不得将该批材料用于工程，并抄送业主备案。

2. 监理工程师应要求施工单位提交该批产品的产品合格证、质量保证书、材质化验单、技术指标报告和生产厂家生产许可证等资料，以便监理工程师对生产厂家和材质保证等方面进行书面资料的审查。

3. 如果施工单位提交了上述资料，经监理工程师审查符合要求，则施工单位应按技术规范要求对该产品进行有监理人员签证的取样送检。如果经检测后证明材料质量符合技术规范、设计文件和工程承包合同要求，则监理工程师可进行质检签证，并书面通知施工单位。

4. 如果施工单位不能提供第二条所述资料，或虽提供了上述资料，但经抽样检测后质量不符合技术规范或设计文件或承包合同要求，则监理工程师应书面通知施工单位不得将该批钢材用于工程，并要求施工单位将该批钢材运出施工现场（施工方与供货厂商之间的经济、法律问题，由他们双方协商解决）。

5. 监理工程师应将处理结果书面通知业主。工程材料的检测费用由施工单位承担。

案例二

【案情简介】

政府投资在某市修建一个高标准、高质量、供国际高层人员集会活动的国际会议中心。该工程项目已通过招标确定由某承包公司 A 总承包并签订了施工合同，还与监理公司 B 签订了委托监理合同。监理机构在该工程项目实施中遇到了以下几种情况：

（1）该地区地质情况不良，且极为复杂多变，施工可能十分困难，为了保证工程质量，总承包商决定将基础工程施工发包给一个专业基础工程公司 C。

（2）整个工程质量标准要求极高，建设单位要求监理机构要把住所使用的主要材料、设备进场的质量关。

（3）建设单位还要求监理机构对于主要的工程施工，无论是钢筋混凝土主体结构，还是精美的装饰工程，都要求严格把好每一道工序施工质量关，要达到合同规定的高标准和高的质量保证率。

（4）建设单位要求必须确保所使用的混凝土拌合料、砂浆材料和钢筋混凝土承重结构及承重焊缝的强度达到质量要求的标准。

（5）在修建沟通该会议中心与该市市区和主干高速公路相衔接的高速公路支线的初期，监理工程师发现发包该路基工程的施工队填筑路基的质量没有达到规定的质量要求。监理工程师指令暂停施工，并要求返工重做。但是，承包方对此拖延，拒不进行返工，并通过有关方面"劝说"监理方同意不进行返工，双方坚持不下持续很久，影响了工程正常进展。

（6）在进行某层钢筋混凝土楼板浇注混凝土施工过程中，土建监理工程师得悉该层楼板钢筋施工虽已经过监理工程师检查认可签证，但其中设计预埋的电气暗管却未通知电气监理工程师检查签证。此时混凝土已浇筑了全部工程量的五分之一。

【问题】

1. 监理工程师进行施工过程质量控制的手段主要有哪几方面?
2. 针对上述几种情况,你认为监理工程师应当分别运用什么手段以保证质量?
3. 为了确保作业质量,在出现什么情况下,总监理工程师有权行使质量控制权、下达停工令,及时进行质量控制?

【案例评析】

1. 监理工程师进行施工过程质量控制的手段主要有以下五个方面:
(1) 通过审核有关技术文件、报告或报表等手段进行控制;
(2) 通过下达指令文件和一般管理文书的手段进行控制(一般是以通知的方式下达);
(3) 通过进行现场监督和检查的手段进行控制(包括旁站监督、巡视检查和平行检验);
(4) 通过规定质量监控工作程序,要求按规定的程序工作和活动;
(5) 利用支付控制权的手段进行控制。

2. 针对题示所提出的 6 种情况,监理工程师应采用以下手段进行控制(逐项对应解答)。

(1) 首先通过审核分包商的资质证明文件控制分包商的资质(审核文件、报告的手段);然后通过审查总包商提交的施工方案(实际为分包商提出的基础施工方案)控制基础施工技术,以保证基础施工质量。

(2) 保证进场材料、设备的质量可采取以下手段:

1) 通过审查进场材料、设备的出厂合格证、材质化验单、试验报告等文件、报表、报告进行控制;

2) 通过平行检验方式进行现场监督检查控制。

(3) 通过规定质量监控程序严把每道工序的施工质量关;通过现场巡视及旁站监督严把施工过程关。

(4) 通过旁站监督和见证取样控制混凝土拌合料、砂浆及承重结构质量。

(5) 通过下达暂停施工的指令中止不合格填方继续扩大;通过停止支付工程款的手段促使承包方返工。

(6) 通过下达暂停施工的指令的手段,防止质量问题恶化与扩大;通过下达质量通知单进行调查、检查,提出处理意见;通过审查与批准处理方案,下达返工或整改的指令,进行质量控制。

3. 在出现下列情况下,总监理工程师有权下达停工令,及时进行质量控制:
(1) 施工中出现质量异常,承包方未能扭转异常情况者;
(2) 隐蔽工程未依法检验确认合格,擅自封闭者;
(3) 已发生质量问题迟迟不作处理,或如不停工,质量情况可能继续发展;
(4) 未经监理工程师审查同意,擅自变更设计或修改图纸;
(5) 未经合法审查或审查不合格的人员进入现场施工;
(6) 使用的材料、半成品未经检查认可,或检查认为不合格的进入现场并使用;
(7) 擅自使用未经监理方审查认可或资质不合格的分包单位进场施工。

复习思考题

1. 简述工程建设监理的概念、范围。
2. 建设工程监理的原则是什么?
3. 建设工程施工阶段有哪些监理工作?
4. 旁站监理工作有哪些程序?
5. 旁站监理人员的工作内容和职责是什么?
6. 工程监理廉政责任书的主要内容有哪些?
7. 工程监理单位超越本企业资质等级承揽监理业务的应如何处罚?
8. 监理工程师有哪些法律责任?

第八章 合同法律基础

本章主要介绍了合同与合同法的概念、基本原则；合同的订立，合同的效力，合同的履行，合同的变更和转让，合同的终止；违约责任和合同争议的解决；合同履行的担保与公证等内容。

第一节 合同与合同法概述

一、合同的概念

一般意义的合同，泛指一切确立权利义务关系的协议，因此，有物权合同、债权合同和身份合同等。《中华人民共和国合同法》（以下简称合同法）中所规定的合同仅指民法意义上的财产合同。《合同法》规定："本法所称合同是平等主体的自然人、法人、其他组织之间设立、变更、终止民事权利义务关系的协议"。并规定："婚姻、收养、监护等有身份关系的协议，适用其他法律规定"。根据这一规定，合同具有以下特点：

(1) 合同是当事人协商一致的协议，是双方或多方的民事法律行为；
(2) 合同的主体是自然人、法人和其他组织等民事主体；
(3) 合同的内容是有关设立、变更和终止民事权利义务关系的约定，通过合同条款具体体现出来；
(4) 合同须依法成立，只有依法成立的合同对当事人才具有法律约束力。

二、合同法的基本原则

（一）平等原则

合同当事人的法律地位平等，一方不得将自己的意志强加给另一方。当事人法律地位平等，是指合同当事人不论自然人，还是法人，也不论其经济实力和经济成分如何，其法律地位无高低之分，即享有民事权利和承担民事义务的资格是平等的。这一原则既是商品经济客观规律的体现，又是民法平等原则的具体表现，当事人只有在平等的基础上，才有可能经过协商，达成意思表示一致的协议。

（二）自愿原则

当事人依法享有自愿订立合同的权利，任何单位和个人不得非法干预。当事人自愿订立合同，是指当事人有订立合同或不订立合同的权利，以及选择合同相对人、确定合同内容和合同形式的权利。自愿原则和平等原则是相辅相成的，有着密切的联系。在平等原则下，一方不得将自己的意志强加给对方，在自愿原则下，其他民事主体乃至国家机关不得对当事人订立合同进行非法干预。当然，当事人自愿订立合同时必须遵守法律、行政法规，不得损害他人的合法权益，不得扰乱社会经济秩序。

（三）公平原则

当事人应当遵循公平原则确定各方的权利和义务。遵循公平原则确定各方权利和义务，是指当事人订立和履行合同时，应根据公平的要求约定各自的权利和义务，正当行使合同权利和履行合同义务，兼顾他人利益。对于显失公平的合同，当事人一方有权请求人民法院或仲裁机构变更或撤销。

（四）诚实信用原则

当事人行使权利，履行义务应当遵循诚实信用原则。诚实信用，是指合同当事人在订立合同时要诚实、真实地向对方当事人介绍与合同有关的情况，不得有欺诈行为；合同生效后，要守信用，积极履行合同义务，不得擅自变更和解除合同，也不能任意违约。

（五）遵守法律、维护社会公共利益的原则

当事人订立合同、履行合同，应当遵守法律、行政法规，尊重社会公德，不得扰乱社会经济秩序，损害社会公共利益。国家法律、行政法律与社会公德在调整当事人的合同关系时，是相互补充不可或缺的，这与民法的基本原则相一致。合同法既要保护合同当事人的合法权益，也要维护社会经济秩序和社会公共利益，因此，当事人在订立和履行合同时不仅要合法，也要尊重社会公德，不得扰乱社会经济秩序，损害社会公共利益。

三、我国合同制度的建立和发展

合同法是商品经济的产物，是商品交换关系的法律表现。我国发展社会主义市场经济，决定了合同制度的必然存在，它是社会主义商品交换的法律工具，对我国社会主义市场经济体制的建立和发展，维护市场经济秩序，促进我国现代化建设起着十分重要的作用。

1981年12月五届全国人大第四次会议通过了《中华人民共和国经济合同法》，初步确定了我国经济合同制度。为了保证《经济合同法》的实施，国务院发布了一系列的合同条例，使经济合同制度形成体系。为了适应对外开放的需要，1985年3月六届全国人大常务委员会第十次会议通过了《中华人民共和国涉外经济合同法》，进一步完善了我国经济合同制度。随着我国科技体制改革的发展，制定一部调整技术商品交换关系的法律显得极为迫切。1987年6月六届全国人大常务委员会第二十一次会议审议通过了《中华人民共和国技术合同法》，从而形成了我国特定历史时期的三部合同法并存的立法模式。

1992年，中共中央关于经济体制改革的决定指出：经济体制改革的目标是建立社会主义市场经济体制，要尽快建立社会主义市场经济法律体系。为适应建立社会主义市场经济体制的迫切要求，1993年9月八届全国人大常务委员会第三次会议对《中华人民共和国经济合同法》作了修改，经过九届全国人大常务委员会多次审议，于1999年3月15日九届全国人大第二次会议上，《中华人民共和国合同法》顺利获得通过。1999年10月1日起正式实施，同时，对《经济合同法》、《涉外经济合同法》和《技术合同法》予以废止。《中华人民共和国合同法》（以下简称《合同法》）是一部反映现代市场经济规律，又符合中国国情的法律文件，它的颁布与实施，标志着我国合同制度的统一和完善，必将促进中国市场经济的发展和改革开放。

四、《合同法》的内容简介

《合同法》共23章428条，分为总则、分则和附则三个部分。其中，总则部分共8章，将各类合同所涉及的共同性问题进行了统一的规定，包括一般规定、合同的订立、合同的效力、合同的履行、合同的变更和转让、合同的权利义务终止、违约责任和其他规定等内容。分则部分共15章，分别对买卖合同、供用电、水、气、热力合同、赠与合同、借款合同、租赁合同、融资租赁合同、承揽合同、建设工程合同、运输合同、技术合同、保管合同、仓储合同、委托合同、经纪合同和居间合同进行了具体规定。附则部分仅一条，规定了《合同法》的施行日期。

第二节 合同的订立

合同的订立是指合同当事人依法就合同内容经过协商，达成协议的法律行为。《合同法》对合同订立的基本法律要求作出了明确规定。

一、当事人主体资格

《合同法》规定：当事人订立合同，应当具有相应的民事权利能力和民事行为能力。合同主体包括自然人、法人和其他组织。如前所述，我国民法对自然人和法人作为民事主体的民事权利能力和民事行为能力方面的要求是不同的。对于自然人而言，完全行为能力的人可以订立一切法律允许自然人作为合同主体的合同；限制行为能力的人，只能订立一些与其年龄、智力、精神状况相适应或纯获利益的合同；其他的合同，则应由法定代理人代订或经法定代理人同意。对于法人和其他组织而言，自依法成立或进行核准登记后，便具有民事权利能力和民事行为能力，但各个法人或其他组织，因其设立的目的、宗旨、业务活动范围的不同，而决定了其所具有的民事权利能力和民事行为能力亦互不相同。法人和其他组织只有在其权利能力和行为能力的范围内订立合同，才具有合同主体的资格。

当事人也可以委托代理人订立合同。代理人订立合同时，应向对方出具其委托人签发的授权委托书。如果行为人没有代理权、超越代理权或者代理权终止后，以被代理人名义订立的合同，未经被代理人追认，对被代理人不发生效力，由行为人承担责任。但相对人有理由相信行为人有代理权的，该代理行为有效。

二、合同的形式

合同形式是合同当事人所达成协议的表现形式，是合同内容的载体。《合同法》规定：当事人订立合同，有书面形式、口头形式和其他形式。

口头形式是指当事人只以口头语言的意思表示达成协议，而不以文字表述协议内容的合同。口头合同简便易行，缔约迅速且成本低，但在发生合同纠纷时，难以举证，不易分清责任。

书面形式是指合同书、信件和数据电文（包括电报、电传、传真、电子数据交换和电子邮件）等可以有形地表现所载内容的形式。书面合同可成为当事人履行合同的依据，一旦发生合同纠纷又可以成为证据，便于确定责任，能够确保交易安全，但不利于交易便捷。

其他形式的合同是指以当事人的行为或者特定情形推定成立的合同。

《合同法》在合同形式的规定上，明确了当事人有合同形式的选择权，但基于对重大交易安全考虑，对此又进行了一定的限制，明确规定：法律、行政法规规定采用书面形式的，应当采用书面形式。当事人约定采用书面形式的，应当采用书面形式。比如，房地产交易，法律规定采用书面形式，当事人如果未采用书面形式，则合同不成立。《建筑法》规定：建筑工程合同必须是书面形式。

三、合同的内容

合同的内容是指当事人的权利、义务和责任的具体规定，通过合同条款具体体现。按照合同自愿原则，《合同法》规定：合同内容由当事人约定，同时，为了起到合同条款的示范作用，规定合同一般包括以下条款：

1. 当事人的名称或姓名和住所

这是有关当事人的条款，通过这一条款，将合同特定化，明确了合同权利义务的享有者和承担者，当事人住所的确定便于明确地域管辖也有利于当事人履行合同。

2. 标的

标的是合同当事人权利义务共同指向的对象。没有标的或者标的不明确，当事人的权利和义务就无所指向，合同就无法指向，合同也就无法履行。不同的合同其标的也有所不同，有的合同其标的是财产，有的合同其标的是行为，因此，当事人必须在合同中明确规定合同的标的。

3. 数量

数量是对标的的计量，是以数字和计量单位来衡量标的的尺度。没有数量条款的规定，就无法确定双方权利义务的大小，使得双方权利义务处于不确定的状态，因此，合同中必须明确标的数量。

4. 质量

质量是指标的的内在素质和外观形态的综合。如产品的品种、规格、执行标准等，当事人约定质量条款时必须符合国家有关规定和要求。

5. 价款或者报酬

合同中的价款或者报酬，是指合同当事人一方向交付标的的一方支付的表现为货币的代价。当事人在约定价款或报酬时应遵守国家有关价格方面的法律和规定，并接受工商行政机关和物价管理部门的监督。

6. 履行期限、地点和方式

履行期限是指合同当事人履行义务的时间界限，是确定当事人是否按时履行的客观标准，也是当事人主张合同权利的时间依据。履行地点是指当事人交付标的或者支付价款的地方，当事人应在合同中予以明确。履行方式是指当事人以什么方式来完成合同的义务，当事人只有在合同中明确约定合同的履行方式，才便于合同的履行。

7. 违约责任

违约责任是指当事人一方或双方不履行合同或不能完全履行合同，按照法律规定或合同约定应当承担的法律责任。合同中约定的违约责任条款，不仅可维护合同的严肃性，督促当事人切实履行合同，而且一旦出现当事人违反合同的情况时，便于当事人及时按照合同承担责任，减少纠纷。在违约责任条款中，当事人应明确约定承担违约责任的方式。

8. 解决争议的办法

合同发生争议时根据我国现有的法律规定，争议解决的方法有和解、调解、仲裁和诉讼四种，其中仲裁和诉讼是最终解决争议的两种不同的方法，即当事人只能在这两种方法中选择其一。因此当事人在订立合同时，在合同中约定争议的解决方法，有利于当事人在发生争议后，及时解决争议。如果是约定用仲裁解决争议的，应明确仲裁事项和仲裁委员会，便于当事人及时通过仲裁解决争议。

四、订立合同的方式

订立合同的方式是指合同当事人双方依法就合同内容达成一致的过程。《合同法》规定：当事人订立合同，采取要约、承诺方式。

（一）要约

1. 要约的概念

要约是希望和他人订立合同的意思表示。在要约中，提出要约的一方为要约人，要约发向的一方为受要约人。《合同法》规定，要约生效应具备以下条件：

（1）要约必须表明要约人具有与他人订立合同的愿望；

（2）要约的内容必须具体确定；

（3）要约经受要约人承诺，要约人即受该要约的约束。

2. 要约与要约邀请的区别

如果当事人一方所做的是"希望他人向自己发出要约的意思表示"，比如寄送价目表、拍卖公告、招标公告、招股说明书等则是要约邀请，或称为要约引诱，而不是要约。商业广告的内容符合要约规定的，则视为要约。具体区别如下几条：

（1）要约是当事人自己主动表示愿意与他人订立合同，而要约邀请则是希望他人向自己提出要约；

（2）要约的内容必须包括将要订立的合同的实质条件，而要约邀请则不一定包含合同的主要内容；

（3）要约经受要约人承诺，要约人受其要约的约束，要约邀请则不含有受其要约邀请约束的意思。

3. 要约的效力

《合同法》规定：要约到达受要约人时生效。要约生效后，对要约人和受要约人产生不同的法律后果，表现为：使得受要约人取得承诺的资格，而对要约人则受到一定的拘束，《合同法》对要约效力作出了如下规定：

（1）要约的撤回。要约的撤回是指要约人发出要约后，在其送达受要约人之前，将要约收回，使其不生效。《合同法》规定：要约可以撤回。撤回要约的通知应当在要约到达受要约人之前或者与要约同时到达受要约人。

（2）要约的撤销。撤销要约是指要约生效后，在受要约人承诺之前，要约人通过一定的方式，使要约的效力归于消灭。《合同法》规定：要约可以撤销。撤销要约的通知应当在受要约人发生承诺通知之前到达受要约人。

（3）要约失效。要约失效即要约的效力归于消灭。《合同法》规定了要约失效的四种情形：

1）拒绝要约的通知到达要约人；

2）要约人依法撤销要约；

3）承诺期限届满，受要约人未作出承诺；

4）受要约人对要约的内容作出实质性变更。

（二）承诺

1. 承诺的概念

承诺是受要约人同意要约的意思表示。根据《合同法》的规定，承诺生效应符合以下条件：

（1）承诺必须由受要约人向要约人作出。因为要约生效后，只有受要约人取得了承诺资格，如果第三人了解了要约内容，向要约人作出同意的意思表示不是承诺，而是第三人发出的要约。

（2）承诺的内容应当与要约的内容相一致。因为要约失效的原因之一是受要约人对要约的内容作出实质性变更，因此，如果受要约人对要约的内容作出实质性变更的，则不构成承诺，而是受要约人向要约人作出的反要约。如果承诺对要约的内容作出非实质性变更的，要约人及时表示反对，或者要约表明不得对要约的内容作出任何变更，则承诺也不生效。至于哪些变更属于实质性的，《合同法》作出了明确规定：有关合同标的、数量、质量、价款或者报酬、履行期限、履行地点和方式、违约责任和解决争议方法等的变更，是对要约内容的实质性变更。

（3）受要约人应当在承诺期限内作出承诺。承诺期限有两种规定方式，一种是在要约中规定，另一种是要约中未规定，以合理期限计算。如果受要约人未在承诺期限内作出承诺，则要约人就不再受其要约的拘束。对此，《合同法》规定了两种情况：如果受要约人超过期限发出承诺的，除非要约人及时通知受要约人该承诺有效的以外，则为新要约；如果受要约人虽在承诺期限内发出承诺，按照通常情形能够及时到达要约人，但因其他原因承诺到达要约人时超过承诺期限的，要约人及时通知受要约人承诺超过期限，承诺无效，否则，该承诺有效。

（4）承诺应以通知的方式作出。一般情况下，受要约人应当以明示的方式告知要约人其接受要约的条件。除非根据交易习惯或者要约表示可以通过行为作出承诺。

2. 承诺的效力

《合同法》规定："承诺通知到达要约人时生效。"承诺生效时合同即告成立，对要约人和承诺人来讲，他们相互之间就确立了权利义务关系。《合同法》对合同成立的时间规定了四种情况：

（1）承诺通知到达要约人时生效；

（2）当事人采用合同书形式订立合同的，自双方当事人签字或者盖章时合同成立；

（3）当事人采用信件、数据电文等形式订立合同的，可以在合同成立之前要求签订确认书。签订确认书时合同成立；

（4）法律、行政法规规定或者当事人约定采用书面形式订立合同，当事人未采用书面形式但一方已经履行主要义务，对方接受的，该合同成立。

关于承诺的撤回，《合同法》规定：承诺可以撤回。撤回承诺的通知应当在承诺通知到达要约人之前或者与承诺通知同时到达要约人。

五、订立合同的其他规定

（一）合同成立的地点

关于合同成立地点的确定，《合同法》作出了如下规定：

1. 承诺生效的地点为合同成立的地点；

2. 双方当事人签字或者盖章的地点为合同成立的地点，这种情况适用于当事人采用合同书形式订立合同的；

3. 采用数据电文形式订立合同的，收件人的主营业地为合同成立地点；没有主营业地的，其经常居住地为合同成立的地点。

（二）对合同形式要求的例外规定

《合同法》规定：法律、行政法规规定或者当事人约定采用书面形式订立合同，当事人未采用书面形式但一方已经履行主要义务，对方接受的，该合同成立。

（三）计划合同

《合同法》规定：国家根据需要下达指令性任务或者国家订货任务的，有关法人、其他组织之间应当依照有关法律、行政法规规定的权利和义务订立合同。

（四）违反合同前义务的法律责任

合同前义务是基于诚实信用原则和当事人之间的信赖关系而产生的法定义务，是一种附随义务，不同于合同义务。

当事人订立合同过程中，应依据诚实信用的原则，对合同内容进行磋商，如果当事人违背诚实信用原则，给对方造成损失的应承担相应的法律责任，即缔约过失责任。因此，《合同法》对订立合同违反诚实信用原则和保密义务的责任作出了如下规定：

1. 当事人在订立合同过程中有下列情形之一，给对方造成损失的，应当承担损害赔偿责任：

（1）假借订立合同，恶意进行磋商；

（2）故意隐瞒与订立合同有关的重要事实或者提供虚假情况；

（3）有其他违背诚实信用的原则的行为。

2. 当事人在订立合同过程中知悉的商业秘密，无论合同是否成立，不得泄露或者不正当地使用该商业秘密，给对方造成损失的，应当承担损害赔偿责任。

第三节 合同的效力

合同的效力，是指合同所具有的法律约束力。《合同法》对合同的效力，不仅规定了合同生效、无效合同，而且还对可撤销或变更合同进行了规定。

一、合同生效要件

（一）合同生效的概念

合同生效，即合同发生法律约束力。合同生效应具备下列条件：

1. 当事人具有相应的民事权利能力和民事行为能力；
2. 意思表示真实；
3. 不违反法律或社会公共利益。

（二）合同生效

合同生效后，当事人必须按约定履行合同，以实现其追求的法律后果。《合同法》对合同生效规定了三种情形：

1. 成立生效

对一般合同而言，只要当事人在合同主体资格、合同形式及合同内容等方面均符合法律要求，经协商达成一致意见，合同成立即可生效。如《合同法》规定的：依法成立的合同，自成立时生效。

2. 批准登记生效

批准登记的合同，是指法律、行政法规规定应当办理批准登记手续的合同。按照我国现有的法律和行政法规的规定，有的将批准登记作为合同生效的条件。比如，中外合资经营企业合同必须经过批准后才能成立。《合同法》对此规定：法律、行政法规规定应当办理批准、登记等手续生效的，依照其规定。

3. 约定生效

约定生效是指合同当事人在订立合同时，约定以将来某种事实的发生作为合同生效或合同失效的条件，合同成立后，当约定的某种事实发生后，合同才能生效或合同即告失效。

当事人约定以不正确的将来事实的成就限制合同生效或失效的，称为附条件的合同。《合同法》规定：附生效条件的合同，自条件成就时生效。附解除条件的合同，自条件成就时失效。同时规定：当事人为自己的利益不正当地阻止条件成就的，视为条件已成就；不正当地促成条件成就的，视为条件不成熟。当事人约定以确定的将来事实的成就，限制合同生效或失效的，即是附期限的合同。《合同法》规定：附生效期限的合同，自期限届至时生效；附终止期限的合同，自期限届满时失效。

二、效力待定合同

效力待定合同是指行为人未经权利人同意而订立的合同，因其不完全符合合同生效的要件，合同有效与否，需要由权利人确定。根据《合同法》的规定，效力待定合同有以下几种：

（一）限制行为能力人订立的合同

限制民事行为能力人订立的合同，经法定代理人追认后，该合同有效。限制民事行为能力人的监护人是其法定代理人。追认，即事后追认，是经法定代理人明确无误地表示同意限制民事行为能力人与他人订立的合同。相对人可以催告法定代理人在1个月内予以追认，法定代理人未作表示的，视为拒绝追认。

（二）无权代理合同

代理合同是指行为人以他人名义，在代理权限范围内与第三人订立的合同。而无权代理合同则是行为人不具有代理权而以他人名义订立的合同。这种合同具体又有三种情况：

1. 行为人没有代理权，即行为人事先并没有取得代理权却以代理人自居而代理他人订立的合同。

2. 超越代理权，即代理人虽然获得了被代理人的代理权，但他在代订立合同时，超越了代理权限的范围。

3. 代理权终止后以被代理人的名义订立合同，即行为人曾经是被代理人的代理人，但在以被代理人的名义订立合同时，代理权已终止。

对于无权代理合同，《合同法》规定：未经被代理人追认，对被代理人不发生效力，由行为人承担责任。但是，相对人有理由相信行为人有代理权的，该代理行为有效。相对人可以催告被代理人在1个月内予以追认，被代理人未作表示的，视为拒绝追认。

（三）无处分权的人处分他人财产的合同

这类合同是指无处分权的人以自己的名义对他人的财产进行处分而订立的合同。根据法律规定，财产处分权只能由享有处分权的人行使，但《合同法》对无财产处分权人订立的合同，生效情况作出了规定：无处分权的人处分他人财产，经权利人追认或者无处分权的人订立合同后取得处分权的，该合同有效。

三、无效合同

合同从本质上说是合法行为,但并非所有的合同都具有法律效力。无效合同就是指虽经当事人协商订立,但因其不具备合同生效条件,不能产生法律约束力的合同。无效合同从订立时起就不具有法律约束力。《合同法》规定了如下五种无效合同:

(1) 一方以欺诈、胁迫的手段订立合同;
(2) 恶意串通,损害国家、集体或者第三人利益;
(3) 以合法形式掩盖非法目的;
(4) 损害社会公共利益;
(5) 违反法律、行政法规的强制性规定。

此外,《合同法》还对合同中的免责条款及争议解决条款的效力作出了规定。合同的免责条款是指当事人在合同中约定的免除或限制其未来责任的条款。免责条款是由当事人协商一致的合同的组成部分,具有约定性。如果需要,当事人应当以明示的方式依法对免责事项及免责的范围进行约定。但对那些具有社会危害性的侵权责任,当事人不能通过合同免除其法律责任,即使约定了,也不承认其有法律约束力。因此,《合同法》明确规定了两种无效免责条款:

(1) 造成对方人身伤害的;
(2) 因故意或者重大过失造成对方财产损失的。

合同中的解决争议条款具有相对独立性,当合同无效、被撤销或者终止时,解决争议条款的效力不受影响。无效合同的确认权归人民法院或仲裁机构,合同当事人或其他任何机构均无权确认无效合同。

四、可变更、可撤销的合同

可变更合同是指合同部分内容违背当事人的真实意思表示,当事人可以要求对该部分内容的效力予以撤销的合同。可撤销合同是指虽经当事人协商一致,但因非对方的过错而导致一方当事人意思表示不真实,允许当事人依照自己的意思,使合同效力归于消灭的合同。《合同法》规定了下列合同当事人一方有权请求人民法院或者仲裁机构变更或者撤销。

1. 因重大误解订立的合同

所谓"重大误解",依照最高人民法院《关于贯彻〈中华人民共和国民法通则〉若干问题的意见》(试行)规定:"行为人对行为的性质、对方当事人、标的物的品种、质量、规格和数量等的错误认识,使行为的后果与自己的意思相悖,并造成较大损失的,可以认定为重大误解"。因此,有重大误解的合同,是当事人由于自己的错误认识,对合同对方或合同内容在认识上不正确,而并非由于对方当事人的故意行为而作出错误的意思表示。对于这种合同,应当允许当事人要求变更或者撤销。

2. 在订立合同时显失公平的合同

所谓"显失公平",根据最高人民法院《关于贯彻〈中华人民共和国民法通则〉若干问题的意见》规定"一方当事人利用优势或者利用对方没有经验,致使双方的权利义务明显违反公平、等价有偿原则的,可以认定为显失公平"。因此,显失公平的合同是指当事人的权利义务极不平等,有悖于公平原则的合同,合同的执行必然给当事人一方造成极大的损失。对于这种合同,当事人一方有权请求变更或撤销。

3. 一方采用欺诈、胁迫手段或乘人之危订立的合同

当一方当事人以欺诈、胁迫手段或者乘人之危与另一方订立合同时，另一方当事人往往会违背其真实意思作出表示，这与民事法律行为必须意思表示真实的规定相违背，应属无效。但《合同法》根据合同自愿原则，允许受害方选择合同效力，《合同法》规定：一方以欺诈、胁迫的手段或乘人之危，使对方在违背真实意思的情况下订立的合同，受损害方有权请求人民法院或者仲裁机构变更或者撤销。

合同经法院或仲裁机构变更，被变更的部分即属无效，而变更后的合同则为有效合同，对当事人有法律约束力。合同经人民法院或仲裁机构撤销，被撤销的合同即属无效合同，自始不具有法律约束力。因此，对于上述合同，如果当事人请求变更的，人民法院或仲裁机构不得撤销。同时，为了维护社会经济秩序的稳定，保护当事人的合同权益，《合同法》对当事人的撤销权也作出了限制。《合同法》规定：有下列情形之一的，撤销权消灭：

(1) 具有撤销权的当事人自知道或者应当知道撤销事由之日起1年内没有行使撤销权；

(2) 具有撤销权的当事人知道撤销事由后明确表示或者以自己的行为放弃撤销权。

五、无效合同的法律责任

无效合同是一种自始确定的没有法律约束力的合同，从订立时起国家法律就不承认其具有有效性，订立之后也不可能转化为有效合同。而可撤销的合同，其效力并不稳定，只有在有撤销权的当事人提出请求，并被人民法院或者仲裁机构予以撤销，才成为被撤销的合同。被撤销的合同也是自始没有法律约束力的合同。但是，如果当事人没有请求撤销，则可撤销的合同对当事人就具有法律约束力。因此，可撤销合同的效力取决于当事人是否依法行使了撤销权。

既然无效合同和被撤销合同自始没有法律约束力，如果当事人一方或双方已对合同进行了履行，就应对因无效合同和被撤销合同的履行而引起的财产后果进行处理，以追究当事人的法律责任。《合同法》对此作出了如下规定：

1. 返还财产

返还财产是指合同当事人应将履行无效合同或被撤销合同而取得的对方财产归还给对方。如果只有一方当事人取得对方的财产，则单方返还给对方；如果双方当事人均取得了对方的财产，则应双方返还给对方。通过返还财产，使合同当事人的财产状况恢复到订立合同时的状况，从而消除了无效合同或者被撤销合同的财产后果。但返还财产不一定返还原物，如果不能返还财产或者没有必要返还财产的，也可通过折价补偿的方式，达到恢复当事人的财产状况的目的。

2. 赔偿损失

当事人对因合同无效或者被撤销而给对方造成的损失，并不能因返还财产而被补偿，因此，还应承担赔偿责任。但当事人承担赔偿损失时，应以过错为原则。如果一方有过错给对方造成损失，则有过错一方应赔偿对方因此而受到的损失；如果双方都有过错，则双方均应承担各自相应的责任。

3. 追缴财产

对于当事人恶意串通，损害国家、集体或者第三人利益的合同，由于其有着明显的违

法性，应追缴当事人因合同而取得的财产，以示对其违法行为的制裁。对损害国家利益的合同，当事人因此取得的财产应收归国家所有；对损害集体利益的合同，应将当事人因此而取得的财产返还给集体；对损害第三人利益的合同，应将当事人因此而取得的财产返还给第三人，从而达到维护国家、集体或者第三人合法权益的目的。

第四节 合同的履行、变更与转让

一、合同的履行

合同的履行是指合同生效后，当事人双方按照合同约定的标的、数量、质量、价款、履行期限、履行地点和履行方式等，完成各自应承担的全部义务的行为。如果当事人只完成了合同规定的部分义务，称为合同的部分履行或不完全履行，如果合同的义务全部没有完成称为合同未履行或不履行合同。有关合同履行的规定，是合同法的核心内容。

（一）全面履行合同

当事人订立合同不是目的，只有全面履行合同，才能实现当事人所追求的法律后果。因此，为了确保合同生效后，能够顺利履行，当事人应对合同内容作出明确具体的约定。但是如果当事人所订立的合同，对有关内容约定不明确或没有约定，为了确保交易的安全与效率，《合同法》允许当事人协议补充，如果当事人不能达成协议的，按照合同有关条款或者交易习惯确定。如果按此规定仍不能确定的，则按《合同法》规定处理：

（1）质量要求不明确的，按照国家标准、行业标准履行；没有国家、行业标准的，按照通常标准或者符合合同目的的特定标准履行。

（2）价款或者报酬不明确的，按照订立合同时履行地的市场价格履行；依法应当执行政府定价或者政府指导价的，按照规定履行。

（3）履行地点不明确，给付货币的，在接收货币一方所在地履行；交付不动产的，在不动产所在地履行；其他标的，在履行义务一方所在地履行。

（4）履行期限不明确的，债务人可以随时履行，债权人也可以随时要求履行，但应当给对方必要的准备时间。

（5）履行方式不明确的，按照有利于实现合同目的的方式履行。

（6）履行费用的负担不明确的，由履行义务一方负担。

（二）债务人履行抗辩权

抗辩权是指双方在合同的履行中，都应当履行自己的债务，一方不履行或者有可能不履行时，另一方可以据此拒绝对方的履行要求。《合同法》规定了双务合同中的三种抗辩权，即同时履行抗辩权、后履行抗辩权和不安抗辩权。

1. 同时履行抗辩权

《合同法》规定：当事人互负债务，没有先后履行顺序的，应当同时履行，一方在对方履行之前有权拒绝其履行要求，一方在对方履行债务不符合约定时，有权拒绝其相应的履行要求。

2. 后履行抗辩权

《合同法》规定：当事人互负债务，有先后履行顺序的，先履行的一方未履行的，后履行的一方有权拒绝其履行要求；先履行的一方履行债务不符合约定时，后履行的一方有权拒绝其相应的履行要求。

3. 不安抗辩权

不安抗辩权是指合同中约定了履行的顺序,合同成立后发生了应当后履行合同一方财务状况恶化的情况,应当先履行合同一方在对方未履行或者提供担保前有权拒绝履行。

当事人行使了不安抗辩权,并不意味着合同终止,只是当事人暂时停止履行其到期债务。这时,应如何处理双方之间合同呢?《合同法》对此作出了规定:当事人依照本法第六十八条的规定中止履行的,应当及时通知对方。对方提供适当担保时,应当恢复履行。中止履行后,对方在合理期限内未恢复履行能力并且未提供适当担保的,中止履行的一方可以解除合同。

(三) 债权人的代位权、撤销权和抗辩权

1. 债权人的代位权

债权人的代位权是指债权人为了使其债权免受损害,代为行使债务人权利的权利。《合同法》规定:因债务人怠于行使其到期债权,对债权人造成损害的,债权人可以向人民法院请求以自己的名义代位行使债务人的债权,但该债权专属于债务人自身的除外。根据这一规定,债权人行使代位权的条件是:第一,债务人怠于行使其到期债权;第二,基于债务人怠于行使权利,会造成债权人的损害;第三,债务人的权利非专属债务人自身;第四,代位权的范围应以债权人的债权为限。

2. 债权人的撤销权

撤销权是指因债务人放弃其到期债权或者无偿转让财产,对债权人造成伤害的,债权人可以请求人民法院撤销债务人的行为。债权人无论是行使代位权,还是行使撤销权,均应当向人民法院提起诉讼,由人民法院作出裁判。当债权人行使撤销权,人民法院依法撤销债务人行为的,导致债务人的行为自始无效,第三人因此取得的财产,应当返还给债务人。由于债权人行使撤销权,涉及到第三人的利益,对债权人行使撤销权的期限,《合同法》作出了规定:撤销权自债权人知道或者应当知道撤销事由之日起1年内行使。自债务人的行为发生之日起5年内没有行使撤销权的,该撤销权取消。

3. 债权人的抗辩权

债权人的抗辩权是指当债务人履行债务不符合合同约定,债权人可以拒绝债务人履行债务的权利。债权人行使抗辩权的情形有两种:一种是在债务人提前履行合同时;另一种是在债务人部分履行合同时。对此,《合同法》分别作出了规定:债权人可以拒绝债务人提前履行债务,但提前履行不损害债权人利益的除外。债务人提前履行债务给债权人增加的费用由债务人负担。债权人可以拒绝债务人部分履行债务,但部分履行不损害债权人利益的除外。债务人部分履行债务给债权人增加的费用由债务人负担。

二、合同的变更

合同的变更是指合同依法成立后,在尚未履行或尚未完全履行时,当事人双方依法对合同的内容进行修订或调整所达成的协议。例如,对合同约定的标的数量、质量标准、履行期限、履行地点和履行方式等进行变更。合同变更一般不涉及已履行的部分,而只对未履行的部分进行变更,因此,合同变更不能在合同履行后进行,只能在完全履行合同之前。

按照《合同法》的规定,只要当事人协商一致,即可变更合同。因此,当事人变更合同的方式类似订立合同的方式，经过提议和接受两个步骤。首先，要求变更合同的一方当事人提出变更合同的建议，在该提议中，当事人应当明确变更的内容，以及变更合同引起的财产后果的处理。然后，由另一方当事人对变更建议表示接受。至此，双方当事人对合同变更达成协议。一般来说，当事人凡书面形式订立的合同，变更协议，亦应采取书面形式；凡是法律、行政法规规定合同变更应当办理批准、登记手续的，依照其规定。

应当注意的是，当事人对合同变更只是一方提议，而未能达成协议时，不产生合同变更的效力；当事人对合同变更的内容约定不明确的，同样也不产生合同变更的效力。

三、合同的转让

合同的转让，是指当事人一方将合同的权利和义务转让给第三人，由第三人接受权利和承担义务的法律行为。当事人一方将合同的部分权利和义务转让给第三方的称为合同的部分转让，其后果是：一方面在当事人另一方与第三人之间形成的权利义务关系，另一方未转让的那部分权利和义务，对原合同当事人仍然有效，双方仍应履行。当事人一方将合同的权利和义务全部转让给第三人的，称为合同的全部转让。合同的全部转让，实际上是合同一方当事人的变更，即主体变更，而原合同中约定的权利和义务依然存在，并未变更。随着合同的全部转让原合同当事人之间的权利和义务关系消灭，与此同时，又在未转让一方当事人与第三人之间形成的新的权利义务关系，即由第三人代替转让方的合同地位，享有权利和承担义务。允许当事人转让权利和义务，是合同法自愿原则的具体体现，但法律、行政法规对转让合同有所规定的，应依照其规定。

《合同法》规定了合同权利转让、合同义务转让和合同权利义务一并转让的三种情况。

1. 合同权利的转让

合同权利的转让也称为债权让与，是指合同当事人将合同中的权利全部或部分转让给第三人的行为。转让合同权利的当事人也称让与人，接受转让的第三人称受让人。《合同法》对债权的让与作出了如下规定：

第一，不得转让的情形：

(1) 根据合同性质不得转让；

(2) 按照当事人约定不得转让；

(3) 依照法律规定不得转让。

第二，债权人转让权利的条件：

债权人转让权利的，应当通知债务人。未经通知，该转让对债务人不发生效力。除非受让人同意，债权人转让权利的通知不得撤销。

第三，债权的让与，对其从权利的效力：

债权人转让权利的，受让人取得与债权有关的从权利，但该从权利专属于债权人自身的除外。

第四，债权的让与，对债务人的抗辩权及抵消权的效力：

债务人接到债权让与通知后，债务人对让与人的抗辩，可以向受让人主张债务人对让与人享有债权，并且债务人的债权先于转让债权到期或者同时到期的，债务人可以向受让人主张抵消。

2. 合同义务的转让

合同义务的转让也称债务承担，是指债务人将合同的义务全部或部分地转移给第三人

的行为。《合同法》对债务人转让合同义务作出了如下规定:

(1) 债务人转让合同义务的条件:

债务人将合同的义务全部或者部分转让给第三者的,应该经债权人同意。

(2) 新债务人的抗辩权:

债务人转让义务的,新债务人可以主张原债务人对债权人的抗辩。

(3) 债务转让对其从债务的效力:

债务人转让义务的,新债务人应当承担与主债务有关的从债务,但该从债务专属于原债务人自身的除外。

3. 合同权利与义务一并转让

合同权利与义务一并转让也称债权债务的概括转让,是指合同当事人一方将债权债务一并转移给第三人,由第三人概括地接受这些债权债务的行为。合同权利和义务一并转让,分两种情况:一种是合同转让,即依据当事人之间的约定而发生债权债务的转让,对这种情况,《合同法》规定:当事人一方经对方同意,可以将自己在合同中的权利和义务一并转让给第三人。并且,《合同法》中有关合同权利转让和义务转让的规定亦适用。另一种情况是因当事人的组织变更而引起合同权利义务转让。当事人的组织变更是指当事人在合同订立后,发生合并或分立。《合同法》对这种情况下引起的权利义务的转让规定如下:当事人订立合同后合并的,由合并后的法人或者其他组织行使合同权利,履行合同义务。当事人订立合同后分立的,除债权人和债务人另有约定外,由分立的法人或者其他组织对合同的权利和义务享有连带债权,承担连带债务。

第五节 合同的终止

合同的终止,又称合同的消灭,是指当事人之间的合同关系由于某种原因而不复存在。《合同法》对合同终止的情形、合同后义务以及合同解除等作出了规定。

1. 合同终止的情形

(1) 债务已经按照约定履行;

(2) 合同解除;

(3) 债务相互抵消;

(4) 债务人依法将标的物提存;

(5) 债权人免除债务;

(6) 债权债务同归于一人;

(7) 法律规定或者当事人约定终止的其他情形。

2. 合同后义务

《合同法》规定:合同的权利义务终止后,当事人应当遵循诚实信用的原则,根据交易习惯履行通知、协助、保密义务。

3. 合同的解除

合同的解除,是指合同依法成立后,在尚未履行或者尚未完全履行时,提前终止合同效力的行为,分为约定解除和法定解除两种。约定解除是当事人通过行使约定的解除权或经双方协商一致同意而进行的合同解除。法定解除是解除条件直接由法律规定的合同解除。

《合同法》规定,有下列情形之一者,当事人可解除合同:
(1) 因不可抗力致使不能实现合同目的;
(2) 在履行期限届满之前,当事人一方明确表示或者以自己的行为表明不履行主要债务;
(3) 当事人一方延迟履行主要债务,经催告后在合理期限内仍未履行;
(4) 当事人一方延迟履行债务或者有其他违法行为致使不能实现合同目的;
(5) 法律规定的其他情形。

第六节 违约责任和合同争议的解决

一、违约责任的概念及方式

违约责任,是指当事人任何一方违约后,依照法律规定或者合同约定必须承担的法律制裁。关于违约责任的方式,《合同法》规定了三种主要的方式:

(一) 继续履行合同

继续履行合同是要求违约当事人根据对方的要求,在自己能够履行的条件下,按照合同的约定,切实履行所承担的合同义务。具体来讲包括两种情况:一是债权人要求债务人按合同的约定履行合同;二是要债务人向法院提出起诉,由法院判决强迫违约一方具体履行其合同义务。

当事人违反金钱债务,一般不能免除其继续履行的义务,《合同法》规定:当事人一方未支付价款或者报酬的,对方可以要求其支付价款或者报酬。当事人违反非金钱债务的,除法律规定不适用继续履行的情形外,也不能免除其继续履行的义务。非金钱债务是指以物、行为和智力成果为标的的债务。《合同法》规定:当事人一方不履行非金钱债务或者履行非金钱债务不符合约定的,对方可以要求履行,但有下列情形之一的除外:(1) 法律上或者事实上不能履行;(2) 债务的标的不适合于强制履行或者履行费用过高;(3) 债权人在合理期限内未要求履行。

(二) 采取补救措施

采取补救措施,是指当事人违反合同后,为防止损失发生或者扩大,由其依照法律或者合同约定而采取的修理、更换、退货、减少价款或者报酬等措施。采用这一违约责任的方式,主要是在发生质量不符合约定的时候。《合同法》规定:质量不符合约定的,应当按照当事人的约定承担违约责任,依照本法第61条的规定仍不能确定的,受损害方根据标的的性质以及损失的大小,可以合理选择要求对方承担修理、更换、重做、退货、减少价款或者报酬等违约责任。

(三) 赔偿损失

赔偿损失,是指合同当事人就其违约而给对方造成的损失给予补偿的一种方式。《合同法》规定:当事人一方不履行合同义务或者履行合同义务不符合约定的,在履行义务或者采取措施后,对方还有其他损失的,应当赔偿损失。采取赔偿损失的方式时,涉及到赔偿损失的范围和方法等问题。关于赔偿损失的范围,《合同法》规定:当事人一方不履行合同义务或者履行合同义务不符合约定,给对方造成损失的,损失赔偿额应当相当于因违约所造成的损失,包括合同履行后可以获得的利益,但不得超过违反合同一方订立合同预见到或者应当预见到的因违反合同可能造成的损失。

关于赔偿损失的方法,《合同法》规定:当事人可以约定一方违约时应当根据违约情况向对方支付一定数额的违约金,也可以约定因违约产生的损失赔偿额的计算方法。约定的违约金低于造成的损失的,当事人可以请求人民法院或者仲裁机构予以增加;约定的违约金过分高于造成的损失的,当事人可以请求人民法院或者仲裁机构予以减少。此外,当事人在合同中约定定金担保的,通过定金罚则,也可达到弥补损失的目的。因此,《合同法》规定:当事人可以依照《中华人民共和国担保法》约定一方向对方给付定金作为债权的担保。债务人履行债务后,定金应当抵作价款或者收回。给付定金的一方不履行约定的债务的,无权要求返还定金;收受定金的一方不履行约定的债务的,应当双倍返还定金。当事人既约定违约金,又约定定金的,一方违约时,对方可以选择适用违约金或者定金条款。

二、非违约一方的义务

当一方当事人违约后,另一方当事人应当及时采取措施,防止损失的扩大,否则无权就扩大的损失要求赔偿。《合同法》对此明确规定:当事人一方违约后,对方应当采取适当措施防止损失的扩大;没有采取适当措施致使损失扩大的,不得就扩大的损失要求赔偿,当事人因防止损失扩大而支出的合理费用,由违约方承担。

三、违约责任的免除

合同生效后,当事人不履行合同或者履行合同不符合合同约定,都应承担违约责任。但是,如果是由于发生了某种非常情况或者意外事件,使合同不能按约定履行时,就应当作为例外来处理。根据《合同法》规定,只有发生不可抗力才能部分或全部免除当事人的违约责任。

1. 不可抗力的概念

《合同法》规定:不可抗力,是指不能预见、不能避免并不能克服的客观情况。根据这一规定,不可抗力的构成条件是:

(1) 不可预见性。法律要求构成一个合同的不可抗力事件必须是有关当事人在订立合同时,对这个事件是否发生不能预见到。在正常情况下,对于一般合同当事人能否预见到某一事件的发生,可以从两个方面来考察:一是客观方面,即凡正常人能预见到的或具有专业知识的一般水平的人能预见到的,合同当事人就应该预见到;二是主观方面,即根据合同当事人的主观条件来判断对事件的预见性。

(2) 不可避免性。即合同生效后,当事人对可能出现的意外情况尽管采取了合理措施,但是客观上并不能阻止这一意外情况的发生,就是事件发生的不可避免性。

(3) 不可克服性。不可克服性是指合同的当事人对于意外情况发生导致合同不能履行这一后果克服不了。如果某一意外情况发生而对合同履行产生不利影响,但只要通过当事人努力能够将不利影响克服,则这一意外情况就不能构成不可抗力。

(4) 履行期间性。不可抗力作为免责理由时,其发生必须是在合同订立后、履行期限届满前。当事人迟延履行后发生不可抗力的,不能免除责任。

2. 不可抗力的法律后果

一个不可抗力事件发生后,可能引起三种法律后果:一是合同全部不能履行,当事人可以解除合同，并免除全部责任；二是合同部分不能履行，当事人可部分履行合同，并免除其不履行部分的责任；三是合同不能按期履行，当事人可延期履行合同，并免除其迟延履行的责任。

3. 遭遇不可抗力一方当事人的义务

根据《合同法》的规定，一方当事人因不可抗力不能履行合同义务时，应承担如下义务：第一，应当及时采取一切可能采取的有效措施避免或者减少损失；第二，应当及时通知对方；第三，当事人应当在合理期限内提供证明。

4. 不可抗力条款

合同中关于不可抗力的约定称为不可抗力条款，其作用是补充法律对不可抗力的免责事由所规定的不足，便于当事人在发生不可抗力时及时处理合同。一般来说，不可抗力条款应包括下述内容：

（1）不可抗力的范围：

由于不可抗力情况非常复杂，往往在不同环境下不可抗力事件对合同的影响是不同的，因此，在合同中约定不可抗力的范围是有必要的。

（2）不可抗力发生后，当事人一方通知另一方的期限。

（3）出具不可抗力证明的机构及证明的内容。

（4）不可抗力发生后对合同的处置。

四、合同争议的解决

及时解决合同争议，不仅关系到维护当事人的合同利益和避免损失的扩大，而且对维护社会经济秩序也有重要作用。《合同法》规定："当事人可以通过和解或者调解解决合同争议"。"当事人不愿和解、调解或者和解、调解不成的，可以根据仲裁协议向仲裁机构申请仲裁。涉外合同的当事人可以根据仲裁协议向中国仲裁机构或者其他仲裁机构申请仲裁。当事人没有订立仲裁协议或者仲裁协议无效的，可以向人民法院起诉。当事人应当履行发生法律效力的判决、仲裁裁决、调解书；拒不履行的，对方可以请求人民法院执行"。根据上述规定，合同争议的解决方式主要有和解、调解、仲裁和诉讼等。

1. 和解

和解，是指争议的合同当事人，依据有关法律规定和合同约定，在互谅互让的基础上，经过谈判和磋商，自愿对争议事项达成协议，从而解决合同争议的一种方法。和解的特点在于无须第三者介入，简便易行，能及时解决争议，并有利于双方的协作和合同的继续履行。但由于和解必须以双方自愿为前提，因此，当双方分歧严重，一方或双方不愿协商解决争议时，和解方式往往受到局限。和解应以合法、自愿和平等为原则。

2. 调解

调解，是争议当事人在第三方的主持下，通过其劝说引导，在互谅互让的基础上自愿达成协议，以解决合同争议的一种方式。调解也是以合法、自愿和平等为原则。实践中，依调解人的不同，合同争议的调解有民间调解、仲裁机构调解和法庭调解三种。

民间调解是指当事人临时选任的社会组织或者个人作为调解人对合同争议进行调解。通过调解人的调解，当事人达成协议的，双方签署调解协议书，调解协议书对当事人具有与合同一样的法律约束力。

仲裁机构调解是指当事人将其争议提交仲裁机构后，经双方当事人同意，将调解纳入仲裁程序中，由仲裁庭主持进行，仲裁庭调解成功，制作调解书，双方签字后生效，只有调解不成才进行仲裁。调解书与裁决书具有同等的效力。

法庭调解是指由法院主持进行的调解。当事人将其争议提起诉讼后，可以请求法庭调解，调解成功的，法院制作调解书，调解书经双方当事人签收后生效，调解书与生效的判决书具有同等的效力。

调解解决合同争议，可以不伤和气，使双方当事人互相谅解，有利于促进合作。但这种方式受当事人自愿的局限，如果当事人不愿调解，或调解不成时，则应及时采取仲裁或诉讼以最终解决合同争议。

3. 仲裁

仲裁也称公断，是双方当事人通过协议自愿将争议提交第三者（仲裁机构）作出裁决并负有履行裁决义务的一种解决争议的方式。这种方式的特点是：第一，从受案依据看，仲裁机构受理案件的依据是双方当事人的仲裁协议，在仲裁协议中，当事人应对仲裁事项的范围、仲裁机构等内容作出约定，因此具有一定的自治性。第二，从办案速度看，合同争议往往涉及许多专业性或技术性的问题，需要有专门知识的人才能解决，而仲裁人员一般都是各个领域和行业的专家和知名人士，具有较高的专业水平，熟悉有关业务，能迅速查清事实，作出处理，而且仲裁是一裁终局，从而有利于及时解决争议，节省时间和费用。根据《中华人民共和国仲裁法》的规定，仲裁包括国内仲裁和国际仲裁。

4. 诉讼

诉讼作为一种合同争议的解决方法，是指因当事人相互间发生合同争议后而在法院进行的诉讼活动。在诉讼过程中，法院始终居于主导地位，代表国家行使审判权，是解决争议案件的主持者和审判者，而当事人则各自基于诉讼法所赋予的权利，在法院的主持下为维护自己的合法权益而活动。诉讼不同于仲裁的主要特点在于：它不必以当事人的相互同意为依据，只要不存在有效的仲裁协议，任何一方都可以向有管辖权的法院起诉。由于合同争议往往具有法律性质，涉及到当事人的切身利益，通过诉讼，当事人的权利可得到法律的严格保护，尤其是当事人发生争议后，缺少或达不成仲裁协议的情况下，诉讼也就成了必不可少的补救手段了。

除了上述四种主要的合同争议解决方法外，在国际工程承包中，又出现了一些新的解决方法。比如在FIDIC《土木工程施工合同条件》中有关"工程师的决定"的规定。按照该条件的通用条件第67.1款规定，业主和承包商之间发生的任何争端，均应首先提交工程师处理。工程师对争端的处理决定，通知双方后，在规定的期限内，双方均未发出仲裁意向通知，则工程师的决定即被视为最后的决定并对业主和承包商双方产生约束力。又比如在FIDIC《设计——建造与交钥匙工程合同条件》的第一部分中，规定了雇主和承包商之间产生的任何争端应首先以书面形式提交由合同双方共同任命的争端裁决委员会（DRB）裁定。争端裁决委员会对争端作出决定并通知双方后，在规定期限内，如果任何一方未将其不满事宜通知对方的话，则该决定被视为最终决定并对双方具有约束力。

无论工程师的决定，还是争端裁决委员会的决定，都与合同具有同等的约束力。任何一方不执行决定，另一方即可将不执行决定的行为提交仲裁。显然，这种方法，不同于调解，因其决定不是争端双方达成的协议；也不同于仲裁，一是决定的效力不同于仲裁裁决的效力，二是身份不同，工程师和争端裁决委员会只能以专家身份作出决定，而不能以仲裁人的身份作出裁决。尽管如此，这种方法仍不失为解决国际工程承包合同争议的有效方法，因而越来越受到人们的欢迎，并得到应用。

第七节　合同的担保与公证

担保是指当事人根据法律规定或者双方约定，为促使债务人履行债务实现债权人的权利的法律制度。担保活动应当遵循平等、自愿、公平、诚实信用的原则。《担保法》规定担保的方式有保证、抵押、质押、留置和定金。

一、保证

1. 概念

保证是指保证人和债权人约定，当债务人不履行债务时，保证人按照约定履行债务或承担责任的行为。保证的基本方式是书面保证合同。第三人单方以书面形式向债权人出具担保书，债权人接受且未提出异议的，以及主合同中虽然没有保证条款，但是，保证人在主合同上以保证人的身份签字或者盖章的，保证合同成立。

2. 保证人资格

保证人必须是具备独立清偿能力或代位清偿能力的法人、其他经济组织或者个人。

3. 保证的方式

保证的方式分为一般保证和连带责任保证，应在合同中明确约定。当事人对保证方式没有约定或者约定不明确的，推定为连带保证责任。两者的区别在于是否有先诉抗辩权。

4. 保证责任

（1）保证担保的范围。包括主债权及利息、违约金、损害赔偿金及实现债权的费用（保证合同另有约定的除外）。对保证范围无约定或约定不明的，推定为对全部债务承担责任。

（2）保证期间。由保证人与债权人在合同中约定。未约定的，保证期间，为主债务履行期限届满之日起 6 个月。保证合同约定的保证期间早于或者等于主债务履行期限的，视为没有约定，保证期间为主债务履行期届满之日起 6 个月。保证合同约定保证人承担保证责任直至主债务本息还清时为止等类似内容的，视为约定不明，保证期间为主债务履行期届满之日起 2 年。

（3）保证期间债权发生变更时的保证责任。

1）债权变更的，保证人在原保证范围内继续承担保证责任；

2）债务人经债权人同意后变更的，应当取得保证人书面同意，保证人对未经其同意转让的债务，不再承担保证责任；

3）保证期间，债权人与债务人对主合同的内容作了变动，未经保证人同意的，如果减轻债务人的债务的，保证人仍应当对变更后的合同承担保证责任；如果加重债务人的债务的，保证人对加重的部分不承担保证责任；

4）债权人与债务人对主合同履行期限作了变动，未经保证人书面同意的，保证期间为原合同约定的或者法律规定的期间。

二、抵押

1. 概念

抵押是指债务人或第三人向债权人以不转移占有的方式提供一定的财产作为抵押物，用以担保债务履行的担保方式。债务人不履行债务时，债权人有依照法律规定以抵押物折价或者从变卖抵押物的价款中优先受偿。

2. 可以抵押的财产

（1）抵押人所有的房屋和其他地上定着物；

（2）抵押人所有的机器、交通运输工具和其他财产；

（3）抵押人依法有权处分的国有土地使用权、房屋和其他地上定着物；

（4）抵押人依法有权处置的国有机器、交通运输工具和其他财产；

（5）抵押人依法承包并经发包人同意抵押的荒山、荒沟、荒丘、荒滩等荒地的土地使用权；

（6）依法可抵押的其他财产。

3. 不得抵押的财产

（1）土地所有权；

（2）耕地、宅基地、自留地、自留山等集体所有的土地使用权；

（3）学校、幼儿园、医院等以公益为目的的事业单位、社会团体的教育设施、医疗卫生设施和其他社会公益设施；

（4）所有权、使用权不明或者有争议的财产；

（5）依法被查封、扣押、监管的财产；

（6）依法不得抵押的其他财产。

4. 抵押合同及抵押物的登记

以特定的财产抵押的，应当办理抵押物登记。办理抵押物登记的，抵押合同自登记之日起生效。当事人以其他财产抵押的，可以自愿办理抵押物登记，登记部门为抵押人所在地的公证部门，抵押合同自签订之日起生效。

办理抵押物登记，应当向登记部门提供主合同、抵押合同、抵押物的所有权或者使用权证书。

5. 抵押的效力和实现

（1）抵押担保的范围包括主债权及利息、违约金、损害赔偿金和实现抵押权的费用。抵押合同另有约定的，从约定。

（2）抵押的效力

1）对抵押权人的效力。抵押人不能按期偿还债务时，抵押权人就抵押物变卖的价款有优先受偿（优先权）的权利；

2）对抵押人的效力。抵押人不丧失抵押物的所有权，但其对物的处分权受到限制；

3）对第三人的效力。拍卖抵押物时，承租人在同等条件下有优先购买的权利。

（3）抵押权的实现

债务履行期届满债权人未受清偿时，可以与抵押人协议以抵押物折价或以拍卖、变卖该抵押物所得的价款受偿；协议不成的，抵押权人可以向人民法院提起诉讼。

三、质押

1. 质押的概念及分类

质押是指债务人或者第三人将其动产交或权利移交债权人占有，用以担保债权的担保。

2. 分类

质押可分为动产质押和权利质押。

动产质押是指债务人或者第三人将其动产交债权人占有，将该动产作为债权履行的担保。能够用作质押的动产没有限制。

权利质押一般是将权利凭证交付质押人的担保。可以质押的权利包括：

（1）汇票、支票、本票、债券、存款单、仓单、提单；

（2）依法可以转让的股份、股票；

（3）依法可以转让的商标专用权、专利权、著作权中的财产权；

（4）依法可以质押的其他权利。

3. 抵押和质押的区别

（1）抵押权人不占有抵押物，质押权人占有质押物。后者因此而产生了占有质物所承担的保管义务与相应的权利。

（2）抵押权人只有在法院扣押抵押物后才享有收取孳息的权利。质押权人占有质物后，就有收取孳息的权利。

（3）债务人届期未履行债务时，抵押权人无权独立决定以何种方式实现抵押权，即如果与抵押人协商不成时，只能通过向法院提起诉讼才能实现抵押权。质押权人则享有独立决定实现质权的权利（可以与出质人协商，也可以依法兑现或行使权利）。

四、留置

留置是指债权人依照合同约定占有对方（债务人）的财产，当债务人不能按照合同约定期限履行债务时，债权人有权依照法律规定留置该财产并享有处置该财产得到优先受偿的权利。

1. 留置适用的范围

因保管合同、运输合同、加工承揽合同发生的债权，债务人不履行债务的，债权人有留置权。留置权是法定的担保物权（非当事人约定）。

2. 留置权成立的要件

（1）债权人按照合同约定占有债务人的财产；

（2）债权人的留置物与债权有关联或有牵连关系；

（3）债权已届清偿期。

3. 留置权的特征

（1）留置权留置的只能是动产；

（2）留置权人对留置物只有占有权，无所有权。因此，因保管留置物而支付的必要费用，有权请求债务人偿还。同时，留置权人有妥善保管留置物的义务。

4. 留置权的实现

债务人逾期不履行的，债权人可以与债务人协议以留置物折价，也可以依法拍卖、变卖留置物。留置物折价、拍卖、变卖后，其价款超过债权数额的部分归债务人所有，不足部分由债务人清偿。

5. 留置权的消灭

留置权因债权消灭或债务人另行提供担保并被债权人接受而消灭。

五、定金

(1) 定金是指当事人双方为了担保债务的履行,约定由当事人一方先行支付给对方一定数额的货币作为担保。

(2) 定金合同:定金应当以书面形式约定。当事人在定金合同中应当约定交付定金的期限。定金合同从实际交付定金之日起生效。

(3) 定金的数额:定金的数额由当事人约定,但不得超过主合同标的额的20%。当事人约定的定金数额超过主合同标的额20%,超过的部分,人民法院不予支持。

(4) 定金与预付款的关系:二者都是先行给付,但性质不同。第一,定金的主要作用是担保,预付款是履行合同部分给付义务;第二,定金具有惩罚性,预付款无惩罚性,不发生丧失和双倍返还的情况。

另外,当事人交付留置金、担保金、保证金、订约金、押金或者订金等,但没有约定定金性质的,当事人主张定金权利的,人民法院不予支持。

(5) 定金的分类

1) 定约定金:当事人约定以交付定金作为订立主合同担保的,给付定金的一方拒绝订立主合同的,无权要求返还定金;收受定金的一方拒绝订立合同的,应当双倍返还定金。

2) 成约定金:当事人约定以交付定金作为主合同成立或者生效要件的,给付定金的一方未支付定金,但主合同已经履行或者已经履行主要部分的,不影响主合同的成立或者生效。

3) 解约定金:定金交付后,交付定金的一方可以按照合同的约定以丧失定金为代价而解除主合同,收受定金的一方可以双倍返还定金为代价而解除主合同。对解除主合同后责任的处理,适用《合同法》的规定。

(6) 定金的适用

1) 因当事人一方迟延履行或者其他违约行为,致使合同目的不能实现,可以适用定金罚则。但法律另有规定或者当事人另有约定的除外。

2) 当事人一方不完全履行合同的,应当按照未履行部分所占合同约定内容的比例,适用定金罚则。

3) 因不可抗力、意外事件致使主合同不能履行的,不适用定金罚则。

六、合同的公证

合同公证是指国家公证机关根据当事人的申请,依法证明当事人之间签订的合同具有真实性、合法性的活动。

公证机关通过审查合同当事人的主体资格以及合同内容,使合同建立在真实合法的基础上,确立合同当事人的权利和义务,保证合同目的的实现。合同公证起了预防经济纠纷,减少经济诉讼,保护合同当事人合法权益,实现合同所要达到的预期效果,确保实现良好的合同秩序。合同公证有两种情形:一是国家的法律、法规、规章规定合同必须办理公证;二是合同当事人约定,合同经过公证后才正式开始生效。

经过公证的合同,并赋予强制执行效力的,如果一方当事人违约而又拒不履行违约责任时,另一方当事人不需要经过仲裁和诉讼这两道程序,即可直接向有管辖权的人民法院申请强制执行。其法律依据体现在《公证程序规则(试行)》第35条规定中:"赋予债权文书具有强制执行效力的公证，应当符合下列条件：（一）债权文书经过公证证明；（二）债权文书以给付一定货币、物品或有价证券为内容；（三）债权文书中载明债务人不履行义务时应受强制执行的意思表示"。

案 例 分 析

【案情简介】

1998年11月12日，A市软轴机具厂（以下简称A厂）与B市建筑装修机具厂（以下简称B厂）签订了一份购销合同。合同规定：B厂在1999年度供应A厂托人式震动器电机（以下简称电机）600台，单价192元。之后，因原材料涨价，B厂先后两次与A厂协商提高电机价格，双方于7月15日第二次在A市达成了协议：B厂自8月至12月供给A厂电机400台，单价提高到219元；交货期限为同年8月15日前交40台，8月31日前交40台，9月至12月每月交80台，总价款87600元；交货方式，凭B厂的交货电报，A厂在接到交货电报之日起3日内办好信汇手续，B厂代办托运；如任何一方违约须承担10%的违约金。协议生效后，B厂于8月28日交货40台，A厂已付款；同年9月份B厂未交货，A厂遂派人去B厂催货，B厂答复要到10月15日有货，并给A厂厂长写信，提出"下个月按省物价局所定价格办理"。同年10月14日，A厂再次派人到B厂催货时，B厂提出，因原材料价格上涨，每台电机价格涨到330元，不能再按原定价格供货。A厂因生产急需，只好同意按330元提货，但B厂又提出只能在同年10月26日交货，经A厂与B厂协商由A厂给付赶工费200元，A厂才得以在同年10月18日提走电机40台。提货后，A厂以B厂没按期交货为由，拒付货款，并于到货后次日向B厂发电，要求B厂继续履行合同，赔偿损失后再付款。后经A、B两厂多次协商，仍未达成一致意见。

A厂诉诸A市中级人民法院，要求B厂履行7月15日双方签订的协议，并给付违约金和赔偿金；B厂则辩称：我方交货40台以后，就预料到电机材料价格要上涨，所以我们暂时不交货，可A厂于10月18日提货后不付款，应当承担违约责任，因为A厂再提这批货时也同意按每台330元结算。

【案例评析】

本案中，A厂与B厂的买卖电机合同有效成立。后又经第二次协议，更改了第一份买卖合同的内容，该更改合法有效。

第二次达成协议之后，B厂部分履行了交货义务，且该履行部分构成了履行迟延。后B厂给A厂写信的行为视为要约，因A厂未作答复而形成新的协议。后A厂再次前往B厂催货时，B厂乘A厂处于生产急需之时，提出新的价格条款，使A厂在违背真实意思的情况下达成了第三份协议。争议的问题在于：(1) B厂的行为构成了迟延履行，该迟延履行是否可免责？(2) 第三份协议是否有效？是否可认定为乘人之危？(3) A厂在接受交付后，是否有权拒绝付款？

从案情介绍看，B厂的行为构成履行迟延。由于履行期间原材料不断上涨，B厂对第一份合同中所定的电机价格提出变动尚属合理。但在双方达成第二份协议以后，B厂在可以预见原材料价格继续上涨的情况下，有意拖延履行时间，以期获得更高的电机价格，此时的履行迟延已属恶意，因为第二份协议的价格已考虑了原材料价格上涨的情况，迟延履行无非是为了获取额外利益。第三份协议的订立可以认定为是乘人之危。由于B厂的一再迟延履行，使A厂陷于越来越紧迫的生产急需中，而B厂的行为是为了获取额外的不正当利益，严重损害了A厂的利益，可以认定为乘人之危。因此，可以认定第三份协议无效。

对于第三份A厂可向人民法院起诉，主张撤销该协议。但无权拒绝付款。且有权要求B厂按变更协议的价格继续履行，支付违约金，并赔偿因迟延履行造成的损失。

双方的价格，应根据《合同法》第63条的规定确定：逾期交付标的物的，与价格上涨时，按照原价格执行；价格下降时，按照新价格执行。

本案例所揭示的就是卖方恶意迟延履行以求获得涨价之利益，且因一再迟延履行而使对方陷入困境，以致违背自己真实意思而接受不合理的条款。

复习思考题

1. 什么是合同？
2. 合同的法律特征是什么？
3. 什么是合同法？
4. 合同法的基本原则有哪些？
5. 什么是合同的生效？
6. 简述合同的生效要件。
7. 简述合同成立和合同生效的区别。
8. 简述可变更、可撤销合同的种类。
9. 简述合同履行的原则。
10. 什么是同时履行抗辩权？其适用条件有哪些？
11. 什么是先履行抗辩权？其适用条件有哪些？
12. 什么是不安抗辩权？其适用条件有哪些？
13. 什么是先诉抗辩权？
14. 什么是代位权？简述代位权的行使要件。
15. 什么是撤销权？简述撤销权的行使要件。
16. 简述合同变更的条件。
17. 简述合同争议解决有哪些方式。
18. 简述合同权利转让的要件。
19. 简述债务承担合同成立后发生债务承担效力的条件。
20. 什么是合同解除？有哪几种解除方式？
21. 简述合同担保的含义、类型和法律性质。
22. 简述保证的含义和法律性质。
23. 什么是定金？它有哪些种类？

第九章 建设工程合同

本章主要介绍了建设工程合同的概念、特征与种类；重点阐述了建设工程委托监理合同、建设工程勘察设计合同、建设工程施工合同、建设工程其他相关合同的内容。

第一节 建设工程合同概述

一、建设工程合同的概念

建设工程合同是承包人进行工程建设，发包人支付价款的合同。我国建设领域习惯上把建设工程合同的当事人双方称为发包方和承包方，这与我国《合同法》将他们称为发包人和承包人是没有区别的。双方当事人在合同中明确各自的权利和义务，但主要是承包人进行工程建设，发包人支付工程款。进行工程建设的行为包括勘察、设计、施工。建设工程实行监理的，发包人也应当与监理人采取书面形式订立委托监理合同。建设工程合同是一种诺成合同，合同订立生效后双方应当严格履行。建设合同也是一种双务、有偿合同，当事人双方都应当在合同中有各自的权利和义务，在享有权利的同时也必须履行义务。

从合同理论上说，建设工程合同是广义上承揽合同的一种，也是承揽人按定做人的要求完成工作，交付工作成果，定作人给报酬的合同。但由于工程建设合同在经济活动、社会活动中的重要作用，以及国家管理、合同标的等方面均有别于一般承揽合同，我国一直将建设工程合同列为单独一类的重要合同。但考虑到建设工程合同毕竟是从承揽合同中分离出来的，《合同法》规定：建设工程合同中没有规定的，适用承揽合同的有关规定。

二、建设工程合同的特征

1. 合同主体的严格性

建设工程合同主体一般只能是法人。发包人一般只能是经过批准进行工程项目建设的法人，必须有国家批准的建设项目，落实投资计划，并且具备相应的协调能力；承包人必须具备法人资格，而且应当具备相应的从事勘察、设计、施工等资质。无营业执照或无承包资质的单位不能作为建设工程合同的主体，资质等级低的单位不能越级承包建设工程。

2. 合同标的特殊性

建设工程合同的标的是各类建筑商品，建筑商品是不动产，其基础部分与大地相连，不能移动。这就决定了每个建设工程合同标的都是特殊的，相互间具有不可代替性。这还决定了承包方工作的流动性。建筑物所在地就是勘察、设计、施工生产地，施工队伍、施工机械必须围绕建筑产品不断移动。另外建筑产品都需要单独建设和施工，即建筑产品是单体性生产，这也决定了建设工程合同的标的特殊性。

3. 合同履行期限的长期性

建设工程由于结构复杂、体积大、建筑材料类型多、工作量大，使得合同履行期限都较长。而且，建设工程合同的订立和履行都需要较长的准备期；在合同履行的过程中，还可能因为不可抗力、工程变更、材料供应不及时等原因而导致合同期顺延。所有这些情况决定了建设合同的履行期限具有长期性。

4. 计划和程序的严格性

由于工程建设对国家的经济发展、公民的工作生活都具有重大的影响，因此，国家对建设工程的计划和程序都有严格的管理制度。订立建设工程合同必须以国家批准的投资计划为前提，即使国家投资以外的、以其他方式筹集的投资也要受到当年的贷款规模和批准限额的限制，纳入当年的投资规模的平衡，并经过严格的审批程序。建设工程合同的订立和履行还必须符合国家关于基本建设程序的规定。

三、建设工程合同的种类

建设工程合同的划分，从划分方式的不同可以分为不同的种类。

1. 从承发包的工程范围进行划分

从承发包不同的范围和数量进行划分，可以将承包工程合同分为建设工程总承包合同、建设工程承包合同、分包合同。发包人将工程建设的全过程发包给一个承包人的合同即为建设工程的总承包合同。发包人如果将建设工程的勘察、设计、施工等的每一项分别发包给一个承包人的合同即为建设工程承包合同。

2. 从完成承包的内容进行划分

从完成承包的的内容进行划分，建设工程合同可以分为建设工程勘察合同、建设工程设计合同、建设工程施工合同、建设工程监理合同等。

3. 从付款方式进行划分

以付款方式不同进行划分，建设工程合同可以分为总价合同、单价合同和成本加酬金合同。

（1）总价合同。是指在合同中确定一个完成建设工程的总价、承包单位据此完成项目全部内容的合同。

（2）单价合同。是指承包单位在投标时，按招标文件就分部分项工程所列出的工程量表确定各分部分项工程费用的合同类型。

（3）成本加酬金合同。是指由业主向承包单位支付建设工程的实际成本，并按事先约定的某一种方式支付酬金的合同类型。

第二节 建设工程监理合同

鉴于建设工程监理合同与建设工程施工活动密切相关，只有熟悉建设工程监理合同的内容，才能正确从事建设工程监理活动。

一、建设工程监理合同概述

（一）建设工程监理合同的概念

建设监理合同是业主与监理单位签订，为了委托监理单位承担监理业务而明确双方权利、义务关系的协议。建设工程监理的内容是依据法律、行政法规及有关技术标准、设计文件和建设工程合同，对承包单位在工程质量、建设工期和建设资金使用等方面，代表建设单位实施监督。建设监理可以是对工程建设的全过程进行监理，也可以分阶段进行设计监理、施工监理等。但目前实践中监理大多是施工监理。

（二）建设工程监理合同的主体

建设工程监理合同的主体是合同确定的权利的享有者和义务的承担者，包括建设单位（业主）和监理单位。监理单位与业主是平等的主体关系，这与其他合同主体关系是一致的，也是合同的特点决定的。双方的关系是委托与被委托的关系。

1. 业主

在我国，业主是指由投资方派代表组成，全面负责项目投资、项目建设、生产经营、归还贷款和债券本息并承担投资风险的管理班子。

2. 监理单位

监理单位，是指取得监理资质证书，具有法人资格的监理公司、监理事务所和兼承监理业务的工程设备、科学研究及工程建设咨询的单位。监理单位的资质分为甲级、乙级和丙级。

（三）《工程建设监理合同》示范文本简介

建设部、国家工商行政管理局1995年10月9日颁发的《工程建设监理合同（示范文本）》（GF—95—0202）于2000年进行了修订，颁布了《工程建设监理合同（示范文本）》（GF—2000—0202），由工程建设监理合同、工程建设监理合同标准条件（以下简称标准条件）和工程建设监理合同专用条件（以下简称专用条件）组成。

工程建设监理合同实际上是协议书，其篇幅并不大。但它却是监理合同的总纲，规定了监理合同的一些原则、合同的组成文件，意味着业主与监理单位对双方商定的监理业务、监理内容的承认和确认。标准条件适用于各类工程项目建设监理委托，业主和监理单位都应当遵守。标准条件是监理合同的主要部分，它明确而详细地规定了双方的权利义务。标准条件共有46条。专用条件是各个工程项目根据自己的个性和所处的自然、社会环境，由业主和监理单位协商一致后填写的。双方如果认为需要，还可在其中增加约定的补充条款和修正条款。专用条件的条款是与标准条件的条款相对应的。在专用条件中，并非每一条款都必须出现。专用条件不能单独使用，它必须与标准条件结合在一起才能使用。

二、建设工程监理合同当事人的权利义务

1. 监理单位的义务

监理单位应承担以下义务：

（1）向业主报送委派的总监理工程师及其监理机构主要成员名单、监理规划，完成监理合同专用条件中约定的监理工程范围内的监理业务。

（2）监理机构在履行本合同的义务期间，应运用合理的技能，为业主提供与其监理机构水平相适应的咨询意见，认真、勤奋地工作。帮助业主实现合同预定的目标，公正地维护各方的合法权益。

（3）监理机构使用业主提供的设施和物品属于业主的财产。在监理工作完成或终止时，应将其设施和剩余的物品库存清单提交给业主，并按合同约定的时间和方式移交此类设施和物品。

（4）在本合同期内或合同终止后，未征得有关方同意，不得泄露与本工程、本合同业务活动有关的保密资料。

2. 业主的义务

业主应承担以下义务：

(1) 业主应当负责工程建设的所有外部关系的协调，为监理工作提供外部条件。

(2) 业主应在双方约定的时间内免费向监理机构提供与工程有关的为监理工作所需要的工程资料。

(3) 业主应当在约定的时间内就监理单位书面提交并要求作出决定的一切事宜作出书面决定。

(4) 业主应当授权一名熟悉本工程情况、能迅速作出决定的常驻代表，负责与监理单位联系。更换常驻代表，要提前通知监理单位。

(5) 业主应当将授予监理单位的监理权利，以及该机构主要成员的职能分工，及时书面通知已选定的第三方，并在与第三方签订的合同中予以明确。

(6) 业主应为监理机构提供如下协助：

1) 获得本工程使用的原材料、构配件、机械设备等生产厂家名录。

2) 提供与本工程有关的协作单位、配合单位的名录。

(7) 业主免费向监理机构提供合同专用条件约定的设施，对监理单位自备的设施给予合理的经济补偿。

(8) 如果双方约定，由业主免费向监理机构提供职员和服务人员，则应在监理合同专用条件中增加与此相应的条款。

3. 监理单位的权利

在委托的工程范围内，监理单位享有以下权利：

(1) 选择工程总设计单位和施工总承包单位的建议权。

(2) 选择工程分包设计单位和施工分包单位的确认权与否定权。

(3) 工程建设有关事项包括工程规模、设计标准、规划设计、生产工艺设计和使用功能要求，向业主的建议权。

(4) 工程结构设计和其他专业设计中的技术问题，按照安全和优化的原则，自主向设计单位提出建议，并向业主提出书面报告；如果由于拟提出的建议会提高工程造价，或延长工期，应当事先取得业主的同意。

(5) 工程施工组织设计和技术方案，按照保质量、保工期和降低成本的原则，自主向承建商提出建议、并向业主提供书面报告；如果由于拟提出的建议会提高工程造价、延长工期，应当事先取得业主的同意。

(6) 工程建设有关的协作单位的组织协调的主持权，重要协调事项应当事先向业主报告。

(7) 工程上使用的材料和施工质量的检验权。对于不符合设计要求及国家质量标准的材料设备，有权通知承建商停止使用；不符合规范和质量标准的工序、分项分部工程和不完全的施工作业，有权通知承建商停工整改、返工。承建商取得监理机构复工令后才能复工。发布停、复工令应当事先向业主报告，如在紧急情况下未能事先报告时，则应在24小时内向业主作出书面报告。

(8) 工程施工进度的检查、监督权，以及工程实际竣工日期提前或超过工程承包合同规定的竣工期限的签认权。

（9）在工程承包合同约定的工程价格范围内，工程款支付的审核和签认权，以及工程结算的复核确认权与否定权。未经监理机构签字确认，业主不支付工程款。

（10）监理机构在业主授权下，可对任何第三方合同规定的义务提出变更。如果由此严重影响了工程费用或质量、进度，则这种变更须经业主事先批准。在紧急情况下未能事先报业主批准时，监理机构所作的变更也应尽快通知业主。在监理过程中如发现承建商工作不力，监理机构可提出调换有关人员的建议。

（11）在委托的工程范围内，业主或第三方对对方的任何意见和要求（包括索赔要求）均须首先向监理机构提出，由监理机构研究处置意见，再同双方协商确定。当业主和第三方发生争议时，监理机构应根据自己的职能，以独立的身份判断，公正地进行调解。当其双方的争议由政府建设行政主管部门或仲裁机关进行调解和仲裁时，应当提供作证的事实材料。

4. 业主的权利

业主享有以下权利：

（1）业主有选定工程总设计单位和总承包单位，以及与其订立合同的签订权；

（2）业主有对工程规模、设计标准、规划设计、生产工艺设计和设计使用功能要求的认定权，以及对工程设计变更的审批权；

（3）监理单位调换总监理工程师须经业主同意；

（4）业主有权要求监理机构提交监理工作月度报告及监理业务范围内的专项报告；

（5）业主有权要求监理单位更换不称职的监理人员，直到终止合同。

三、建设工程监理合同的履行

建设监理合同的当事人应当严格按照合同的约定履行各自的义务。当然，最主要的是，监理单位应当完成监理工作，业主应当按照约定支付监理酬金。

1. 监理单位完成监理工作

工程建设监理工作包括正常的监理工作、附加的工作和额外的工作。正常的监理工作是合同约定的投资、质量、工期三大控制，以及合同、信息两项管理。附加的服务，是指合同内规定的附加服务或通过双方书面协议附加于正常服务的那类工作。额外服务，是指那些既不是正常的，也不是附加的，但根据合同规定监理单位必须履行的工作。

2. 监理酬金的支付

合同双方当事人可以在专用条件中约定以下内容：①监理酬金的计取方法；②支付监理酬金的时间和数额；③支付监理酬金所采用的货币币种、汇率。

如果业主在规定的支付期限内未支付监理酬金，自规定支付之日起，应当向监理单位补偿应付的酬金利息。利息额按规定支付期限最后一日银行贷款利息率乘以拖欠酬金时间计算。

如果业主对监理单位提交的支付通知书中酬金或部分酬金项目提出异议，应当在收到支付通知书24小时内向监理单位发出异议的通知，但业主不得拖延其他无异议酬金项目的支付。

3. 违约责任

任何一方对另一方负有责任时的赔偿原则是：

（1）赔偿应限于由于违约所造成的，可以合理预见到的损失和损害的数额。

（2）在任何情况下，赔偿的累计数额不应超过专用条款中规定的最大赔偿限额；在监理单位一方,其赔偿总额不应超出监理酬金总额(除去税金)。

(3) 如果任何一方与第三方共同对另一方负有责任时,则负有责任一方所应付的赔偿比例应限于由其违约所应负责的那部分比例。

监理工作的责任期即监理合同有效期。监理单位在责任期内,如果因过失而造成了经济损失,要负监理失职的责任。在监理过程中,如果完成全部议定监理任务因工程进展的推迟或延误而超过议定的日期,双方应进一步商定相应延长的责任期,监理单位不对责任期以外发生的任何事件所引起的损失或损害负责,也不对第三方违反合同规定的质量要求和交工时限承担责任。

第三节 建设工程勘察、设计合同

一、建设工程勘察、设计合同概述

1. 建设工程勘察、设计合同的概念

建设工程勘察、设计合同是委托人与承包人为完成一定的勘察、设计任务,明确双方的权利和义务关系的协议。承包人应当完成委托人的勘察设计任务,委托人则应接受符合要求的勘察、设计成果并支付报酬。

建设工程勘察、设计合同的委托人一般是项目业主或建设项目总承包单位;承包人是持有国家认可的勘察、设计证书,具有资质等级的勘察、设计单位。合同的委托人承包人均应具有法人地位。委托人必须是有国家批准的建设项目,落实投资计划的企事业单位、社会团体;或者是获得总承包合同的建设项目的总承包单位。

2. 建设工程勘察、设计合同示范文本简介

建设部、国家工商行政管理局于 1996 年 7 月 25 日发布了《建设工程勘察、设计合同(示范文本)》,并于 2000 年发布修订版本,即《建设工程勘察合同》(GF-2000-0203/0204) 和《建设工程设计合同》(GF-2000-0209/0210)。这两个示范文本采用的是填空式文本,即合同示范文本的编制者将勘察、设计中共性的内容抽象出来编写成固定的条款,但对于一些需要在具体勘察、设计任务中明确的内容则是留下空格由合同当事人在订立合同时填写。

《建设工程勘察合同(示范文本)》共 10 条,内容包括:工程勘察范围;委托方应当向承包方提供的文件资料;承包方应当提交的勘察成果;取费标准及拨付办法;双方责任;违约责任;纠纷的解决;其他事宜等。《建设工程设计合同(示范文本)》共 7 条,内容包括:签订依据;设计项目的名称、阶段、规模、投资、设计内容及标准;委托方应当向承包方提供的文件资料;承包方应当提交的设计文件;取费标准及拨付办法;双方责任;其他(包括纠纷的解决)等。

二、建设工程勘察、设计合同的订立

勘察合同,由建设单位、设计单位或有关单位提出委托,经双方同意即可签订。设计合同,须具有上级机关批准的设计任务书方能签订。勘察、设计合同在当事人双方经过协商取得一致意见,由双方负责人或指定代表签字并加盖公章后,方为有效。

三、建设工程勘察、设计合同的主要内容

1. 委托方提交有关基础资料的期限

这是对委托方提交有关基础资料在时间上的要求。勘察或者设计的基础资料是指勘察、设计单位进行勘察、设计工作所依据的基础文件和情况。勘察基础资料包括项目的可行性研究报告，工程需要勘察的地点、内容，勘察技术要求及附图等。设计的基础资料包括工程的选址报告等勘察资料以及原料（或者经过批准的资源报告）、燃料、水、电、运输等方面的协议文件，需要经过科研取得的技术资料。

2．勘察、设计单位提交勘察、设计文件（包括概预算）的期限

这是指勘察、设计单位完成勘察设计工作，交付勘察或者设计文件的期限。勘察、设计文件主要包括勘察、建设设计图纸及说明，材料设备清单和工程的概预算等。勘察、设计文件是工程建设的依据，工程必须按照勘察设计文件进行施工，因此勘察设计文件的交付期限直接影响工程建设的期限，所以当事人在勘察或者设计合同中应当明确勘察、设计文件的交付期限。

3．勘察或者设计的质量要求

这主要是委托方对勘察、设计工作提出的标准和要求。勘察、设计单位应当按照确定的质量要求进行勘察、设计，按时提交符合质量要求的勘察、设计文件。勘察、设计的质量要求条款明确了勘察、设计成果的质量，也是确定勘察、设计单位工作责任的重要依据。

4．勘察、设计费用

勘察、设计费用是委托方对勘察、设计单位完成勘察、设计工作的报酬。支付勘察、设计费是委托方在勘察、设计合同中的主要义务。双方应当明确勘察、设计费用的数额和计算方法，勘察设计费用支付方式、地点、期限等内容。

5．双方的其他协作条件

其他协作条件是指双方当事人为了保证勘察、设计工作顺利完成所应当履行的相互协助的义务。委托方的主要协作义务是在勘察、设计人员进入现场工作时，为勘察、设计人员提供必要的工作条件和生活条件，以保证其正常开展工作。勘察、设计单位的主要协作义务是配合工程建设的施工，进行设计交底，解决施工中的有关设计问题，负责设计变更和修改预算，参加试车考核和工程验收等。

6．违约责任

合同当事人双方应当根据国家的有关规定约定双方的违约责任。

四、建设工程勘察、设计合同的履行

（一）勘察、设计合同的定金

按规定收取费用的勘察、设计合同生效后，委托方应向承包方付给定金。勘察、设计合同履行后，定金抵作勘察、设计费。设计任务的定金为估算的设计费的20%。委托方不履行合同的，无权请求返还定金。承包方不履行合同的，应当双倍返还定金。

（二）勘察、设计合同双方的权利义务

勘察、设计合同作为双务合同，当事人的权利义务是相互的，一方的义务就是对方的权利。在这里只介绍各自的义务。

1．委托方的义务

（1）向承包方提供开展勘察、设计工作所需的有关基础资料，并对提供的时间、进度与资料的可靠性负责。委托勘察工作的，在勘察工作开展前，应提出勘察技术要求

及附图。

委托初步设计的，在初步设计前，应提供经过批准的设计任务书、选址报告以及原料（或经过批准的资料报告）、燃料、水、电、运输等方面的协议文件和能满足初步设计要求的勘察资料、需要经过科研取得的技术资料。

委托施工图设计的，在施工图设计前，应提供经过批准的初步设计文件和能满足施工图设计要求的勘察资料、施工条件以及有关设备的技术资料。

(2) 在勘察、设计人员进入现场作业或配合施工时，应负责提供必要的工作和生活条件。

(3) 委托配合引进项目的设计任务，从询价、对外谈判、国内外技术考察直至建成投产的各阶段，应吸收承担有关设计任务的单位参加。

(4) 按照国家有关规定付给勘察、设计费。

(5) 维护承包方的勘察成果和设计文件，不得擅自修改，不得转让给第三方重复使用。

2. 承包方的责任

(1) 勘察单位应按照现行的标准、规范、规程和技术条例，进行工程测量、工程地质、水文地质等勘察工作，并按合同规定的进度、质量提交勘察成果。

(2) 设计单位要根据批准的设计任务书或上一阶段设计的批准文件，以及有关设计技术经济协议文件、设计标准、技术规范、规程、定额等提出勘察技术要求和进行设计，并按合同规定的进度和质量提交设计文件（包括概预算文件、材料设备清单）。

(3) 初步设计经上级主管部门审查后，在原定任务书范围内的必要修改，由设计单位负责。原定任务书有重大变更而重作或修改设计时，须具有设计审批机关或设计任务书批准机关的意见书，经双方协商，另订合同。

(4) 设计单位对所承担设计任务的建设项目应配合施工，进行设计技术交底，解决施工过程中有关设计的问题，负责设计变更和修改预算，参加试车考核及工程竣工验收。对于大中型工业项目和复杂的民用工程应派现场设计代表，并参加隐蔽工程验收。

五、勘察、设计合同的变更和解除

设计文件批准后，就具有一定的严肃性，不得任意修改和变更。如果必须修改，也需经有关部门批准，其批准权限，根据修改内容所涉及的范围而定。如果修改部分属于初步设计的内容，必须经设计的原批准单位批准；如果修改的部分是属于可行性研究报告的内容，则必须经可行性研究报告的原批准单位批准；施工图设计的修改，必须经设计单位批准。

委托方因故要求修改工程设计，经承包方同意后，除设计文件的提交时间另定外，委托方还应按承包方实际返工修改的工作量增付设计费。

原定可行性研究报告或初步设计如有重大变更而需重作或修改设计时，须经原批准机关同意，并经双方当事人协商后另订合同。委托方负责支付已经进行了的设计的费用。

委托方因故要求中途停止设计时，应及时书面通知承包方，已付的设计费不退，并按该阶段实际所耗工时，增付和结清设计费，同时终止合同关系。

六、勘察、设计合同的违约责任

1. 勘察、设计合同承包方的违约责任

勘察、设计合同承包方违反合同规定的，应承担以下违约的责任：

（1）因勘察、设计质量低劣引起返工或未按期提交勘察、设计文件拖延工期造成发包人损失的，由勘察、设计单位继续完善勘察、设计任务，并应视造成的损失、浪费大小减收或免收勘察、设计费并赔偿损失。

（2）因承包人的原因致使建设工程在合理使用期限内造成人身和财产损害的，承包人应当承担损害赔偿责任。

2. 勘察、设计合同发包方的违约责任

勘察、设计合同发包方违反合同规定的，应承担以下违约的责任：

（1）由于变更计划，提供的资料不准确，未按期提供勘察、设计必需的资料或工作条件而造成勘察、设计的返工、停工、窝工或修改设计，委托方应按承包方实际消耗的工作量增付费用。因委托方责任造成重大返工或重新设计，应另行增费。

（2）委托方超过合同规定的日期付费时，应偿付逾期的违约金。偿付办法与金额，由双方按照国家的有关规定协商，在合同中订明。

第四节 建设工程施工合同

一、建设工程施工合同概述

（一）建设工程施工合同的概念

建设工程施工合同即建筑安装工程承包合同，是发包人与承包人之间为完成商定的建设工程项目，明确双方权利和义务的协议。依据施工合同，承包人应完成一定的建筑、安装工程任务，发包人应提供必要的施工条件并支付工程价款。

施工合同是建设工程合同的一种，它与其他建设工程合同一样，是一种双务合同，在订立时也应遵守自愿、公平、诚实信用等原则。

建设工程施工合同是建设工程合同的主要合同，是工程建设质量控制、进度控制、投资控制的主要依据。通过合同关系，可以确定建设市场主体之间的相互权利义务关系，这对规范建筑市场有重要作用。《合同法》对建设工程合同做了专章规定。《建筑法》、《招标投标法》也有许多涉及建设工程施工合同的规定。这些法律是我国建设工程施工合同管理的依据。

（二）建设工程施工合同的当事人

施工合同的当事人是发包人和承包人，双方是平等的民事主体。承发包双方签订施工合同，必须具备相应的资质条件和履行施工合同的能力。对合同范围内的工程实施建设时，发包人必须具备组织协调能力；承包人必须具备有关部门核定的资质等级并持有营业执照等证明文件。

1. 发包人

发包人可以是具备法人资格的国家机关、事业单位、国有企业、集体企业、私营企业、经济联合体和社会团体，也可以是依法登记的个人合伙、个体经营户或个人，即一切以协议、法院判决或其他合法手续取得发包人的资格，承认全部合同条件，能够而且愿意履行合同规定义务（主要是支付工程价款能力）的合同当事人。与发包人合并的单位、兼并发包人的单位、购买发包人合同和接受发包人出让的单位和个人（即发包人的合法继承人），均可成为发包人，履行合同规定的义务，享有合同规定的权利。发包人既可以是建设单位，也可以是取得建设项目总承包资格的项目总承包单位。

2. 承包人

承包人应是具备与工程相应资质和法人资格的、并被发包人接受的合同当事人。

（三）建设工程施工合同的特征

1. 合同标的的特殊性

施工合同的标的是各类建筑产品，建筑产品是不动产，其基础部分与大地相连，不能够移动。这就决定了每个施工合同的标的都是特殊的，相互间具有不可替代性。这还决定了施工生产的流动性。建筑物所在地就是施工生产场地，施工队伍、施工机械必须围绕建筑产品不断移动。另外，建筑产品的类别庞杂，其外观、结构、使用目的、使用人都各不相同，这就要求每一个建筑产品都需单独设计和施工，即建筑产品是单件性生产，这也决定了施工合同标的的特殊性。

2. 合同履行期限的长期性

建筑物的施工由于结构复杂、体积大、建筑材料类型多、工作量大，使得工期都较长（与一般工业产品的生产相比），而合同履行期限肯定要长于施工工期，因为工程建设的施工应当在合同签订后才开始，且需加上合同签订后到正式开工前的一个较长的施工准备时间和工程全部竣工验收后，办理竣工结算及保修期的时间。在工程施工过程中，还可能因为不可抗力、工程变更、材料供应不及时等原因而导致工期的顺延。所有这些情况，决定了施工合同的履行期限具有长期性。

3. 合同内容的多样性和复杂性

虽然施工合同的当事人只有两方，但其涉及的主体却有多种。与大多数合同相比，施工合同的履行期限长、标的额大，涉及的法律关系（包括劳动关系、保险关系、运输关系等）具有多样性和复杂性。这就要求施工合同的内容尽量详尽。施工合同除了应当具备合同的一般内容外，还应对安全施工、专利技术使用、发现地下障碍物和文物、工程分包、不可抗力、工程设计变更、材料设备的供应、运输、验收等内容作出规定。所有这些都决定了施工合同的内容具有多样性和复杂性。

4. 合同监督的严格性

由于施工合同的履行对国家的经济发展、公民的工作和生活都有重大的影响，因此，国家对施工合同的监督是十分严格的。具体体现在以下几方面。

（1）对合同主体监督的严格性

建设工程施工合同主体一般只能是法人。发包人一般只能是经过批准进行工程项目建设的法人，必须有国家批准的建设项目，落实投资计划，并且应当具备相应的协调能力。承包人则必须具备法人资格，而且应当具备相应的从事施工的资质。无营业执照或无承包资质的单位不能作为建设工程施工合同的承包人，资质等级低的单位不能越级承包建设工程。

（2）对合同订立监督的严格性

订立建设工程施工合同必须以国家批准的投资计划为前提，即使是国家投资外的、以其他方式筹集的投资也要受到当年的贷款规模和批准限额的限制，纳入当年投资规模的平衡，并经过严格的审批程序。建设工程施工合同的订立还必须符合国家关于建设程序的规定。同时，考虑到建设工程的重要性和复杂性，在施工过程中经常会发生合同履行的纠纷，《合同法》要求建设工程施工合同的订立应采取书面形式。

（3）对合同履行监督的严格性

在施工合同的履行过程中，除了合同当事人应当对合同进行严格管理外，合同的主管机关（工商行政管理机构）、金融机构、建设行政主管机关等，都要对施工合同的履行进行严格的监督。

（四）建设工程施工合同的类型

按合同的计价方式不同，建设工程施工合同主要有固定价格合同、可调整价格合同、成本加酬金合同三种。

1. 固定价格合同

固定价格合同是指在约定的风险范围内价款不再调整的合同。这种合同的价款并不是绝对不可调整的，而是约定范围内的风险由承包人承担。双方应当在专用条件内约定合同价款包括的风险费用、承担风险的范围及范围以外的合同价款调整方法。

2. 可调整价格合同

可调整价格合同是指合同价格可以调整，合同双方应当在专用条件内约定合同价款的调整方法。

通常，可调整价格合同中合同价款的调整范围包括：受国家法律、法规和政策变化影响的合同价款；工程造价管理部门公布的价格调整；一周内非承包人原因停水、停电、停气造成停工累计超过 8 小时；双方约定的其他调整或增减等。

3. 成本加酬金合同

成本加酬金合同是由发包人向承包人支付工程项目的实际成本，并按事先约定的某一种方式支付酬金的合同类型。合同价款包括成本和酬金两部分，合同双方应在专用条件中约定成本构成和酬金的计算方法。

（五）建设工程施工合同的作用

1. 明确建设单位和施工承包单位在施工中的权利和义务

施工合同一经签订，即具有法律效力。施工合同明确了建设单位（发包人）和施工承包单位（承包人）在工程施工中的权利和义务。这是双方在履行合同中的行为准则，双方都应以施工合同为行为的依据，认真履行各自的义务，任何一方无权随意变更或解除施工合同。任何一方违反合同规定内容，都必须承担相应的法律责任。

2. 有利于对工程施工的管理

合同当事人对合同施工的管理应以合同为依据，这是毫无疑问的。同时，有关的国家机关、金融机构对工程施工的监督和管理，施工合同也是其重要依据。不订立施工合同将给工程施工的管理带来很大的困难。

3. 有利于建筑市场的培育和发展

在计划经济条件下，行政手段是施工管理的主要方法；在市场经济条件下，合同是维系市场运转的主要因素。因此，培育和发展建筑市场，首先要培育合同意识。同时，推行建设监理制度、实行招标投标制度等，都是以签订施工合同为基础的。因此，不订立施工合同，建筑市场的培育和发展将无从谈起。

二、建设工程施工合同示范文本简介

《建设工程施工合同（示范文本）》（GF—1999—0201）由协议书、通用条款、专用条款三部分及三个附件组成。三个附件分别是承包人承揽工程项目一览表、发包人供应材料设备一览表和工程质量保修书。

（一）协议书

协议书开头是发包人、承包人依照《合同法》、《建筑法》及其他有关法律、行政法规，遵循平等、自愿、公平和诚实信用的原则，双方就某一项建设工程施工事项协商一致，订立文本合同的承诺（或确认）。结尾是发包人、承包人的住所，法定代表人、委托代理人联系方式、开户行账号、签字盖章。中间部分是协议书内容。

协议书内容包括11项内容：工程概况、工程承包范围、合同工期、质量标准、合同价款、组成合同的文件、本协议书中有关词语含义（与本合同第二部分《通用条款》中分别赋予它们的定义相同）、承包人向发包人承诺按照合同约定进行施工、竣工并在质量保修期内承担工程质量保修责任、发包人向承包人承诺按照合同约定的期限和方式支付合同价款及其他应当支付的款项、合同生效等。

（二）通用条款

通用条款是制定本文本的部门根据法律、行政法规及建设工程施工的需要而制定的，通用于所有建设工程项目施工的条款。通用条款是一般建设工程所共同具备的共性条款，具有规范性、可靠性、完备性和适用性等特点，是合同文本的基本及指导性部分，并作为指标文件的组成部分而予以直接采用。

《建设工程施工合同（示范文本）》的通用条款内容包括11个方面共47大条172小条，部分小条中又分若干子条。共有下列11个方面：词语定义及合同文件；双方的一般权利和义务；施工组织设计和工期；质量与检验；安全施工；合同价款与支付；材料设备供应；工程变更；竣工验收与结算；违约、索赔和争议；其他等。

其中词语定义条目中就包含了建设工程施工中最常用的23个词语，它们是：通用条款、专用条款、发包人、承包人、项目经理、设计单位、监理单位、工程师、工程造价管理部门、工程、合同价款、追加合同价款、费用、工期、开工日期、竣工日期、图纸、施工现场、书面形式、违约责任、索赔、不可抗力、小时或天。

例如：不可抗力是指不能预见、不能避免并不能克服的客观情况。索赔是指在合同履行过程中，对于并非自己的过错，而是应由对方承担责任的情况造成的实际损失，向对方提出经济补偿和（或）工期顺延的要求。

（三）专用条款

专用条款是对通用条款规定内容的确认与具体化，它的大小条目号与通用条款相一致，是合同双方根据企业实际情况和工程项目的具体特点，经过协商达成一致的内容。

例如：通用条款中第9.1条中包括9小条，第9.1（2）条中规定：承包人应向工程师提供年、季、月度工程进度计划及相应的进度统计报表；则专用条款中第9.1（2）条规定了承包人应提供计划、报表的名称及完成时间。

在通用条款中讲得笼统的、普遍的或者不够明确的问题在专用条款中要作补充和修改。

（四）工程质量保修书

工程质量保修书是《建设工程施工合同》的一个子合同，开头是发包人（全称）、承包人（全称）对保修书的认定：为保证×××工程在合同使用期限内正常使用，发包人、承包人协商一致，签订工程质量保修书。承包人在质量保修期内按照有关管理规定及双方约定承担工程质量保修责任。保修书最后是双方代表人签字及单位公章、时间。

保修书包括如下6项内容：工程质量保修范围和内容、质量保修期、质量保修责任、质量保修金的支付、质量保证金的返还、其他需要双方约定的工程质量保证事项。

三、建设工程施工合同双方的一般权利和义务

在《建设工程施工合同（示范文本）》中的双方，是指发包方和承包方，在合同的通用条款中叫发包人和承包人。在具体合同的签订和语言交流过程中，习惯上把发包方简称甲方，把承包方简称乙方。在实行工程监理的建设工程项目中，除甲、乙方之外还有监理方存在，监理方是受甲方委托，依法对建设工程进行监理。监理单位委派的总监理工程师在本合同中称工程师。

（一）发包人的义务

发包人有义务按专用条款约定的内容和时间完成以下工作：

（1）办理土地征用、拆迁补偿、平整施工场地等工作，给施工单位创造良好的工作环境，避免与周边群众产生纠纷。

（2）将施工所需水、电、电信线路从施工场地外部接至专用条款约定地点，保证施工期间的需要。

（3）开通施工场地与城乡公共道路的通道，以及专用条款约定的施工场地内的主要道路，满足施工运输的需要，保证施工期间物流畅通。

（4）向承包人提供施工现场的工程地质和地下管线资料，为提供给工程设计单位作为地下工程及建筑物基础设计的依据。

（5）办理施工许可证及其他施工所需证件、批件和临时用地、停水、停电、中断道路交通、爆破作业等的审批手续等。

（6）确定水准点和坐标控制点，以书面形式交给承包人，并进行现场交验。

（7）组织承包人和设计单位进行图纸会审和设计交底。

（8）协调处理施工场地周围地下管线和邻近建筑物、构筑物（包括文物保护建筑）、古树名木的保护工作，承担有关费用。

（9）发包方应做的其他工作，双方在专用条款内约定。

由于建设工程的复杂性、个体性、生产周期长且涉及到的政策法规、技术条文多，在施工过程中常常会出现一些未能预见的问题则双方在专用合同条款中做一些特殊约定。

发包人未能履行以上各项义务，导致工期延误或给承包人造成损失的，发包人应赔偿承包人有关损失，并顺延因此而延误的工期。

（二）承包人的义务

承包人应按专用条款约定的内容和时间完成以下工作：

（1）根据发包人委托，在其设计资质等级和业务允许的范围内，完成施工图设计或与工程配套的设计，经工程师确认后使用，发包人承担由此发生的费用。

（2）向工程师提供年、季、月度工程进度计划及相应的进度统计报表。

（3）根据工程需要，提供和维修非夜间施工使用的照明、围栏设施，并负责安全保卫。

（4）按专用条款约定的数量和要求，向发包人提供施工场地办公和生活的房屋及设施，发包人承担由此发生的费用。

（5）遵守政府有关主管部门对施工场地交通、施工噪声以及环境保护安全生产等的规定，按规定办理有关手续，并以书面形式通知发包人，发包人承担由此发生的费用。若是施工单位违章造成的罚款则应由施工单位自己负责。

（6）已竣工工程未交付发包人之前，承包人按专用条款约定负责已完工程的保护工作，保护期间发生损坏，承包人自费予以修复；发包人要求承包人采取特殊措施保护的工程部位要相应的追加合同条款，双方在专用条款中约定。

（7）按专用条款约定做好施工场地地下管线和邻近建筑物、构筑物（包括文物保护建筑）、古树名木的保护工作。

（8）保证施工场地符合环境卫生管理的有关规定，交工前清理现场达到专用条款约定的要求，承担因自身原因违反有关规定造成的损失和罚款。

除了上述8个方面，还会有承包人应做的其他工作，双方应在专用条款中约定。

承包人未能履行以上各项义务，造成发包人损失的，承包人应赔偿发包人有关损失。

（三）工程师的义务

工程师按合同约定行使职权，发包人在专用条款内要求工程师在行使某些职权前需要征得发包人批准的，工程师应征得发包人批准。

合同履行中，发生影响甲、乙双方权力或义务的事件时，监理工程师应依据合同在其职权范围内客观公正地进行处理。一方对监理工程师的处理有异议时，按通用条款中关于争议的约定处理。

除合同内有明确约定或经发包人同意外，监理工程师无权解除本合同约定的承包人的任何权利和义务。

工程师可委派工程师代表，行使合同约定的自己的职权，并可在认为必要时撤回委派。委派和撤回均应提前7天以书面形式通知承包人，负责监理的工程师还应将委派和撤回通知发包人。委派书和撤回通知作为本合同附件。

工程师代表在工程师授权范围内向承包人发出的任何书面形式的函件，与工程师发出的函件具有同等效力。承包人对工程师代表向其发出的任何书面形式的函件有疑问时，可将此函件提交工程师，工程师应进行确认。工程师代表发出指令有失误时，工程师应进行纠正。除工程师或工程师代表外，发包人派驻工地的其他人员均无权向承包人发出任何指令。

工程师的指令、通知由其本人签字后，以书面形式交给项目经理，项目经理在回执上签署姓名和收到时间后生效。确有必要时，工程师可发出口头指令，并在48小时内给予书面确认，承包人对工程师的指令应予执行。工程师不能及时给予书面确认的，承包人应于工程师发出口头指令7天内提出书面确认要求。工程师在承包人提出确认要求后48小时内不予答复的，视为口头指令已被确认。

承包人认为工程师指令不合理，应在收到指令后24小时内向工程师提出修改指令的书面报告，工程师在收到承包人报告后14小时内作出修改指令或继续执行原指令的决定，并以书面形式通知承包人。紧急情况下，工程师要求承包人立即执行的指令或承包人虽有异议，但工程师决定仍继续执行的指令，承包人应予执行。因指令错误发生追加合同价款和给承包人造成的损失由发包人承担，延误的工期相应顺延。

以上有关工程师指令的规定，同样适用于由工程师代表发出的指令、通知。

工程师应按合同约定，及时向承包人提供所需指令、批准并履行约定的其他义务。由于工程师未能按合同约定履行义务造成工期延误，发包人应承担延误造成的追加合同价款，并赔偿承包人有关损失，顺延延误的工期。

四、建设工程施工合同的质量条款

建筑工程质量是指在国家现行的有关法律、法规、技术标准、设计文件和合同条款中，对工程的安全、适用、经济、美观等特性的综合要求。

建筑工程质量直接关系到国家的利益和形象，关系到国家财产、集体财产、私有财产和人民的生命安全，因此必须加强对建筑工程质量的法律规范。

（一）质量检查与验收

工程质量应当达到协议书约定的质量标准，质量的验收以国家或行业的质量验收标准为依据。因承包人原因工程质量达不到约定的质量标准，承包人承担违约责任。

双方对工程质量有争议，由双方同意的工程质量检测机构鉴定，所需费用及因此造成的损失，由责任方承担。双方均有责任，由双方根据其责任大小分别承担。

承包人应认真按照标准、规范和设计图纸要求以及工程师依据合同发出的指令施工，随时接受工程师的检查检验，为检查检验提供便利条件。

工程质量达不到约定标准的部分，工程师一经发现，应要求承包人拆除和重新施工，承包人应按工程师的要求拆除和重新施工，直到符合约定标准。因承包人原因达不到约定标准，由承包人承担拆除和重新施工的费用，工期不予顺延。

工程师的检查检验不应影响施工正常进行。如影响正常施工进行，检查检验不合格时，影响正常施工的费用由承包人承担。除此之外影响正常施工和追加合同价款由发包人承担，相应顺延工期。

因工程师指令失误或其他非承包人原因发生的追加合同价款，由发包人承担。

工程验收包括下列内容：隐蔽工程的中间验收、重新检验、工程试车和竣工验收。

（二）材料设备控制

一般的建设工程材料设备供应分两部分：重要的材料及大件设备由发包人自己供应而普通建材及小件设备由承包人供应。

实行发包人供应材料设备的，双方应当约定发包人供应材料设备的一览表，作为本合同附件。一览表包括发包人供应材料设备的品种、规格、型号、数量、单位、质量等级、提供时间和地点。发包人按一览表约定的内容提供材料设备，并向承包人提供产品合格证明，对其质量负责。发包人在所供应材料设备到货前24小时，以书面形式通知承包人，由承包人派人与发包人共同清点。

发包人供应的材料设备，承包人派人参加清点后由承包人妥善保管，发包人支付相应费用。因承包人原因发生丢失损坏，由承包人负责赔偿。发包人未通知承包人清点，承包人不负责材料设备的保管，丢失损坏由发包人负责。

发包人供应的材料设备与一览表不符时，发包人承担有关责任。发包人应承担责任的具体内容，双方根据情况在专用条款内约定。

发包人供应的材料设备使用前，由承包人负责检验或试验，不合格的不得使用，检验或试验费用由发包人承担。

承包人负责采购材料设备的，应按照专用条款约定及设计和有关标准要求采购，并提供产品合格证明，对材料质量负责。承包人在材料设备到货前24小时通知工程师清点。

承包人采购的材料设备与设计或者标准要求不符时，承包人应按工程师要求的时间运出施工场地，重新采购符合要求的产品，承担由此发生的费用，由此延误的工期不予顺延。

承包人采购的材料在使用前，承包人应按工程师的要求进行检验或试验，不合格的不得使用，检验或试验费用由承包人承担。

工程师发现承包人采用或使用不符合设计或标准要求的材料设备时，应要求承包人修复、拆除或重新采购，并承担发生的费用，由此延误的工期不予顺延。

承包人需要使用代用材料时，应经工程师认可后才能使用，由此增减的合同价款双方以书面形式议定。

由承包人采购的材料设备，发包人不得指定生产商或供应商。

（三）工程试车

工程试车是指设备安装工程中部分或整体安装完毕后进行的设备试运转，用以检验安装工程质量是否合格。工程试车包括单机试车、联动试车和投料试车三种形式。单机试车是整个工程中某一部设备安装完毕，它的开机运转不影响其他设备；联动试车是整个设备系统都已安装完毕，各部分之间水、气、电管线都已联通，一旦启动整个系统都处于运转状态；投料试车是联动试车合格后在系统内投入产品原料进行试生产。

1. 单机试车

设备安装工程具备单机无负荷试车条件，承包人组织试车，并在试车前48小时以书面形式通知工程师。通知包括试车内容、时间、地点。承包人准备试车记录，发包人根据承包人要求为试车提供必要条件。试车合格，工程师在试车记录上签字。工程师不能按时参加试车，须在开始试车前24小时以书面形式向承包人提出延期要求，延期不能超过48小时。工程师未能按以上时间提出要求，不参加试车，应承认试车记录。

2. 联动试车

设备安装具备无负荷联动试车条件，发包人组织试车，并在试车前48小时以书面形式通知承包人。通知包括试车内容、时间、地点和对承包人的要求，承包人按要求做好准备工作。试车合格，双方在试车记录上签字。

3. 投料试车

投料试车应在工程竣工验收后由发包人负责，如发包人要求在工程竣工前进行或需要承包人配合时，应征得承包人同意，另行签订补充协议。

五、建设工程施工合同的管理性条款

（一）工程分包

《建筑法》明确规定：提倡对建筑工程实行总承包，禁止将建筑工程肢解发包；禁止承包单位将其承包的全部建筑工程转包他人；禁止承包单位将承包的全部建筑工程肢解以后以分包的名义转包给他人；禁止分包单位将其承包的工程再分包。

《建设工程施工合同（示范文本）》关于工程分包的条款规定：

（1）承包人按专用条款的约定分包所承包的工程，并与分包单位签订分包合同。未经发包人同意，承包人不得将其承包工程的任何部分分包。

（2）承包人不得将其承包的全部工程转包给他人，也不得将其承包的全部工程肢解以后以分包的名义转包给他人。

（3）工程分包不能解除承包人的任何责任与义务。承包人应在分包场地派驻相应管理人员，保证本合同的履行。分包单位的任何违约行为或疏忽导致工程损害或给发包人造成其他损失，承包人承担连带责任。

（4）分包工程价款由承包人与分包单位结算。发包人未经承包人同意不得以任何形式向分包单位支付各种工程款项。

（二）工程变更

工程变更主要是指工程设计变更。由于建设工程的技术复杂性及多专业相互配合设计，施工图纸虽经多方审核，也难免不出一丝一毫的差错。一项工程在施工过程中所用材料供应、施工方法难易、自然条件变化等因素也会影响到原设计意图的实施。因此，任何建设工程施工过程中出现一些图纸变更都是正常的。变更的原因可能来自甲方也可能来自乙方，有时可能来自城市建设管理或上级主管部门。任何工程设计变更都必须在政策法规允许的范围内进行，一些重要的设计意图如使用性质、规模、建筑坐标等与城市规划及上级批文有关的设计内容，任何方面都无权随意变更。工程设计变更的程序及责任如下：

（1）施工中发包人需对原工程设计进行变更，应提前14天以书面形式向承包人发出变更通知。变更超过原设计标准或批准的建设规模时，发包人应报规划管理部门和其他有关部门重新审查批准，并由原设计单位提供变更的相应图纸和说明。

（2）施工中承包人不得对原工程设计进行变更。因承包人擅自变更设计发生的费用和由此导致发包人的直接损失，由承包人承担，延误的工期不予顺延。

（3）承包人在施工中提出的合理化建议涉及到对设计图纸或施工组织设计的更改及对材料的换用，须经工程师同意。未经同意擅自更改或换用时，承包人承担由此发生的费用，并赔偿发包人的有关损失，延误的工期不予顺延。

工程师同意采用承包人合理化建议，所发生的费用和获得的收益，发包人承包人另行约定分担或分享。

此外，合同履行中发包人要求变更工程质量标准及发生其他实质性变更，由双方协商解决。

（三）违约责任

在建设工程施工合同中的甲、乙双方，同为合同当事人。根据《合同法》的规定：合同当事人的法律地位平等，一方不得将自己的意志强加给另一方；依法成立的合同，对当事人具有法律约束力；当事人应当按照约定履行自己的义务，不得擅自变更或者解除合同；依法成立的合同，受法律保护。所以，在建设工程施工合同实施过程中，甲、乙双方都应当而且必须努力按合同约定履行自己的义务，不使自己违约。违约则应当承担责任。

发包人承担违约责任，赔偿因其违约给承包人造成的经济损失，顺延延误的工期。双方在专用条款内约定发包人赔偿承包人损失的计算方法或者发包人应当支付违约金的数额或计算方法。

承包人承担违约责任，赔偿因其违约给发包人造成的损失。双方在专用条款内约定承包人赔偿发包人损失的计算方法或者承包人应当支付违约金的数额或计算方法。

一方违约后，另一方要求违约方继续履行合同时，违约方承担上述违约责任后仍应继续履行合同。

（四）施工索赔

建设工程索赔在国际建筑市场上是承包商保护自身正当权益、弥补工程损失、提高经济效益的重要和有效手段。由于我们国家社会主义市场经济体制建立较晚，所以在建设工程实施过程中发生的索赔事件还很少，甚至多数工程技术人员还不了解施工索赔的程序及重要性。但是随着我国改革开放的不断深入及加入WTO之后，世界银行贷款项目、外资项目在国内大量开工，国内建筑承包公司也逐步走向国际建筑承包市场，建设工程索赔也必将逐渐被国内的建设单位、施工单位、工程咨询公司等所认识和重视。建设工程索赔的具体内容参见本书第11章相关内容。

六、建设工程施工合同的订立

（一）订立施工合同的条件及原则

1. 订立施工合同应具备的条件

（1）初步设计已经批准；

（2）工程项目已经列入年度建设计划；

（3）有能够满足施工需要的设计文件和有关技术资料；

（4）建设资金和主要建筑材料设备来源已经落实；

（5）招投标工程中标通知书已经下达。

2. 订立施工合同应当遵守的原则

（1）遵守国家法律、行政法规和国家计划原则

订立施工合同，必须遵守国家法律、行政法规，也应遵守国家的建设计划和其他计划（如贷款计划等）。建设工程施工对经济发展、社会生活有多方面的影响，国家有许多强制性的管理规定，施工合同当事人必须遵守。

（2）平等、自愿、公平的原则

签订施工合同当事人双方，都具有平等的法律地位，任何一方都不得强迫对方接受不平等的合同条件。当事人有权决定是否订立施工合同和施工合同的内容，合同内容应当是双方当事人真实意思的体现。合同的内容应当是公平的，不能损害任何一方的利益，对于显失公平的施工合同，当事人一方有权申请人民法院或者仲裁机构予以变更或者撤销。

（3）诚实信用原则

诚实信用原则要求在订立施工合同时要诚实，不得有欺诈行为，合同当事人应当如实将自身和工程的情况介绍给对方。在履行合同时，施工合同当事人要守信用，严格履行合同。

（二）订立施工合同的程序及内容

1. 订立施工合同的程序

施工合同作为合同的一种，其订立也应经过要约和承诺两个阶段。通常，施工合同的订立方式有两种：直接发包和招标发包。对于必须进行招标的建设工程项目的施工都应通过招标方式确定承包人。

中标通知书发出后，中标人应当与建设单位及时签订合同。依据《招标投标法》规

定，中标通知书发出 30 天内，中标人应与建设单位依据招标文件、投标书等签订工程承发包合同（施工合同）。签订合同的承包人必须是中标人，投标书中确定的合同条款在签订时不得更改，合同价应与中标价相一致。如果中标人拒绝与建设单位签订合同，则建设单位将不再返还其投标保证金（如果是由银行等金融机构出具投标保函的，则投标保函出具者应当承担相应的保证责任），建设行政主管部门或其授权机构还可给予一定的行政处罚。

2. 施工合同的内容

订立施工合同通常按所选定的合同示范文本或双方约定的合同条件协商签订以下主要内容：合同的法律基础；合同语言；合同文本的范围；双方当事人的权利及义务（包括工程师的权力及工作内容）；合同价格；工期与进度控制；质量检查、验收和工程保修；工程变更；风险、双方的违约责任和合同的终止；索赔和争议的解决等内容。

七、建设工程施工合同的履行

工程施工过程就是施工合同的履行过程。要使合同顺利实施，合同双方必须共同完成各自的合同责任，确保工程圆满完成。

（一）发包人（工程师）的施工合同履行

发包人和监理工程师在合同履行中，应当严格按照施工合同的规定，履行应尽的义务。施工合同内规定应由发包人负责的工作，都是合同履行的基础，是为承包人开工、施工创造的先决条件，发包人必须严格履行。

在履行管理中，发包人及工程师也应实现自己的权利、履行自己的职责，对承包人的施工活动进行监督、检查。发包人对施工合同履行的管理主要是通过工程师进行的。在合同履行中进行以下管理工作。

1. 进度管理

按合同规定，要求承包人在开工前提出包括分月、分阶段进度施工的总进度计划，并加以审核；按照分月、分阶段进度计划，进行实际检查；对影响进度计划的因素进行分析，属于发包人的原因，应及时主动解决，属于承包人的原因，应督促其迅速解决；在同意承包人修改进度计划时，审批承包人修改的进度计划；确认竣工日期的延误等。

2. 质量管理

按合同规定，检验工程使用的材料、设备质量；检验工程使用的半成品及构件质量；按合同规定的规范、规程，监督检验施工质量；按合同规定的程序，验收隐蔽工程和需要中间验收工程的质量；验收单项竣工工程和全部竣工工程的质量等。

3. 费用管理

严格进行合同约定的价款的管理；当出现合同约定的情况时，对合同价款进行调整；对预付工程款进行管理，包括批准和扣还；对工程量进行核实确认；进行工程款的结算和支付；对变更价款进行确定；对施工中涉及的其他费用，如安全施工、专利技术等方面涉及的费用进行管理；办理竣工结算；对保修金进行管理等。

4. 施工合同档案管理

发包人和工程师应做好施工合同的档案管理工作。工程项目全部竣工之后，应将全部合同文件加以系统整理，建档保管。在合同履行过程中，对合同文件，包括有关的签证、记录、协议、补充合同、备忘录、函件、电报、电传等都应做好系统分类，认真管理。

5. 工程变更及索赔管理

发包人及工程师应尽量减少不必要的工程变更，对已发生的变更，应按合同的有关规定进行变更工程的估价。

在索赔管理中应按合同规定的索赔程序和方法，认真地分析承包人提出的索赔要求，仔细计算索赔费用及工期补偿，公平、合理、及时地解决索赔争议，以便顺利完成合同。

（二）承包人的施工合同履行

在工程施工阶段合同管理的基本目标是全面地完成合同责任，按合同规定的工期、质量、价格要求完成工程。合同签订后，承包人的首要任务是选定项目经理，由他全面负责工程管理工作（目前实行的招标项目中，在投标书中承包人就已列出准备派驻该工程的主要管理和技术人员名单）。而项目经理首先必须组建包括合同管理人员在内的项目管理小组，并着手进行施工准备工作。现场的施工准备工作一经开始，合同管理的工作重点就转移到施工现场，直到工程全部结束。承包人在施工合同履行过程中的合同管理的主要工作主要有：

（1）建立合同实施的保证体系，以保证合同实施过程中的一切日常事务性工作有秩序地进行，使工程项目的全部合同事件处于控制中，保证合同目标的实现。

（2）监督承包人的工程小组和分包商按合同实施，并做好各分包合同的协调和管理工作。承包人应以积极合作的态度完成自己的合同责任，努力做好自我监督。同时，也应督促发包人、工程师完成他们的合同责任，以保证工程顺利进行。

（3）对合同实施情况进行跟踪。收集合同实施的信息，收集各种工程资料，将合同实施情况与合同分析资料进行对比分析，找出其中的偏差，对合同履行情况作出诊断，向项目经理及时通报合同实施情况及问题，提出合同实施方面的意见、建议、甚至警告。

（4）进行合同变更管理。这里主要包括参与变更谈判，对合同变更进行事务性的处理；落实变更措施，修改变更相关的资料，检查变更措施的落实情况。

（5）日常的索赔管理。在工程实施过程中，承包人与业主、总（分）包商、材料供应商、银行之间都可能有索赔，合同管理人员承担着主要的索赔任务，负责日常的索赔处理事务。具体包括：对收集到的对方的索赔报告进行审查分析，收集反驳理由和证据，复核索赔值，起草索赔报告；对由于干扰事件引起的损失，向责任者提出索赔要求，收集索赔证据和理由，分析干扰事件的影响，计算索赔值，起草索赔报告；参加索赔谈判，对索赔中涉及到的问题进行处理。

八、建设工程施工合同的解除

施工合同订立后，当事人应当按照合同的约定履行。但是，在一定的条件下，合同没有履行或者没有完全履行，当事人也可以解除合同。

（一）可以解除合同的情形

1. 合同的协商解除

施工合同当事人协商一致，可以解除。这是在合同成立以后、履行完毕以前，双方当事人通过协商而同意终止合同关系的解除。当事人的这项权利是合同中意思自治的具体体现。

2. 发生不可抗力时合同的解除

因为不可抗力或者非合同当事人的原因，造成工程停建或缓建，致使合同无法履行，合同双方可以解除合同。

3. 当事人违约时合同的解除

（1）发包人不按合同约定支付工程款（进度款），双方又未达成延期付款协议，导致施工无法进行，承包人停止施工超过56天，发包人仍不支付工程款（进度款），承包人有权解除合同。

（2）承包人将其承包的全部工程转包给他人或者肢解后以分包的名义分别转包他人，发包人有权解除合同。

（3）合同当事人一方的其他违约致使合同无法履行，合同双方可以解除合同。

（二）一方主张解除合同的程序

一方主张解除合同的，应向对方发出解除合同的书面通知，并在发出通知前7天告知对方。通知到达对方时合同解除。对解除合同有异议的，按照解决合同争议程序处理。

（三）合同解除后的善后处理

合同解除后，当事人双方约定的结算和清理条款仍然有效。承包人应当按照发包人要求妥善做好已完工程和已购材料、设备的保护和移交工作，按发包人要求将自有机械设备和人员撤出施工场地。发包人应为承包人撤出提供必要条件，支付以上所发生的费用，并按合同约定支付已完工程款。已订货的材料、设备由订货方负责退货或解除订货合同，不能退还的货款和退货、解除订货合同发生的费用，由发包人承担。

第五节　建设工程其他相关合同

建筑施工企业在项目的进行过程中，必然会涉及多种合同关系，如建设物资的采购涉及买卖合同及运输合同、工程投保涉及保险合同，有时还会涉及租赁合同、承揽合同等。建筑施工企业的项目经理不但要做好对施工合同的管理，也要做好对建设工程涉及的其他合同的管理，这是项目施工能够顺利进行的基础和前提。

一、买卖合同

买卖合同是经济活动中最常见的一种合同，也是建设工程中需经常订立的一种合同。在建设工程中，建筑材料、设备的采购是买卖合同，施工过程中的一些工具、生活用品的采购也是买卖合同。在建设工程合同的履行过程中，承包方和发包方都需要经常订立买卖合同。当然，建设工程合同当事人在买卖合同中总是处于买受人的位置。

（一）买卖合同概述

1. 买卖合同的概念

买卖合同是出卖人转移标的物的所有权于买受人，买受人支付价款的合同。买卖合同是经济活动中最常见的一种合同，它以转移财产所有权为目的，合同履行后，标的物的所有权转移归买受人。

买卖合同的出卖人除了应当向买受人交付标的物并转移标的物的所有权外，还应对标的物的瑕疵承担担保义务。即出卖人应保证他所交付的标的物不存在可能使其价值或使用价值降低的缺陷或其他不符合合同约定的品质问题，也应保证他所出卖的标的物不侵犯任何第三方的合法权益。买受人除了应按合同约定支付价款外，还应承担按约定接受标的物的义务。

2. 买卖合同的特点

买卖合同具有以下特点：

（1）买卖合同是双务、有偿合同。即买卖双方互负一定义务，出卖人必须向买受人转移财产所有权，买受人必须支付价款，双方权利的取得都是有偿的。

（2）买卖合同是诺成合同。买卖合同以当事人意思表示一致为其成立条件，不以实物的交付为成立条件。

（3）买卖合同是不要式合同。在一般情况下，买卖合同的成立和生效并不需要具备特别的形式或履行审批手续；但是，这并不排除一些特殊的买卖合同，如标的额较大的材料设备买卖合同，国家或有关部门在合同形式或订立过程中有一定的要求。

3. 买卖合同的内容

买卖合同除了应当具备合同一般应当具备的内容外，还可以包括包装方式、检验标准和方法、结算方式、合同使用的文字及其效力等条款。

（二）买卖合同的履行

1. 标的物的交付

标的物的交付是买卖合同履行中最重要的环节，标的物的所有权自标的物交付时转移。

（1）标的物的交付期限。合同双方应当约定交付标的物的期限，出卖人应当按照约定的期限交付标的物。如果双方约定交付期间的，出卖人可以在该交付期间内的任何时间交付。

当事人没有约定标的物的交付期间或者约定不明确的，可以协议补充，不能达成补充协议的，按照合同有关条款或者交易习惯确定。如果仍不能确定，则出卖人可以随时履行，买受人也可以随时要求履行，但应当给对方必要的准备时间。

标的物在订立合同之前已为买受人占有的，合同生效的时间为交付的时间。

（2）标的物的交付地点。合同双方应当约定交付标的物的地点，出卖人应当按照约定的地点交付标的物。如果当事人没有约定交付地点或者约定不明确，事后没有达成补充协议，也无法按照合同有关条款或者交易习惯确定，则适用下列规定：

第一，标的物需要运输的，出卖人应当将标的物交付给第一承运人以运交给买受人。

第二，标的物不需要运输，出卖人和买受人订立合同时知道标的物在某一地点的，出卖人应当在该地点交付标的物，不知道标的物在某一地点的，应当在出卖人订立合同时的营业地交付标的物。

2. 标的物的风险承担

所谓风险，是指标的物因不可归责于任何一方当事人的事由而遭受的意外损失。一般情况下，标的物毁损、灭失的风险，在标的物交付之前由出卖人承担，交付之后由买受人承担。

因买受人的原因致使标的物不能按照约定的期限交付的，买受人应当自违反约定之日起承担标的物毁损、灭失的风险。

出卖人出卖交由承运人运输的在途标的物，除当事人另有约定的以外，毁损、灭失的风险自合同成立时起由买受人承担。

出卖人按照约定未交付有关标的物的单证和资料的，不影响标的物毁损、灭失风险的转移。

3. 买受人对标的物的检验

检验即检查与验收，对买受人来说既是一项权利也是一项义务。买受人收到标的物时应当在约定的检验期间内检验，没有约定检验期间的，应当及时检验。当事人约定检验期间的，买受人应当在检验期间内将标的物的数量或者质量不符合约定的情形通知出卖人。买受人怠于通知的，视为标的物的数量或者质量符合约定。当事人没有约定检验期间的，买受人应当在发现或者应当发现标的物的数量或者质量不符合约定的合理期间内通知出卖人。买受人在合理期间内未通知或者自标的物收到之日起两年内未通知出卖人的，视为标的物的数量或者质量符合约定，但对标的物有质量保证期的，适用质量保证期，不适用该两年的规定。

出卖人知道或者应当知道提供的标的物不符合约定的，买受人不受前两款规定的通知时间的限制。

4. 买受人支付价款

买受人应当按照约定的数额支付价款。对价款没有约定或者约定不明确的，由当事人协议补充，或按合同其他条款或交易习惯确定。

买受人应当按照约定的地点支付价款。对支付地点没有约定或者约定不明确，买受人应当在出卖人的营业地支付，但约定支付价款以交付标的物或者交付提取标的物单证为条件的，在交付标的物或者交付提取标的物单证的所在地支付。

买受人应当按照约定的时间支付价款。对支付时间没有约定或者约定不明确，买受人应当在收到标的物或者提取标的物单证的同时支付。

（三）买卖合同不当履行的处理

出卖人多交标的物的，买受人可以接收或者拒绝接收多交的部分。买受人接收多交部分的按照合同的价格支付价款；买受人拒绝接收多交部分的，应当及时通知出卖人。

标的物在交付之前产生的孳息，归出卖人所有，交付之后产生的孳息，归买受人所有。

因标的物的主物不符合约定而解除合同的，解除合同的效力及于从物。因标的物的从物不符合约定被解除的，解除的效力不及主物。

标的物为数物，其中一物不符合约定的，买受人可以就该物解除，但该物与他物分离使标的物的价值显受损害的，当事人可以就数物解除合同。

二、货物运输合同

在工程建设过程中，存在着大量的建筑材料、设备、仪器等的运输问题。做好货物运输合同的管理对确保工程建设的顺利进行有重要的作用。

（一）货物运输合同的概念

货物运输合同是由承运人将承运的货物从起运地点运送到指定地点，托运人或者收货人向承运人交付运费的协议。

货物运输合同中至少有承运人和托运人两方当事人，如果运输合同的收货人与托运人并非同一人，则货物运输合同有承运人、托运人和收货人三方当事人。在我国，可以作为承运人的有以下民事主体：1. 国有运输企业，如铁路局、汽车运输公司等；2. 集体运输组织，如运输合作社等；3. 城镇个体运输户和农村运输专业户。可以作为托运人的范围则是非常广泛的，国家机关、企事业法人、其他社会组织、公民等可以成为货物托运人。

（二）货物运输合同的种类

货物运输合同根据不同的标准可以进行不同的分类。

1. 以运输的货物进行分类

以运输的货物进行分类，可以将货物运输合同分为普通货物运输合同、特种货物（如鲜活货物等）运输合同和危险货物运输合同。

2. 以运输工具进行分类

以运输工具进行分类，可以将货物运输合同分为铁路货物运输合同、公路货物运输合同、水路货物运输合同、航空货物运输合同等。由于我国对运输业的管理是根据运输工具的不同而分别进行的，因此这种分类方式是最重要的。另外，由于科学技术的发展，运输工具的种类也越来越多，以此种方法分类，仍将不断出现新的运输合同，如管道货物运输合同等。

（三）货物运输合同的管理

在工程建设中，如果需要运输的货物是大批量的，则应做好物资供应计划，并根据自己的物资供应计划向运输部门申报运输计划。在合同的履行中还应特别注意以下问题：

1. 做好货物的包装

需要包装的货物，应当按照国家包装标准或者行业包装标准进行包装。没有规定统一包装标准的，要根据货物性质，在保证货物运输安全的原则下进行包装，并按国家规定标明装储运指示标志。

2. 应及时交付和领取托运的货物

运输行业具有较强的时间性，一定要按照约定的时间交货。同时，应及时地将领取货物凭证交付给收货人，并通知其到指定地点领取。如领取货物需准备人力、设备、工具的，则提前安排。

3. 对特种货物和危险货物的运输应做好准备工作

特种货物和危险货物的运输，必须单独填写运单，如实写明运输物品的名称、性质等，按有关部门的要求包装和附加明显标志。如果特种货物和危险货物中须有关部门证明文件才能运输的货物，托运人应将证明文件与货物运单同时交给承运人。

4. 出现应由承运人承担的责任应及时索赔

我国的运输法规对货物运输合同的索赔时效作了特别规定，其时效大大短于我国《民法通则》规定的诉讼时效，一般都是货物运抵到达地点或货运记录交给托运人、发货人的次日起算不超过180天。这就要求托运人或收货人应对运抵目的货物及时进行检查验收，发现由承运人承担的责任则应及时提出索赔。

三、保险合同

（一）保险合同的概念

保险合同是指投保人与保险人约定保险权利义务关系的协议。

投保人是指与保险人订立保险合同，并按照保险合同负有支付保险费义务的人。保险人指与投保人订立保险合同，并承担赔偿或者给付保险金责任的保险公司。

保险公司在履行中还会涉及到被保险人和受益人的概念。被保险人是指其财产或者人身受保险合同保障，享有保险金请求权的人，投保人可以为被保险人。受益人是指人身保险合同中由被保险人或者投保人指定的享有保险金请求权的人,投保人、被保险人可以为受益人。

(二)保险合同的基本条款

保险合同应包括下列事项:

1. 保险人名称和住所;
2. 投保人、被保险人名称和住所,以及人身保险的受益人的名称和住所;
3. 保险标的;
4. 保险责任和责任免除;
5. 保险期间和保险责任开始时间;
6. 保险价值;
7. 保险金额(指保险人承担赔偿或给付保险金责任的最高限额);
8. 保险费以及支付办法;
9. 保险金赔偿或者给付办法;
10. 违约责任和争议处理;
11. 订立合同的年、月、日。

保险人与投保人也可就与保险有关的其他事项作出约定。

(三)保险合同的分类

1. 财产保险合同

财产保险合同是以财产及其有关利益为保险标的的保险合同。在财产保险合同中,保险合同的转让应当通知保险人,经保险人同意继续承保后,依法转让合同。在合同的有效期内,保险标的危险程度增加的,被保险人按照合同约定应当及时通知保险人,保险人有权要求增加保险费或者变更合同。

建筑工程一切险和安装工程一切险都为财产保险合同。

2. 人身保险合同

人身保险合同是以人的寿命和身体为保险标的的保险合同。投保人应向保险人如实申报被保险人的年龄、身体状况。投保人于合同成立后,可以向保险人一次支付全部保险费,也可以按照合同规定分期支付保险费。人身保险的受益人由被保险人或者投保人指定。保险人对人身保险的保险费,不得用诉讼方式要求投保人支付。

(四)保险合同的履行

保险合同订立后,当事人双方必须严格、全面地按保险合同订明的条款履行各自的义务。在订立保险合同前,当事人双方均应履行告知义务。即保险人应将办理保险的有关事项告知投保人;投保人应当按照保险人的要求,将主要危险情况告知保险人。在保险合同订立后,投保人应按照约定期限交纳保险费,应遵守有关消防、安全、生产操作和劳动保护方面的法规及规定。保险人可以对被保险财产的安全情况进行检查,如发现不安全因素,应及时向投保人提出清除不安全因素的建议。在保险事故发生后,投保人有责任采取一切措施,避免扩大损失,并将保险事故发生的情况及时通知保险人。保险人对保险事故所造成的保险标的损失或者引起的责任,应当按照保险合同的规定履行赔偿或给付责任。

保险事故发生后,保险人已支付了全部保险金额,并且保险金额相等于保险价值的,受损保险标的全部权利归于保险人；保险金额低于保险价值的，保险人按照保险金额与保险时此保险标的的价值取得保险标的的部分权利。

四、租赁合同

（一）租赁合同概述

租赁合同是出租人将租赁物交付承租人使用、收益，承租人支付租金的合同。租赁合同是转让财产使用权的合同，合同的履行不会导致财产所有权的转移，在合理有效期满后，承租人应当将租赁物交还出租人。

租赁合同的形式没有限制，但租赁期限在 6 个月以上的，应当采用书面形式。

随着市场经济的发展，在工程建设过程中出现了越来越多的租赁合同。特别是建筑施工企业的施工工具、设备，如果自备过多，则购买费用、保管费用都很高，所以大多依靠设备租赁来满足施工高峰期的使用需要。

（二）租赁合同的内容

租赁合同的内容包括以下条款：

1. 租赁物的名称

租赁物的名称，是指租赁合同的标的，必须是有形、特定的非消费物，即能够反复使用的各种耐耗物品。租赁物还必须是法律允许流通的物。

2. 租赁物的数量

租赁物的数量，是指以数字和计量单位表示的租赁物的尺度。

3. 用途

合同中约定的用途对双方都有约束力。出租人应当在租赁期间保持租赁物符合约定的用途。承租人应当按照约定的用途使用租赁物。

4. 租赁期限

当事人应当约定租赁期限，租赁期限不得超过 20 年，但无最短租赁期限的限制。租赁期限超过 20 年的，超过部分无效。当事人对租赁期限没有约定或者约定不明确的，可以协议补充；不能达成补充协议的，按照合同有关条款或者交易习惯确定。如果仍不能确定的，视为不定期租赁。当事人未采用书面形式的租赁合同也视为不定期租赁。对于不定期租赁，当事人可以随时解除合同，但出租人解除合同应当在合理期限之前通知承租人。

5. 租金及其支付期限和方式

租金是指承租人为了取得财产使用权而支付给出租人的报酬。当事人在合同中应当约定租金的数额、支付期限和方式。对于支付期限没有约定或者约定不明确的，可以协议补充；不能达成补充协议的，按照合同有关条款或者交易习惯确定。如果仍不能确定的，租赁期间不满 1 年的，应当在租赁期间届满时支付；租赁期间 1 年以上的，应当在每届满 1 年时支付，剩余期间不满 1 年的，应当在租赁期间届满时支付。

6. 租赁物的维修

合同当事人应当约定，租赁期间应当由哪一方承担维修责任及维修对租金和租赁期限的影响。在正常情况下，出租人应当履行租赁物的维修义务，但当事人也可约定由承租人承担维修义务。

（三）租赁合同的履行

1. 关于租赁物的使用

出租人应当按照约定将租赁物交付承租人。承租人应当按照约定的方法使用租赁物，对租赁物的使用方法没有约定或者约定不明确，可以协议补充；不能达成补充协议的，按照合同有关条款或者交易习惯确定。如果仍不能确定的，应当按照租赁物的性质使用。

承租人按照约定的方法或者租赁物的性质使用租赁物，致使租赁物受到损耗的，不承担损害赔偿责任。承租人未按照约定的方法或者租赁物的性质使用租赁物，致使租赁物受到损失的，出租人可以解除合同并要求赔偿损失。

2. 关于租赁物的维修

如果没有特殊的约定，承租人可以在租赁物需要维修时要求出租人在合理期限内维修。出租人未履行维修义务的，承租人可以自行维修，维修费用由出租人承担。因维修租赁物影响承租人使用的，应当相应减少租金或者延长租期。

3. 关于租赁物的保管和改善

承租人应当妥善保管租赁物，因保管不善造成租赁物毁损的、灭失的，应当承担损害赔偿责任。承租人经出租人同意，可以对租赁物进行改善或者增设他物。承租人未经出租人同意，对租赁物进行改善或者增设他物的，出租人可以要求承租人恢复原状或者赔偿损失。

4. 关于转租和续租

承租人经出租人同意，可以将租赁物转租给第三承租人转租的，承租人与出租人之间的租赁合同继续有效，第三人对租赁物造成损失的，承租人应当赔偿损失。承租人未经出租人同意转租的，出租人可以解除合同。

租赁期间届满，承租人应当返还租赁物。返还的租赁物应当符合按照约定或者租赁物的性质使用后的状态。当事人也可以续订租赁合同，但约定的租赁期限自续订之日起不得超过20年。租赁期届满，承租人继续使用租赁物，出租人没有提出异议的，原租赁合同继续有效，但租赁期限为不定期。

五、承揽合同

由于我国合同法规定，建设工程合同一章中没有规定的，适用承揽合同的有关规定。因此，承揽合同的有如下主要内容。

（一）承揽合同概述

承揽合同是承揽人按照定做人的要求完成工作，交付工作成果，定作人给付报酬的合同。承揽包括加工、定作、修理、复制、测试、检验等工作。

承揽合同的标的即当事人权利义务指向的对象是工作成果，而不是工作过程和劳务、智力的支出过程。承揽合同的标的一般是有形的，或至少要以有形的载体表现，不是单纯的智力技能。

承揽合同的内容包括承揽的标的、数量、质量、报酬、承揽方式、材料的提供、履行期限、验收标准和方法等条款。

（二）承揽合同的履行

1. 承揽人的履行

承揽人应当以自己的设备、技术和劳力，完成主要工作，但当事人另有约定的除外。承揽人可以将承揽的辅助工作交由第三人完成。承揽人将其承揽的辅助工作交由第三人完成的，应当就该第三人完成的工作成果向定作人负责。

如果合同约定由承揽人提供材料的，承揽人应当按照约定选用材料，并接受定作人检验。如果是定作人提供材料的，承揽人应当及时检验，发现不符合约定的，应当及时通知定作人更换、补齐或者采取其他补救措施。承揽人发现定作人提供的图纸或者技术要求不合理，应当及时通知定作人。

承揽人在工作期间，应当接受定作人必要的监督检验。定作人不得因监督检验妨碍承揽人的正常工作。承揽人完成工作，应当向定作人交付工作成果，并提交必要的技术资料和有关质量证明。

2. 定作人的履行

定作人应当按照约定的期限支付报酬。定作人未向承揽人支付报酬或者材料费等价款，承揽人对完成的工作成果享有留置权。

承揽工作需要定作人协助的，定作人有协助的义务。定作人不履行协助义务致使承揽工作不能完成的，承揽人可以催告定作人在合理期限内履行义务，并可以顺延履行期限；定作人逾期不履行的，承揽人可以解除合同。

如果合同约定由定作人提供材料，定作人应当按照约定提供材料。承揽人通知定作人提供的图纸或者技术要求不合理后，因定作人怠于答复等原因造成承揽人损失的，应当赔偿损失。

定作人中途变更承揽工作的要求，造成承揽人损失的，应当赔偿损失。定作人可以随时解除承揽合同，造成承揽人损失的，应当赔偿损失。定作人可以变更和解除承揽合同，这是对定作人的特别保护。因为定作物往往是为了满足定作人的特殊需要的，如果定作人需要的定作物发生变化或者根本不再需要定作物，再按照合同约定制作定作物将没有任何意义。

案 例 分 析

案例一

【案情简介】

A公司为修建一座综合楼，经过一系列的招标、投标，最后选定B公司作为承包方，并于2000年8月10日签订了一份合同。合同约定，B公司于10月10日开始施工，施工前一个月内，A公司提供技术资料和设计图纸，并且在正式开工前一个月将工程的用电、用水等前期问题解决；工程造价800万元，A公司先行支付200万元的前期资金，余款在工程验收合格后由A公司一次性付清；B公司在2001年12月20前交楼；工程保修期为3年。

合同签订后，A公司依约将有关图纸、资料交给了B公司，用水问题也得到了解决，但直至11月20日，A公司仍未能解决工地用电问题，导致B公司被迫停工，造成了近5万元的损失。2001年12月，工程主体建筑基本完工。由于开工前延误工期，为了尽早交楼，B公司经A公司同意，将工程的室内工程转包给C公司，C公司又将该工程中的门窗安装工程分包给了D公司。A公司在工程验收时发现，该室内装修工程质量和门窗安装质量均没有达到合同约定的标准，因此A公司要求扣除B公司工程款50万元，双方发生纠纷，A公司以B公司违约为由向人民法院提起诉讼。

【问题】

1. 对 B 公司的损失，A 公司是否应承担赔偿责任？为什么？
2. B 公司的转包行为是否有效？
3. C 公司的分包行为是否有效？
4. 室内工程不合格，谁应当向 A 公司承担赔偿责任？
5. 对于不合格的室内工程，A 公司可以采取哪些措施？
6. 如果工程验收合格后，A 公司经催告仍不按约定支付工程款，B 公司可以怎么做？
7. 若大楼使用 10 年后，因工程质量问题导致部分楼体坍塌，给 A 公司造成重大损失。对此，B 公司是否应当承担赔偿责任？

【案例评析】

1.《合同法》第 283 条规定："发包人未按约定时间和要求提供原材料、设备、场地、技术资料的，承包人可以顺延工程日期，并有权要求赔偿停工、窝工等损失"。

2.《合同法》第 272 条第 2 款规定："总承包人或者勘察、设计、施工承包人经发包人同意，可以将自己承包的部分工作交由第三人完成"。B 公司将部分工程分包给 C 公司经过了 A 公司的同意所以 B 公司的转包行为有效。

3.《合同法》第 272 条第 3 款规定："禁止分包单位将其承包的工程再分包"。C 公司已经是分包单位了，所以 C 公司的分包行为无效。

4.《合同法》第 272 条第 2 款规定："总承包人或者勘察、设计、施工承包人经发包人同意，可以将自己承包的部分工作交由第三人完成。第三人就其完成的工作成果与总承包人或者勘察、设计、施工承包人向发包人承担连带责任"。所以 B 公司和 C 公司向 A 公司承担连带责任。

5.《合同法》第 281 条规定："因施工人的原因致使建设工程质量不符合约定的，发包人有权要求施工人在合理期限内无偿修理或者返工、改建，经无偿修理或者返工、改建后造成逾期交付的，施工人应当承担违约责任"。

6.《合同法》第 286 条规定："发包人逾期不支付价款的协议将该工程折价，也可以申请人民法院将该工程依法拍卖，并就该工程折价或者拍卖的价款优先受偿。"

7.《合同法》第 282 条规定："因承包人的原因致使建设工程在合理的使用期限内造成人身和财产损害的，承包人应当承担损害赔偿责任"。楼房的使用年限一般是 70 年，题中 10 年属合理使用年限。

8. 结论：

A 公司应当承担赔偿责任。依据法律规定，发包人未按约定时间和要求提供原材料、设备、场地、技术资料的，承包人可以顺延工程日期，并有权要求赔偿停工、窝工等损失。

B 公司的转包行为有效。

C 公司的分包行为无效。

应当由 B 公司和 C 公司向 A 公司承担连带责任。

A 公司有权要求 B 公司和 C 公司无偿修理或者返工、改建，因修理等超过合同约定的期限的，A 公司有权要求 B 公司和 C 公司承担违约责任。

B 公司可以与 A 公司协议将该工程折价，也可以申请人民法院将该工程依法拍卖，并就该工程折价或者拍卖的价款优先受偿。

B公司应当承担赔偿责任。

案例二

【案情简介】

原告：某市房地产开发有限公司

被告：某市沥青有限责任公司

原、被告于1999年6月16日和2000年11月1日先后签订了《住宅楼委托建设合同书》及补充规定之一、之二。被告未按合同规定履行付款义务，原告于2001年5月31日、6月4日、6月21日三次通知被告履行义务，并提出解除合同，被告既不付款，又不接受解除合同通知。为此，原告诉请法院依法解除委托建设合同及补充协议之一、之二；并判令被告承担赔偿金623200元。

被告沥青公司辩称，①原告未按期施工。我公司于1999年11月、12月已向原告付款30万元，而原告直到2000年9月18日仍未开工。②我公司基本履行了付款义务。我公司于1999年11月、12月付款30万元，2000年11月、12月又付款24万元，即使我方再付款，原告因资料不全，也难以全面履行合同。③原告称向我方发出三份通知不属实。6月21日的通知我们不知道，6月4日是双方签订的补充协议，并非单方通知。④原告未按约定竣工应承担逾期竣工的违约责任。⑤原告未按约定将后三栋楼的施工许可证交给我公司，也应承担违约责任。

法院审理后认为，原、被告双方当事人的《住宅楼委托建设合同书》及补充规定之一、之二和"关于明月小区二组团15号、16号、17号楼建设的补充协议"都是在自愿、合法的基础上签订的，三份补充协议都是对《住宅楼委托建设合同书》的修订，均应当认定为有效合同。当事人订立和履行合同，应当遵循诚实信用原则，本案双方当事人在合同订立后，又先后三次对付款日期和工期进行修订，被告均未按照约定履行义务，已构成迟延履行主要债务，在原告发函催告其履行债务后，被告在两个月的时间内仍未履行其付款的义务，原告诉请解除合同，经调解无效，应当准予解除。原告主张被告支付赔偿金，但并未提供任何证据证明其由于被告违约而产生的经济损失数额，该项请求不予支持。最终判决如下：

1. 解除原告某市房地产开发有限公司与被告某市沥青有限责任公司签订的《住宅楼委托建设合同书》及相关的补充协议。

2. 原告某市房地产开发有限公司在本判决生效后七日内，退还被告某市沥青有限责任公司已支付的款项54万元。

【案例评析】

1. 这是一起典型的发包人未按合同约定支付工程款，在承包人催告的合理期限内仍未履行付款义务，依法解除合同的案例。

2. 《最高人民法院关于审理建设工程施工合同纠纷案件适用法律问题的解释》第九条规定："发包人具有下列情形之一，致使承包人无法施工，且在催告的合理期限内仍未履行相应义务，承包人请求解除建设工程施工合同的，应予支持：

（1）未按约定支付工程价款的；

（2）提供的主要建筑材料、建筑构配件和设备不符合强制性标准的；

(3) 不履行合同约定的协助义务的。"

3. 最高院的本条规定，对承包人解除建设工程施工合同提出了严格的前提条件：

(1) 发包人的行为致使承包人无法施工；

(2) 承包人催告发包人后，在合理期内，发包人仍未履行义务。

虽然在实践中，承包人行使合同解除权的并不多，但承包人在履行合同的过程中一定要注意收集发包人的违约证据，并妥善保管，一旦合同的履行对其没有任何意义时，可依法提出解除合同的请求，防患于未然。

复习思考题

1. 什么是建设工程合同？有何特征？
2. 建设工程合同的种类分别是哪几种？
3. 建设工程勘察、设计合同主要内容是什么？
4. 建设工程勘察、设计合同的订立、履行的基本内容？
5. 建设工程勘察、设计合同的变更和解除及违约责任如何处理？
6. 建设监理合同的概念？其当事人的权利义务有哪些？
7. 建设工程施工合同的类型有哪些？
8. 说明《建设工程施工合同（示范文本）》的主要结构。
9. 《建设工程施工合同（示范文本）》关于工程分包有哪些条款规定？
10. 建设工程其他相关合同有哪些？各自主要内容有哪些？

第十章 FIDIC 土木工程施工合同条件

本章主要是针对国际工程承包中通常采用的 FIDIC 合同条件，阐述了其发展过程、合同文件的构成、FIDIC 合同条件的应用范围及前提条件，应用 FIDIC 合同条件的工作程序等；根据 1999 年第 1 版的 FIDIC 施工合同条件，重点介绍了涉及权利义务的条款、涉及质量控制的条款、涉及工程进度控制的条款、涉及费用控制的条款和涉及法规性的条款五部分内容。

第一节 概　述

合同条件是合同文件最重要的组成部分。在国际工程承发包中，业主和承包商在订立工程合同时，常参考一些国际性的专业组织编制的标准合同条件，本章主要介绍国际咨询工程师联合会（FIDIC）编制的施工合同条件。

一、FIDIC 简介

FIDIC 是指国际咨询工程师联合会（Federation Internationale Des Ingenieurs Conseils）法文名称的缩写，在国内一般译为"菲迪克"。它总部设在瑞士洛桑，是世界上最具权威性的咨询工程师组织，推动了全球范围内高质量的工程咨询服务业的发展。它在每个国家只吸收一个独立的咨询工程师协会作为团体会员。中国工程咨询协会 1996 年代表中国加入 FIDIC，成为其正式会员。

FIDIC 下设五个长期性的专业委员会：业主咨询工程师关系委员会（CCRC）；合同委员会（CC）；风险管理委员会（RMC）；质量管理委员会（QMC）；环境委员会（ENVC）。FIDIC 的各专业委员会编制了许多规范性的文件，这些文件不仅为 FIDIC 成员国采用，世界银行、亚洲开发银行、非洲开发银行的招标样本也常常采用。其中最常用的有《土木工程施工合同条件》、《电气和机械工程合同条件》、《业主/咨询工程师标准服务协议书》、《设计——建造与交钥匙工程合同条件》（国际上分别通称为 FIDIC "红皮书"、"黄皮书"、"白皮书"和"桔皮书"）以及《土木工程施工分包合同条件》。1999 年，FIDIC 又出版了新的《施工合同条件》、《工程设备和设计——施工合同条件》、《EPC（设计采购施工）交钥匙工程合同条件》及《简明合同格式》四本新的合同标准格式。本章重点介绍 FIDIC 新版《施工合同条件》的有关内容。

二、FIDIC《施工合同条件》简介

FIDIC 施工合同条件由通用合同条件和专用合同条件两部分构成。

（一）通用合同条件

FIDIC 通用条件的含义是：工程建设项目只要是属于土木工程施工，如：工业与民用建筑工程、水电工程、路桥工程、港口工程等建设项目，均可适用。通用条件共分 20 条，内含 163 款。其中 20 条分别是：一般规定，雇主，工程师，承包商，指定的分包商，员

工，工程设备、材料和工艺，开工、延误和暂停，竣工检验，雇主接受，缺陷责任，测量和估价，变更和调整，合同价款和支付，由雇主终止，由承包商暂停和终止，风险与职责，保险，不可抗力，索赔、争端和仲裁。在通用条件中还有附录及程序规则。

由于通用条件适用于所有土木工程，条款也非常具体而明确。但不少条款还需要前后串联、对照才能最终明确其全部含义，或与其专用条件相应序号的条款联系起来，才能构成一条完整的内容。FIDIC条款属于双务合同，即施工合同的签约双方（业主和承包商）都承担风险，又各自分享一定的权益。因此，其大量的条款明确地规定了在工程实施某一具体问题上双方的权利和职责。

（二）专用合同条件

基于不同地区、不同行业的土建类工程施工共性条件而编制的通用条件已成为分门别类、内容详尽的合同文件范本。但有这些仍是不够的，具体到某一工程项目，有些条款应进一步明确，有些条款还必须考虑工程的具体特点和所在地区情况予以必要的变动，FIDIC专用合同条件恰好实现了这一目的。第二部分专用条件和第一部分的通用条件，构成了决定一个具体工程项目各方的权利和义务。

第二部分专用条件的编制原则是，根据具体工程的特点，针对通用条件中的不同条款进行选择、补充或修正，使由这两部分相同序号组成的条款内容更为完备。因此第二部分专用条件并不像第一部分通用条件那样，条款序号依次排列，以及每一序号下都有具体的条款内容，而是视第一部分条款内容是否需要修改、取代或补充，而决定相应序号的专用条款是否需要修改、取代或补充，从而决定相应序号的专用条款是否存在。

三、FIDIC合同条件的应用

（一）FIDIC合同条件的适用范围

（1）FIDIC合同条件适用于一般的土木工程，其中包括工业与民用建筑工程、水电工程、路桥工程和港口工程等建设项目。

（2）FIDIC合同条件在传统上主要适用于国际工程施工。也同样适用于国内合同（只要把专用条件稍加修改即可）。

（二）FIDIC合同条件的应用前提

FIDIC合同条件注重业主、承包商、工程师三方的关系协调，强调工程师在项目管理中的作用。在土木工程施工中应用FIDIC合同条件应具备以下前提：

（1）通过竞争性招标确定承包商；

（2）委托工程师对工程施工进行管理；

（3）按照固定单价方式编制招标文件。

（三）FIDIC合同条件应用的基本工作程序

应用FIDIC合同条件大致需要经过以下主要工作程序：

（1）确定工程项目，筹措资金。

（2）选择工程师，签订监理委托合同。

（3）委托勘察设计单位对工程项目进行勘察设计，也可委托工程师对此进行监理。

（4）通过竞争性招标，确定承包商。

（5）业主与承包商签订施工承包合同，作为FIDIC合同文件的组成部分。

（6）承包商办理合同要求的履约担保、预付款保函、保险等事项，并取得业主的批准。

(7) 业主支付预付款。在国际工程中，一般情况下，业主都在合同签订后施工前，支付给承包商一定数额的无息资金，以供承包商进行施工人员的组织、材料设备的购置及进入现场、完成临时工程等准备工作，这笔资金称预付款。预付款的有关事项如数量、支付时间和方式、支付条件、扣还方式等，应在专用合同条件或投标书附件中规定。一般为合同款的10%～15%。

(8) 承包商提交工程师所需的施工组织设计、施工技术方案、施工进度计划和现金流量估算。

(9) 准备工作就绪后，由工程师下达开工令，业主同时移交工地占有权。

(10) 承包商根据合同的要求进行施工，而工程师则进行日常的监理工作。这一阶段是承包商与工程师的主要工作阶段，也是FIDIC合同条件要规范的主要内容。这在本章中还要做详细介绍。

(11) 根据承包商的申请，工程师进行竣工检验。若工程合格，颁发接收证书，业主归还部分保留金。

(12) 承包商提交竣工报表，工程师签发支付证书。

(13) 在缺陷通知期内，承包商应完成剩余工作并修补缺陷。

(14) 缺陷通知期满后，经工程师检验，证明承包商已根据合同履行了施工、竣工以及修补所有工程缺陷的义务，工程质量达到了工程师满意的程度，则由工程师颁发履约证书，业主应归还履约保证金及剩余保留金。

(15) 承包商提出最终报表，工程师签发最终支付证书，业主与承包商结清余款。随后，业主与承包商的权利义务关系即告终结。

(四) FIDIC合同条件下合同文件的组成及优先次序

在FIDIC合同条件下，合同文件除合同条件外，还包括其他对业主、承包方都有约束力的文件。构成合同的这些文件应该是互相说明、互相补充的，但是这些文件有时会产生冲突或含义不清。此时，应由工程师进行解释，其解释应按构成合同文件的内容按以下先后次序进行：

1. 合同协议书

合同协议书有业主和承包商的签字，有对合同文件组成的约定，是使合同文件对业主和承包商产生约束力的法律形式和手续。

2. 中标函

中标函是由业主签署的正式接受投标函的文件，即业主向中标的承包商发出的中标通知书。它的内容很简单，除明确中标的承包商外，还明确项目名称、中标标价、工期、质量等事项。

3. 投标书

这是由承包商填写的提交给业主的对其具有法律约束力的文件。其主要内容是工程报价，同时保证按合同条件、规范、图纸、工程量表、其他资料表、所附的附录及补充文件的要求，实施并完成招标工程并修补其任何缺陷；保证中标后，在规定的开工日期后尽早地开工，并在规定的竣工日期内完成合同中规定的全部工程。

4. 合同条件第二部分（专用条件）

这部分即合同条件中的专用条款，它的效力高于通用条款，有可能对通用条款进行修改。

5. 合同条件第一部分（通用条件）

这部分即合同条件中的通用条款，其内容若与专用条款冲突，应以专用条款为准。

6. 规范

这是指对工程范围、特征、功能和质量的要求和施工方法、技术要求的说明书，对承包商提供的材料的质量和工艺标准、样品和试验、施工顺序和时间安排等都要做出明确规定。一般技术规范还包括计量支付方法的规定。

规范是招标文件中的重要组成部分。编写规范时可引用某一通用的外国规范，但一定要结合本工程的具体环境和要求来选用，同时还包括按照合同根据具体工程的要求对选用规范的补充和修改内容。

7. 图纸

图纸是指合同中规定的工程图纸，也包括在工程实施过程中对图纸进行修改和补充。这些修改、补充的图纸均须经工程师签字后正式下达，才能作为施工及结算的依据。另外，招标时提供的地质钻孔柱状图、探坑展示图等地质、水文图纸也是投标者的参考资料。

图纸是投标者拟定施工方案、确定施工方法以至提出替代方案、计算投标报价等必不可少的资料。这对合同当事人双方都有约束力，因而是合同的重要组成部分。

8. 资料表和构成合同组成部分的其他文件。

资料表包括工程量表、数据、表册、费率或价格表等。标价的工程量表是由招标者和投标者共同完成的。作为招标文件的工程量表中有工程的每一类目或分项工程的名称、估计数量以及单位，只留出单价和合价的空格，这些空格由投标者填写。投标者填入单价和合价后的工程量表称为"标价的工程量表"，是投标文件的重要组成部分。

构成合同组成部分的其他文件是指在合同协议书或中标函中列明范围的文件，其中包括合同履行过程中构成的对双方有约束力的文件。

四、FIDIC 施工合同条件的条款

FIDIC 施工合同条件可以大致划分为涉及权利义务的条款、涉及费用管理的条款、涉及工程进度控制的条款、涉及质量控制的条款和涉及法规性的条款五大部分。这种划分只能是大致的，因为有相当多的条款很难准确地将其划入某一部分，可能它同时涉及费用管理、工程进度控制等几个方面的内容。本章以 1999 年出版的 FIDIC 施工合同条件为依据，分节对 FIDIC 施工合同条件中各条款的主要内容、功能、作用等方面作一个初步归纳。

第二节 涉及权利和义务的条款

FIDIC 土木工程施工合同条件中涉及权利义务的条款，主要包括业主的权利与义务、工程师的权利与职责、承包商的权利与义务。其主要内容为：

一、业主的权利与义务

业主是指在合同专用条件中指定的当事人以及取得此当事人资格的合法继承人（在 FIDIC 原文中称为雇主），但除非承包商同意，不指此当事人的任何受让人。业主是建设工程项目的所有人,也是合同的当事人,在合同的履行过程中享有大量的权利并承担相应的义务。

(一)业主的权利

1. 有权批准或否决承包商将合同转让

承包商如果要将合同的全部或部分转让给他人,必须经业主同意。因为这种转让行为有可能损害业主的权益。

2. 有权指定分包商

指定分包商是指合同中由业主指定或由业主工程师在工程实施的过程中指定,完成某一项工作内容的施工或材料设备供应工作的承包商。指定分包商虽由业主或业主工程师指定,但他应与承包商签订分包合同,由承包商负责对他的协调与管理并对之进行支付。如果有正当理由,承包商可以反对接受指定的分包商。

3. 承包商违约时业主有权采取补救措施

(1) 施工期间出现的质量事故,如果承包商无力修复,或者业主工程师考虑工程安全,要求承包商紧急修复,而承包商不愿或不能立即进行修复。此时,业主有权雇用其他人完成修复工作,所支付的费用从承包商处扣回。

(2) 承包商未按合同要求进行投保并保持其有效,或者承包商在开工前未向业主提供说明已按合同要求投保并生效的证明。则业主有权办理合同中规定的承包商应当办理而未办理的投保。业主代替承包商办理投保的一切费用均由承包商承担。

(3) 承包商未能在指定的时间将有缺陷的材料、工程设备及拆除的工程运出现场。此时业主有权雇用他人承担此类工作,由此产生的一切费用均由承包商承担。

4. 承包商构成合同规定的违约事件时,业主有权终止合同

在发生下述事件后,业主有权向承包商发出终止合同的书面通知,终止对承包商的雇用:① 承包商宣告破产、停业清理或解体,或由于其他情况失去偿付能力;② 承包商未能按要求及时提交履约保证或按照工程师的通知改正过失;③ 承包商未经业主同意将整个工程分包出去或转让合同;④ 承包商不愿继续履行合同义务;⑤ 承包商无正当理由未按合同规定开工、拖延工期;⑥ 承包商不及时拆除、移走、重建不合格的工程设备、材料或工艺缺陷,或实施补救工作;⑦ 承包商的各种贿赂行为。

在发出终止合同的书面通知 14 天后终止合同,将承包商逐出现场。业主可以自己完成该工程,或雇用其他承包商完成该工程。业主或其他承包商为了完成该工程,有权使用他们认为合适的原承包商的设备、临时工程和材料。

(二)业主的义务

1. 投标函附录规定的时间内向承包商提供施工场地

业主应随时给予承包商占有现场各部分的范围及占用各部分的顺序。业主提供的施工场地应能够使承包商根据工程进度计划开始并进行施工。

2. 业主应在合理的时间内向承包商提供图纸和有关辅助资料

在承包商提交投标书之前,业主应向承包商提供根据有关该项工程的勘察所取得的水文及地表以下包括环境方面的资料。开工后,随着工程进度的进展,业主应随时提供施工图纸。特别是工程变更时,更应避免因图纸提供不及时而影响施工进度。

3. 业主应按合同规定的时间向承包商付款

FIDIC 合同条件对业主向承包商付款有很多具体的规定。在工程师签发首期预付款、期中支付证书、最终支付证书后，业主应按合同规定的期限，向承包商付款。如果业主没有在规定的时间内付款，则业主应按照合同规定的利率，从应付日期起计算利息付给承包商。

4. 业主应在缺陷责任期内负责照管工程现场

颁发接收证书后，在缺陷责任期内的现场照管由业主负责。如果工程师为永久工程的某一部分工程颁发了接收证书，则这一部分的照管责任随之转移给业主。

5. 业主应协助承包商做好有关工作

业主的协助义务是多方面的。如帮助承包商获得工程所在国的法律文本、申请法律中要求的各项许可、执照和批准等。

二、工程师的职责与权利

工程师是指业主为实现合同规定的目的而指定的工程师。他与业主签订委托协议书，根据施工合同的规定，对工程的质量、进度和费用进行控制和监督，以保证工程项目的建设能满足合同的要求。

（一）工程师的权利

1. 质量管理方面的权利

（1）对现场材料及设备有检查和拒收的权力。对工程所需要的材料和设备，工程师随时有权检查。对不合格的材料、设备，工程师有权拒收。

（2）有权监督承包商的施工。监督承包商的施工，是工程师最主要的工作。一旦发现施工质量不合格，工程师有权指令承包商进行改正或停工。

（3）对已完工程有确认或拒收的权利。任何已完工程，由工程师进行验收并确认。对不合格的工程，工程师有权拒收。

（4）有权对工程采取紧急补救措施。一旦发生事故、故障或其他事件，如果工程师认为进行任何补救或其他工作是工程安全的紧急需要，则工程师有权采取紧急补救措施。

（5）有权要求解雇承包商的雇员。对于承包商的任何人员，如果工程师认为其在履行职责中不能胜任或出现玩忽职守的行为、不遵守合同的规定等，有权要求承包商予以解雇。

（6）有权批准分包商。如果承包商准备将工程的一部分分包出去，他必须向工程师提出申请报告。未经工程师批准的分包商不能进入工地进行施工。

2. 进度管理方面的权利

（1）有权批准承包商的进度计划。承包商的施工进度计划必须满足合同规定工期（包括工程师批准的延期）的要求，同时必须经过工程师的批准。

（2）有权发出开工令、停工令和复工令。承包商应当在接到工程师发出的开工通知后开工。如果由于种种原因需要停工，工程师有权发布停工令。当工程师认为施工条件已达到合同要求时，可以发出复工令。

（3）有权控制施工进度。如果工程师认为工程或其他任何区段在任何时候的施工进度太慢，不符合竣工期限的要求，则工程师有权要求承包商采取必要的步骤，加快工程进度，使其符合竣工期限的要求。

3. 费用管理方面的权利

(1) 有权确定变更价格。任何因为工作性质、工程数量、施工时间的变更而发出的变更指令，其变更的价格由工程师确定。工程师确定变更价格时应充分和承包商协商，尽量取得一致性意见。

(2) 有权批准使用暂定金额。暂定金额只有在工程师的指示下才能动用。

(3) 有权批准使用计日工。对于数量少的零散工作，工程师可以用变更的形式指示承包商实施。并按合同中的计日工表进行估价和支付。

(4) 有权批准向承包商付款。所有按照合同规定应由业主向承包商支付的款项，均需由工程师签发支付证书，业主再据此向承包商付款。工程师还可以通过任何临时支付证书对他所签发的任何原有支付证书进行修正或更改。如果工程师认为有必要，他有权停止对承包商付款。

4. 合同管理方面的权利

(1) 有权批准工程延期。如果由于承包商自身以外的原因，导致工期的延长，则工程师应批准工程延期。经工程师批准的延期时间，应视为合同规定竣工时间的一部分。

(2) 有权发布工程变更令。合同中工程的任何部分的变更，包括性质、数量、时间的变更，必须经工程师的批准，由工程师发出变更指令。

(3) 颁发接收证书和履约证书。经工程师检查验收后，工程符合合同的标准，即颁发接收证书和履约证书。

(4) 有权解释合同中有关文件。当合同文件的内容、字义出现歧义或含糊时，则应由工程师对此做出解释或校正，并向承包商发布有关解释或校正的指示。

(二) 工程师的职责

1. 认真执行合同

认真执行合同是工程师的根本职责。FIDIC合同条件的规定，工程师有如下的职责：合同实施过程中向承包商发布信息和指标；评价承包商的工作建议；保证材料和工艺符合规定；批准已完成工作的测量值以及校核，向业主送交支付证书等工作。

2. 协调施工有关事宜

工程师对工程项目的施工进展负有重要责任，应当与业主、承包商保持良好的工作关系，协调有关施工事宜，及时处理施工中出现的问题，确保施工的顺利进行。

三、承包商的权利与义务

承包商是指其标书已被业主接受的当事人，以及取得该当事人资格的合法继承人，但不指该当事人的任何受让人（除非业主同意）。承包商是合同的当事人，负责工程的施工。

(一) 承包商的权利

1. 有权得到工程付款

这是承包商最主要的权利。在合同履行过程中，承包商完成了他的义务后，他有权得到业主支付的各类款项。

2. 有权提出索赔

由于不是承包商自身的原因，造成工程费用的增加或工期的延误，承包商有权提出费用索赔和工期索赔。承包商提出索赔，是行使自己的正当权利。

3. 有权拒绝接受指定的分包商

为了保证承包商施工的顺利进行，如果承包商认为指定的分包商不能与他很好合作，承包商有权拒绝接受这个分包商。

4. 如果业主违约，承包商有权终止受雇和暂停工作

（1）承包商暂停工作的权利。如果工程师未能按合同规定开具支付证书；或业主在收到承包商的请求后，未能在42天内提出资金安排的证据或未能按合同规定及时足额支付。此时，承包商可以在发出通知21天后，暂停工作或降低工作速度，并对造成的拖期和额外费用进行索赔。但在发出终止通知之前，一旦收到了有关证书、证明或支付，应尽快恢复工作。

上述暂停或放慢进度不影响承包商按照合同规定对到期未付的款项收取利息及提出终止合同。

（2）承包商有权提出终止。如果业主在收到承包商暂停工作通知后的42天内，仍未提供合理的资金证明；工程师在收到报表和证明文件后的56天内，仍未颁发相应的支付证书；应付款额在规定的支付时间期满后42天以上未付；业主基本未履行合同义务；业主未在承包商收到中标函后的28天内与其签订合同协议书，或擅自转让了合同；由于非承包商的原因，工程暂停持续了84天以上，或停工累计超过140天，且影响到了整个工程；或业主在经济上无力执行合同，无力到期偿还债务，或停业清理，或破产等。则承包商可在发出通知14天后终止合同（后两种情况下可立即终止）。而业主应尽快退还履约保证，向承包商进行支付并赔偿其由于终止合同遭受的利润损失和其他损失。

（3）停止工作及承包商设备的撤离。业主或承包商提出终止的通知生效后，或由于不可抗力导致合同终止后，承包商应尽快停止一切工作，但仍应进行工程师为保护生命财产和工程安全而指示其进行的工作；移交他已得到付款的承包商文件、工程设备、材料及其他工作；撤离现场上所有其他的货物（为保护安全必要的货物除外），然后离开现场。

（二）承包商的义务

1. 按合同规定的完工期限、质量要求完成合同范围内的各项工程

合同范围内的工程包括合同的工程量清单以及清单以外的全部工程和工程师要求完成的与其有关的任何工程。合同规定的完工期限则是指合同工期加上由工程师批准的延期时间。承包商应按期、按质、按量完成合同范围内的各项工程，这是承包商的主要义务。

2. 对现场的安全和照管负责

在施工现场，承包商有义务保护有权进入现场人员的安全及工程的安全，有义务提供对现场照管的各种条件，包括一切照明、防护、围栏及看守。并应避免由其施工方法引起的污染，直到颁发接收证书为止。

3. 遵照执行工程师发布的指令

对工程师发布的指令，不论是口头的还是书面的，承包商都必须遵照执行。但对于口头指令，承包商应在7天内以书面形式要求工程师确认。承包商对有关工程施工的进度、质量、安全、工程变更等内容方面的指示，应当只从工程师及其授予相应权限的工程师代表处获得。

4. 对现场负责清理

在施工现场，承包商随时应进行清理，保证施工井然有序。在颁发接收证书时，承包商应对接收证书所涉及的工程现场进行清理，并使原施工用地恢复原貌，达到工程师满意的状态。

5. 提供履约担保

如果合同要求承包商为其正确履行合同提供担保,则承包商应在收到中标函后 28 天内,按投标书附件中注明的金额和货币种类,按一定的格式开具履约担保,并将此保函提交给业主。

6. 应提交进度计划和现金流通量的估算

提交进度计划和现金流通量的估算,有利于工程师对工程施工进度的监督,有利于业主能够保证在承包商需要时提供资金。

7. 保护工程师提供的坐标点和水准点

承包商除了对由工程师书面给定的原始坐标点和水准点进行准确的放线外,他有义务对上述各类的地面桩进行仔细保护。

8. 工程和承包商设备保险

承包商必须以业主和承包商共同的名义,以全部重置成本对工程连同材料和工程配套设备进行保险。保险期限从现场开始工作起到工程竣工移交为止。如为部分工程或单项工程投保时,保险金额则应为除重置成本外,另外加上 15% 的附加金额,用以包括拆除和运走工程某些部分废弃物等的附加费用和临时费用。

9. 保障业主免于承受人身或财产的损害

承包商应保障业主免受任何人员的死亡或受伤及任何财产(除工程外)的损失及其产生的索赔。

10. 遵守工程所在地的一切法律和法规

承包商应保证业主免于承担由于违反法律法规的罚款和责任。由于遵守法律、法规而导致费用的增加,由承包商自己承担。

第三节 涉及质量控制的条款

FIDIC 合同条件中涉及质量控制的条款包括有关承包人员素质的规定、有关合同转让与分包的规定、有关施工现场的材料和工程设备的规定、有关施工质量及验收的规定等内容。

一、有关承包人员素质的规定

工程的施工最终要由承包人员来完成,因此,承包人员的素质是一切质量控制的基础。工程师有权对承包人员的素质进行控制。

(一)对承包商人员的要求

1. 承包商应提供承包人员的详细报告

承包商应按工程师批准的格式,每月向工程师提交说明现场各类承包商人员数量的详细报告。这能够使工程师对承包人员的数量和质量有大概的了解,也是对承包商雇用劳务人员的一种约束。

2. 承包商应提供的人员

承包商向施工现场提供的人员都应是在他们各自行业或职业内,具有相应资质、技能和经验的人员。

3. 管理人员的能力

在工程施工过程中,承包商应安排一定的管理人员对工作的计划、安排、指导、管理、检验和试验提供一切必要的监督。此类管理人员应具备用投标书附录中规定的语言交流的能力,应具备进行施工管理所需的专业知识及防范风险和预防事故的能力。

4. 承包商不合格的人员的撤换

工程师有权要求承包商立即从该工程中撤掉由承包商提供的受雇于工程的有下列行为的任何人员（包括承包商代表）：经常行为不当，或工作漫不经心；无能力履行义务或玩忽职守；不遵守合同规定或经常出现有损安全、健康、环境保护的行为。

（二）承包商代表

承包商应在开工日期前任命承包商代表，授予他必需的一切权利，由他全权代表承包商履行合同并接受工程师的指示。承包商代表的任命和撤换要经工程师的同意。承包商的代表应用其全部时间去实施合同，他可将权利、职责或责任委任给任何胜任的人员，并可随时撤回，但须事先通知工程师。

二、有关合同转让与分包的规定

（一）合同的转让

如果没有一方的事先同意，另一方不得将合同或者合同的任何部分、合同中的任何利益进行转让。但下列情况除外：(1) 任一方在他方完全自主决定的情况下，事先征得他人同意后，可以将合同或者合同的任何部分转让；(2) 可以作为以银行或金融机构为受款人的担保。

（二）工程的分包

(1) 承包商不得将整个工程分包出去。

(2) 责任关系：虽然分包出去的部分工程由分包商来实施，但是对分包商、分包商的代理人及其人员的行为或违约要由承包商负全部责任。

(3) 对分包的要求

1) 雇用分包商（材料供应商和合同中已注明的分包商除外），必须经工程师事先同意；

2) 承包商要提前28天将分包商的开工日期通知工程师；

3) 分包合同中必须规定：如果分包商履行其分包合同义务的期限超过了本合同相应部分的缺陷通知期，承包商应将此分包合同的利益转让给业主。

三、有关施工现场的材料、工程设备的规定

施工使用的材料、工程设备是确保工程质量的物质基础，工程师必须对此严格控制。

（一）对材料、工程设备和工艺的检查和检验

1. 检查

业主的人员在一切合理时间内，有权进入所有现场和获得天然材料的场所；及在生产、制造和施工期间，对材料、工艺进行检查，对工程设备及材料的生产制造进度进行检查。承包商应向业主人员提供进行上述工作的一切方便。未经工程师的检查和批准，工程的任何部分不得覆盖、掩蔽或包装。否则，工程师有权要求承包商打开这部分工程供检验并自费恢复原状。

2. 检验

对于合同中有规定的检验（竣工后的检验除外），由承包商提供所需的一切用品和人员。检验的时间和地点由承包商和工程师商定。工程师可以通过变更改变规定的检验的位

置和详细内容,或指示承包商进行附加检验。工程师应提前24小时通知承包商他将参加检验,如果工程师未能如期前往(工程师另有指示除外),承包商可以自己进行检验,工程师应确认此检验结果。承包商要及时向工程师提交具有证明的检验报告,规定的检验通过后,工程师应向承包商颁发检验证书。如果按照工程师的指示对某项工作进行检验或由于工程师的延误导致承包商遭受了工期、费用及合理的利润损失,承包商可以提出索赔。

(二)对不合格的材料和工程设备的拒收

如果工程师经检查或检验发现任何工程设备、材料或工艺有缺陷或不符合合同的其他规定,可以对其拒收,承包商应立即进行修复。工程师可要求对修复后的工程设备、材料和工艺按相同条款和条件再次进行检验,直到其合格为止。

四、有关施工质量及验收的规定

(一)工程师对施工过程的检查

1. 工程师检查的内容

(1)承包商应按合同的要求建立质量保证体系,该体系应符合合同的详细规定。工程师应对承包商的质量保证体系进行审查,使其发挥良好的作用。

(2)工程师应在施工过程中检查和监督承包商的各项工程活动,包括施工中的材料、设备、工艺、人员等每一个环节。

2. 工程师对覆盖前工程的检查

没有工程师的批准,工程的任何部分均不得覆盖或使之无法查看。承包商应在规定的时间内通知工程师参加工程的此类部分的检查,且不得无故拖延。如果工程师认为检查并无必要,则应通知承包商。

3. 工程师对覆盖后工程的检查

如果承包商没有及时通知工程师,工程师可以要求对已覆盖的工程进行检查。承包商则应按工程师随时发出的指示,移去工程的任何部分的覆盖物,或在其内或贯穿其中开孔,并将该部分恢复原状和使之完好,所需费用由承包商承担。

4. 工程师有权指令暂时停工

由于承包商的违约或者为工程的合理的施工或工程的安全,工程师有权指令暂时停工。承包商应按照工程师指示的时间和方式暂停工程,在暂停工程期间承包商应对工程进行必要的保护和安全保障。

(二)工程师在颁发接收证书前对工程的检查

1. 地表应恢复原状

在工程师颁发接收证书前,承包商应将场地或地表面恢复原状。在移交证书中未对此作出规定不能解除承包商自费进行恢复原状工作的责任。

2. 颁发接收证书前的检验

工程师在颁发接收证书前,应对工程进行全面检验,接收证书将确认工程已基本竣工。

3. 非承包商的原因造成的妨碍竣工检验的处理

如果因业主、工程师、业主雇用的其他承包商的原因,使承包商不能进行竣工检验,如果工程符合合同要求,则应认为业主已在本该进行竣工检验的日期接收到了工程。但是,如果工程基本上不符合合同要求,则不能认为工程已被接收。

（三）缺陷通知期的质量控制

在工程的缺陷通知期满之前，工程出现任何缺陷或其他不合格之处，工程师可向承包商下达指示，承包商应该：（1）在移交证书注明的竣工日期之后，尽快地完成在当时尚未完成的工作；（2）工程师指示承包商对工程进行修补、重建和补救缺陷时，承包商应在缺陷通知期内或期满后14天内实施这些工作。

当承包商未能在合理的时间内执行这些指示时，业主有权雇用他人从事该项工作，并付给报酬。

颁发履约证书后，承包商对尚未履行的义务仍有承担的责任。

第四节 涉及进度控制的条款

FIDIC 合同条件中涉及工程进度控制的条款主要包括有关工程进度计划管理的规定、有关工程延误的规定、有关接收证书和履约证书的规定等方面的内容。

一、有关工程进度计划管理的规定

（一）承包商应提交工程进度计划

承包商应在收到工程师的开工日期的通知后28天内，应以工程师规定的适当格式和详细程度，向工程师递交一份详细的工程进度计划，以取得工程师的同意并按计划开展工作。当进度计划与实际进度或承包商履行的义务不符，或工程师根据合同发出通知时，承包商要修改原进度计划并提交给工程师。

进度计划的内容包括：承包商计划实施工作的次序和各项工作的预期时间；每个指定分包商工作的各个阶段；合同中规定的检查和检验的次序和时间；承包商拟采用的施工方法和各主要阶段的概括性描述，对各个主要阶段现场所需的承包商人员和承包商设备的数量的合理估算和说明等。

另外，当承包商预料到工程将受某事件或情况的不利影响时，应及时通知工程师，并按要求说明估计的合同价格的增加额及工程延误天数，并提交变更建议书。

（二）工程师对工程进度计划的管理

1. 审查、批准工程进度计划

工程师在收到承包商提交的工程进度计划后，应根据合同的规定、工程实际情况及其他方面的因素进行审查。其中如果有不符合合同要求的部分，应在21天内通知承包商，承包商应对计划进行修订。否则承包商应立即按进度计划执行。

2. 监督工程进度计划实施

监督工程进度计划实施的依据是被确认的承包商的工程进度计划。如果工程师发现工程的实际进度不符合工程进度计划，或者进度计划某些内容不符合合同的要求，则承包商应根据工程师的要求提出一份修订的进度计划，修改后的工程进度计划也应重新交工程师确认。由此引起的风险和开支，包括由此导致业主产生的附加费用（如工程师的报酬等），均由承包商承担。

（三）承包商对延误工期所应承担的责任

如果由于承包商自身的原因造成工期延误，而承包商又未能按照工程师的指示改变这一状况，则承包商应承担以下责任：

1. 误期损失赔偿

如果承包商未能在合同规定的竣工日期前完成工程,则承包商应向业主支付误期损害赔偿费。误期损害赔偿费应按投标书附件中注明的每天应付的金额与合同中原定的竣工时间到接收证书中注明的实际竣工日期之间的天数的乘积。但损失赔偿费应限制在投标书附件中注明的限额内。这笔金额是承包商为这种过失所应支付的惟一款项。这些赔偿费不应解除承包商对完成该项工程的义务或合同规定的承包商的任何其他义务和责任。

2. 终止对承包商的雇用

如果承包商严重违约,包括拖延工期又固执地不采取补救措施,业主有权终止对其的雇用,而且承包商还要承担由此而造成的业主的损失费用。

二、有关工程延误的规定

(一) 工程延误

由于非承包商的原因造成施工工期的延长,不能按竣工日期竣工,称为工期延误。

(二) 工程延误的原因

(1) 变更或合同范围内某些工程的工作量的实质性的变化。

(2) 无法预见的公共当局的干扰引起了延误。

(3) 异常不利的气候条件。

(4) 传染病、法律变更或其他政府行为导致承包商不能获得充足的人员或货物,而且这种短缺是不可预见的。

(5) 业主、业主人员或业主的其他承包商延误、干扰或阻碍了工程的正常进行。

(6) 非承包商的原因工程师的暂时停工指示。

得到工程师批准的工程延期,所延长的工期已经属于合同工期的一部分。因而,承包商可以免除由于延长工期而向业主支付误期损失赔偿费的责任。由于工程延期所增加的费用将由业主承担。

(三) 工程延误的审批

1. 承包商的通知

承包商应在引起工程延误的事件开始发生后 28 天内通知工程师,随后,承包商应提交要求延期的详细说明。

如果引起工程延期的事件具有持续性的影响,不可能在申请延期的通知书发出后的 28 天内提供最终的详细说明报告。那么承包商应以不超过 28 天的间隔向工程师提交阶段性的详细说明,并在事件影响结束后的 28 天内提交最终详情说明。

2. 工程师做出工程延期的决定

工程师在接到要求延期的通知书后应进行调查核实,在承包商提交详情说明后,应进一步调查核实,对其申述的情况进行研究,并在规定的时间内作出工程竣工时间是否延长的决定。

三、有关接收证书和解除缺陷责任证书的规定

(一) 接收证书

1. 工程和分项工程的接收证书

承包商可以在他认为工程达到合同规定的竣工检验标准日期 14 天前,向工程师发出申领接收证书的通知。如果工程分成若干个分项工程时,承包商可类似地对每个分项工程

申领接收证书。工程师在收到上述申领通知书28天内,或者向承包商颁发一份工程或分项工程接收证书,注明工程或分项工程按照合同要求已基本完工的日期;或者拒绝申请,但要说明理由,并指出在能够颁发接收证书之前承包商需要做的工作。承包商应在再次申领接收证书前,完成上述工作。

如果工程师在28天内既不颁发接收证书,又不对承包商作拒绝申请,而工程或分项工程实质上符合合同规定,接收证书应视为已在上述规定期限的最后一日签发。

承包商应在收到接收证书之前或之后将地表恢复原状。

2. 对部分工程的接收

这里所说的"部分"指合同中已规定的区段中的一个部分。只要业主同意工程师就可对永久工程的任何部分颁发接收证书。除非合同中另有规定或合同双方有协议,在工程师颁发包括某部分工程的接收证书之前,业主不得使用该部分。否则,一经使用则:

(1) 可认为业主接收了该部分工程,对该部分要承担照管责任。

(2) 如果承包商要求,工程师应为此部分颁发接收证书。

(3) 如果因此给承包商导致了费用,承包商有权索赔这笔费用及合理的利润。若对工程或某区段中的一部分颁发了接收证书,则该工程或该区段剩余部分的误期损害赔偿费的日费率将按相应比例减小,但最大限额不变。

3. 对竣工检验的干扰

若因为业主的原因妨碍竣工检验已达14天以上,则认为在原定竣工检验之日业主已接收了工程或区段,工程师应颁发接收证书。工程师应在14天前发出通知,要求承包商在缺陷通知期满前进行竣工检验。若因延误竣工检验导致承包商的损失,则承包商可据此索赔损失的工期、费用和利润。

(二) 履约证书

(1) 缺陷通知期的计算。从接收证书中注明的工程(或区段)的竣工日期开始,工程(或区段)进入缺陷通知期。投标函附录中规定了缺陷通知期的时间。

(2) 承包商在缺陷通知期内要完成接收证书中指明的扫尾工作,并按业主的指示对工程中出现的各种缺陷进行修正、重建或补救。

(3) 修补缺陷的费用。如果这些缺陷的产生是由于承包商负责的设计有问题,或由于工程设备、材料或工艺不符合合同要求,或由于承包商未能完全履行合同义务,则由承包商自担风险和费用。否则按变更处理,由工程师考虑向承包商追加支付。承包商在工程师要求下进行缺陷调查的费用亦按此原则处理。

(4) 缺陷通知期的延长。如果在业主接收后,整个工程或工程的主要部分由于缺陷或损坏不能达到原定的使用目的,业主有权通过索赔要求延长工程或区段的缺陷通知期,但延长最多不得超过两年。

(5) 未能补救缺陷。如果承包商未能在业主规定的期限内完成他应自费修补的缺陷,业主可以选择采取以下措施:①自行或雇用他人修复并由承包商支付费用;②要求适当减少支付给承包商的合同价格;③如果该缺陷使得全部工程或部分工程基本损失了盈利功能,则业主可对此不能按期投入使用的部分工程终止合同,向承包商收回为此工程已支付的全部费用及融资费,以及拆除工程、清理现场所产生的费用等。

(6) 进一步的检验。如果工程师认为承包商对缺陷或损坏的修补可能影响工程运行时，可要求按原检验条件重新进行检验。由责任方承担检验的风险和费用及修补工作的费用。

(7) 履约证书的颁发。在最后一个区段的缺陷通知期期满后的 28 天内，或承包商提供了全部承包商文件并完成和通过了对全部工程（包括修补所有的缺陷）的检验后，工程师应向承包商颁发履约证书，以说明承包商已履行了合同义务并达到了令工程师满意的程度。

注意，只有颁发履约证书才代表对工程的批准和接受。

履约证书颁发后，各方仍应负责完成届时尚未完成的义务。

(三) 现场的清理

在接到履约证书后 28 天内，承包商应清理现场，运走他的设备、剩余材料、垃圾等。否则业主可自行出售或处理留下的物品，并扣下所花费的费用，如有余额应归还承包商。

接收证书并不是工程的最终批准，不解除承包商对工程质量及其他方面的任何责任。只有工程师颁发的履约证书，才是对工程的批准。

第五节 涉及费用管理的条款

FIDIC 合同条件中涉及费用管理的条款范围很广，有的直接与费用管理有关，有的间接与费用管理有关。概括起来，大致包括有关工程计量的规定、有关合同履行过程中结算与支付的规定、有关合同被迫终止时结算与支付的规定、有关工程变更和价格调整时结算与支付的规定、有关索赔支付的规定等方面的内容。

一、有关工程计量的规定

1. 工程量

投标报价中工程量清单上的工程量是在图纸和规范的基础上对该工程的估算工程量，它们不能作为承包商履行合同过程中应予完成的实际的工程量。

承包商在实施合同中完成的实际工程量要通过测量来核实，以此作为结算工程价款的依据。由于 FIDIC 合同是固定单价合同，承包商报出的单价是不能随意变动的，因此工程价款的支付额是单价与实际工程量的乘积之和。

2. 工程量的计算

为了付款，工程师应根据合同通过计量来核实和确定工程的价值。工程师计量时应通知承包商一方派人参加，并提供工程师所需的一些详细资料。如果承包商一方未参加计量，他应承认工程师的计量结果。

在对永久工程进行计量需要记录时，工程师应准备此类记录。承包商应按照要求对记录进行审查，并就此类记录和工程师达成一致时双方共同签名。如果承包商不出席此类记录的审查和承认时，则应认为这些记录是正确无误的。

如果承包商在审查后认为记录是不正确的，则必须在审查后 14 天内向工程师发出通知，说明上述记录中不正确的部分。工程师则应在接到这一通知后复查这些记录，或予以确认或予以修改。

3. 工程计量的方法

工程计量方法应事先在合同中作出约定。如果合同中没有约定，应测量永久工程各项内容的实际净数量,测量的方法应按照工程量表或资料表中的规定。

二、有关合同价格与支付的规定

1. 合同价格

合同价格要通过对实际完工工程量的测量和估价来商定或决定,并且包括因法规变化、物价变化等原因对其进行的调整。承包商应支付根据合同应付的各类关税和税费,合同价格不因此类费用而调整。

开工日期开始后 28 天内,承包商应向工程师提交资料表中每个包干项目的价格分解表,供工程师在支付时参考。

2. 中期付款

承包商应在每个月末按工程师指定的格式向其提交一式 6 份的报表,详细地说明他认为自己到该月末有权得到的款额,同时提交证明文件(包括月进度报表),作为对期中支付证书的申请。此报表中应包括:

(1) 截止到该月末已实施的工程及完成的估算合同价值(包括变更)。

(2) 由于法规变化和费用涨落应增加和扣减的金额。

(3) 作为保留金扣减的金额。

(4) 因预付款的支付和偿还应增加和扣减的金额。

(5) 根据合同规定,应付的作为永久工程的设备和材料的任何应增加和扣减的金额。

(6) 根据合同或其他规定(包括对索赔的规定),应增加和扣减的金额。

(7) 对以前所有的支付证书中已经证明的扣减款额。

如果合同中包括支付表,规定了合同价格的分期付款数额,则截止到该月末已实施的工程及完成的估算合同价值(包括变更)中所述估算合同价值即为支付表中对应的分期付额,并且不拨付工程设备和材料运抵工地的预支款。如果实际进度落后于支付表中分期支付所依据的进度,则工程师可根据落后的情况决定修正分期支付款。

只有在业主收到并批准了承包商提交的履约保证之后,工程师才能为任何付款开具支付证书,付款才能得到支付。在收到承包商的报表和证明文件后的 28 天内,工程师应向业主签发中期支付证书,列出他认为应支付给承包商的金额,并提交详细证明材料。在颁发工程的接收证书之前,若该月应付的净金额(扣除保留金和其他应扣款额之后)少于投标函附录中对支付证书的最低限额的规定,工程师可暂不开具支付证书,而将此金额累计至下月应付金额中;若工程师认为承包商的工作或提供的货物不完全符合合同要求,可以从应付款项中扣留用于修理或替换的费用,直至修理或替换完毕;如果他对某项工作的执行情况不满意时,也有权在证书中删去或减少该项工作的价值,但不得因此而扣发中期支付证书。工程师在签发每月支付证书时,有权对以前签发的证书进行修正。支付证书不代表工程师对工程的接受、批准、同意或满意。

中期付款支付时间应在工程师收到报表和证明文件后的 56 天内。

3. 暂列金额的使用

(1) 暂列金额

暂列金额是指在合同中规定作为暂列金额的一笔款项。中标的合同金额包含暂列金额。根据合同中暂列金额的使用规定,用于工程任何部分的施工或用于提供材料设备或服务。

(2) 暂列金额的使用

暂列金额按照工程师的指示可全部或部分地使用,也可根本不予动用。

(3) 暂列金额的使用范围

1) 承包商按工程师的指令进行的变更部分的估价。

2) 包括在合同价格中的,要由承包商从指定分包商或其他单位购买的工程设备材料或服务。

4. 保留金的支付

(1) 保留金

保留金是指每次中期付款时,从承包商应得款项中按投标书附件中规定比例扣除的金额。保留金额一般情况下为合同款的5%。

(2) 颁发接收证书时保留金的支付

当颁发整个工程的接收证书时,工程师应开具支付证书,把一半保留金支付给承包商。如果颁发的是分项或部分工程的接收证书时,保留金则应按该分项或部分工程估算的合同价值除以估算的最终合同价格所得的比例的40%支付。

(3) 工程的缺陷通知期满时保留金的支付

当整个工程的缺陷通知期满时,剩余保留金将由工程师开具支付证书支付给承包商。如果有不同的缺陷通知期适用于永久工程的不同区段或部分时,只有当最后一个缺陷通知期满时才认为该工程的缺陷通知期满。

5. 竣工报表及支付

颁发整个工程的接收证书之后84天内,承包商应向工程师呈交一份竣工报表,并应附有按工程师批准的格式所编写的证明文件。竣工报表应详细说明以下几点:①到接收证书证明的日期为止,根据合同所完成的所有工作的最终价值;②承包商认为应该支付的任何增加的款项;③承包商认为根据合同将支付给他的任何其他款项的估算数额。

6. 最终支付证书

承包商在收到履约证书后56天内,应向工程师提交按照工程师批准的格式编制的最终报表草案,并附证明文件一式6份。该草案应该详细说明以下问题:①根据合同所完成的所有工作的价值;②承包商认为根据合同或其他规定应支付给他的任何其他的款项。

如果工程师不同意或无法核实该草案的任何部分,则承包商应根据工程师的合理要求提交补充的资料,并按照可能商定的意见对草案进行修改。随后,承包商应按已商定的意见编制最终报表并提交给工程师。当最终报表递交之后,承包商根据合同向业主索赔的权利就终止了。

(1) 结清证明

在提交最终报表时,承包商应给业主一份书面结清证明,进一步证实最终报表的总额,代表了由合同引起的或与合同有关的全部和最后确定应支付给承包商的所有金额,但结清证明只有当最终证书中的款项得到支付和业主退还履约保证书以后才能生效。

(2) 最终支付证书的颁发

工程师在接到最终报表及书面结清证明后28天内,应向业主发出一份最终付款证书,以说明:①最终应支付的款额;②确认业主先前已付的所有金额以及业主有权得到的金额，业主还应支付给承包商，或承包商还应支付给业主的余额（如有的话）。

7. 承包商对指定分包商的支付

承包商在获得业主按实际完成工程量的付款后，扣除分包合同规定的承包商应得款（如税款、协调管理的费用等）和按比例扣除保留金后，应按时付给指定分包商。如果在颁发支付证书前，承包商既提交不出证明，且又没有合法的理由未支付分包商款项，则业主有权根据工程师的证明直接向该指定的分包商支付承包商未支付的分包商应获得的所有费用（扣除保留金）。然后，业主以冲账方式从业主应付或将付给承包商的任何款项中将其扣除。

三、有关合同被迫终止时结算与支付的规定

1. 由于承包商的违约终止合同的结算和支付

（1）对合同终止时承包商已完工作的估价

业主终止对承包商的雇用后，工程师应尽快对合同终止日的工程、货物和承包商的文件的价值作出估价，并决定承包商所有应得的款项。

（2）终止后的支付

终止通知生效后，业主可以：

1）要求索赔。

2）在确定施工、竣工和修补工程缺陷的费用、误期损害赔偿费及自己花费的所有其他费用之前，停止对承包商的一切支付。

3）从工程师估算的合同终止日承包商所有应得款项中扣除因承包商违约对业主造成的损失、损害赔偿费和完成工程所需的额外费用后，余额应支付给承包商。

2. 由于不可抗力而终止合同时的结算和付款

（1）不可抗力的定义

不可抗力是指某种异常事件或情况，这种事件或情况还必须同时满足以下四个条件：① 一方无法控制；② 在签订合同前该方无法防范；③ 情况发生后，该方不能合理避免或克服；④ 情况的发生不是因另一方的责任造成的，而是由于不可抗力。如：战争、入侵、叛乱、暴乱、军事政变、内战、地震、飓风、台风、火山活动等都属于不可抗力的范围。

（2）由于不可抗力而终止合同时的结算和付款

如果因不可抗力而终止合同时，业主除应以合同规定的单价和价格向承包商支付在合同终止前尚未支付的已完工程量的费用外，还应支付以下几种费用：

1）工程量表中涉及的任何施工准备项目，只要这些项目的准备工作或服务已经进行或部分进行，则应支付该项费用或适当比例的金额。

2）为工程需要而定货的各种材料、设备或物资中，已交发给承包商或承包商有法定义务要接收的那一部分订购所需的费用，业主支付此项费用后，上述物资、设备即成为业主财产。

3）承包商撤离自己设备的迁移费，但这部分费用应该是合理的，应该是撤回基地或费用更低的目的地所需费用。

4）承包商雇用的所有与工程施工有关的职员、工人，在合同终止时的合理遣返费。

另外，业主也有权要求索还任何有关承包商的设备、材料和工程设备的预付款的未估算余额，以及在合同终止时按合同规定应由承包商偿还的任何其他金额。上述应支付的金额均应由工程师在同业主和承包商适当协商后确定，并应相应地通知承包商，同时将一份

副本呈交业主。

3. 因业主违约终止合同的结算和支付

由于业主违约而终止合同时，业主对承包商的义务除与因不可抗力而终止合同时的付款条件一样外，还应再付给承包商由于该项合同终止而造成的损失赔偿费。

四、有关工程变更和价格调整时结算与支付的规定

1. 工程变更的范围

如果工程师认为有必要对工程的形式、质量或数量作出任何变更，他应有权指示承包商进行下述任何工作：(1) 增加或减少合同中所包括的任何工作的数量；(2) 删减任何工作（要交他人实施的工作除外）；(3) 改变任何工作的性质、质量；(4) 改变工程任何部分的标高、基线、位置和尺寸；(5) 任何永久工程需要的附加工作、工程设备、材料或服务；(6) 改变实施工程的施工顺序或时间安排。

承包商应遵守并执行工程师提出的每一项变更，如果承包商无法获得变更所需的货物，应立即通知工程师，工程师应取消、确认、修改指示。

2. 工程变更的估价

(1) 使用工程量表中的费率和价格

对变更的工作进行估价，如果工程师认为适当，可以使用工程量表中的费率和价格。

(2) 制定新的费率和价格

如果合同中未包括适用于该变更工作的费率和价格，则应在合理的范围内使用合同中的费率和价格作为估价的基础。如做不到这一点，则要求工程师与业主、承包商适当协商后，再由工程师和承包商商定一个合适的费率和价格。当双方意见不一致时，工程师有权确定一个他认为合适的费率和价格。在费率和价格确定之前，工程师应确定临时费率或价格，以便用于中期付款。

五、索赔的支付

在工程师核实了承包商的索赔报告、同期记录和其他有关资料之后，应根据合同规定决定承包商有权获得延期和附加金额。

经证实的索赔款额应在该月的期中支付证书中给予支付。如果承包商提供的报告不足以证实全部索赔，则已经证实的部分应被支付，不应将索赔款额全部拖到工程结束后再支付。

第六节 涉及法规性的条款

FIDIC合同条件中涉及法规性的条款主要包括有关争端处理的规定、有关劳务方面的规定、有关合同法律适用的规定、有关通知的规定等。

一、有关争端处理的规定

争端处理的程序是首先将争端提交争端裁决委员会，由争端裁决委员会做出裁决，如果争端双方同意则执行，否则一方可要求提交仲裁，再经过56天的期限争取友好解决，如未能友好解决则开始仲裁。

1. 争端裁决委员会的委任和终止

(1) 委任。合同双方应在投标书附录规定的日期内任命争端裁决委员会成员。根据投

标书附录中的规定,争端裁决委员会由1人或3人组成。若成员为3位,则合同双方应各提名1位成员供对方批准,并共同确定第三位成员作为主席。如果在上述规定的日期内,不论由于任何原因,合同双方未能就争端裁决委员会成员的任命或替换达成一致,即应由专用条件中指定的机构或官方在与双方适当协商后确定争端裁决委员会成员的最后名单。

合同双方与争端裁决委员会成员的协议应编入附在通用条件后的争端裁决协议书中。由合同双方共同商定对争端裁决委员会成员的支付条件,并各支付酬金的一半。

(2)替换。除非合同双方另有协议,只要某一成员拒绝履行其职责或由于死亡、伤残、辞职或其委任终止而不能尽其职责,合同双方即可任命合格的人选替代争端裁决委员会的任何成员。

(3)委任终止。任何成员的委任只有在合同双方都同意的情况下才能终止。除非双方另有协议,在结清单即将生效时,争端裁决委员会成员的任期即告期满。

2.获得争端裁决委员会的裁决

(1)如果合同双方由于合同、工程的实施或与之相关的任何事宜产生了争端,包括对工程师的任何证书的签发、决定、指示、意见或估价产生了争端,任一方可以书面形式将争端提交争端裁决委员会裁定,同时将副本送交另一方和工程师。

(2)争端裁决委员会应在收到书面报告后84天内对争端作出裁决,并说明理由。

(3)如果合同双方中任一方对争端裁决委员会作出的裁决不满,他应在收到该决定的通知后的28天内向对方发出表示不满的通知,并说明理由,表明他准备提请仲裁;如果争端裁决委员会未能在84天内对争端作出裁决,则合同双方中任一方都可在上述84天期满后的28天内向对方发出要求仲裁的通知。

如果争端裁决委员会将其裁决通知了合同双方,而合同双方在收到此通知后28天内都未就此裁决向对方提出上述表示不满的通知,则该裁决成为对双方都有约束力的最终决定。

只要合同尚未终止,承包商就有义务按照合同继续实施工程。未通过友好解决或仲裁改变争端裁决委员会作出的裁决之前,合同双方应执行争端裁决委员会作出的裁决。

3.友好解决

在一方发出表示不满的通知后,必须经过56天之后才能开始仲裁。这段时间是留给合同双方友好解决争端的。

4.仲裁

如果一方发出表示不满的通知56天后,争端未能通过友好方式解决,那么此类争端应提交国际仲裁机构作最终裁决。除非合同双方另有协议,仲裁应按照国际商会的仲裁规则进行,并按照此规则指定3位仲裁人。

仲裁人应有充分的权利公开、审查和修改工程师的任何证书、决定、指示、意见或估价,以及争端裁决委员会对争端事宜作出的任何裁决。仲裁过程中,合同双方都可提交新的证据和论据。

工程师可被传为证人并可提交证据,争端裁决委员会的裁决可作为一项证据。工程竣工之前和竣工之后,均可开始仲裁。在工程进行过程中,合同双方、工程师以及争端裁决委员会均应正常履行各自的义务。

5.未能遵守争端裁决委员会的裁决

当争端裁决委员会对争端作出决定之后，如果一方既未在28天内提出表示不满的通知，而后又不遵守此决定，则另一方可不经友好解决阶段直接将此不执行裁决的行为提请仲裁。

6. 委任期满

如果双方产生争端时已不存在争端裁决委员会，则该争端应直接通过仲裁最终解决。

二、有关劳务方面的规定

1. 劳务人员的工资及劳动条件的标准

承包商应遵守所有适用于其雇员的相关劳动法，向他们合理支付并保障他们享有法律规定的所有权利。另外，承包商应要求其全体雇员遵守所有与承包工作（包括安全工作）有关的法律和规章。承包商所付的工资标准及提供的劳动条件应不低于从事工作的地区同类工商业现行标准。承包商应为其人员提供和维护所有必需的食宿及福利设施。承包商应采取合理预防措施（如配备医务人员、急救设施、病房等）以维护其雇员的健康和安全，并在现场指派安全员负责维持安全秩序及预防事故的发生。一旦发生事故，承包商应及时向工程师报告。

2. 劳务人员的工作时间

在投标函附录中规定的正常工作时间以外及当地公认的休息日，不得在现场进行任何工作。除非合同另有规定，或得到了工程师的批准，或是为了抢救生命财产或工程安全。

3. 劳务人员的遣返

对于为合同目的或与合同有关事宜招收或雇用的所有人员，承包商应负责将他们送回招收地或其户籍所在地。对以合适的方式将要返回的人员，在他们离开工地之前，承包商应给予供养。

三、有关合同法律适用的规定

1. 合同应当明确适用的法律

由于FIDIC合同条件在国际工程承包中被广泛采用，而一项国际承包工程要涉及两个或两个以上国家的单位和人员。一般情况下，合同中各方当事人应享受的权利和应承担的义务在合同中都会有十分明确、肯定的表述。但是，在实际履行中，合同的各方当事人仍然会对某些权利义务条款的具体含义有不同的理解。因此，必须在合同中明确，合同适用哪个国家的法律，明确一旦发生纠纷，究竟应按照哪个国家的法律来确定合同当事人的权利义务。

2. 合同适用法律的选择

在国际工程承包合同中，在一般情况下，当事人可以根据自己的意愿，自行商定、任意选择合同所适用的法律，即合同的"意思自治"原则。如果有的国家对"意思自治"原则有一定的限制，则当事人只能在法律允许的范围内选择合同所适用的法律。由于各国的政治制度、经济制度、民族习惯等方面存在很大的差异，必然决定了各国的法律制度也有很大的不同。合同适用不同国家的法律，用以确定同一个合同中的同一项权利义务关系，可能会产生截然不同的结果，对各方当事人的利害得失带来严重的影响。

四、有关通知的规定

（1）致承包商的通知根据合同条款由业主或工程师发给承包商的所有证明、通知、指示均应通过邮件、电报、电传或传真发至（或留在）承包商主要营业地点或承包商为此目的指定的其他该类地址。

（2）致业主和工程师的通知 根据合同条款发给业主或工程师的任何通知均应通过邮件、电报、电传或传真发至（或留在）合同专用条件中指定的各有关地址。

（3）地址的变更

合同双方的任何一方均可事先通知另一方，将指定地址改变为工程施工所在国内的另一地址，并将一份副本送交工程师，工程师也可事先通知合同双方这样做。

案 例 分 析

【案情简介】

在非洲某国 112 公里道路升级项目中，业主为该国国家公路局，出资方为非洲发展银行（ADF），由法国 BCEOM 公司担任咨询工程师，我国某对外工程承包公司以 1713 万美元的投标价格第一标中标。该项目旨在将该国两个城市之间的 112 公里道路由砾石路面升级为行车道宽 6.5m，两侧路肩各 1.5m 的标准双车道沥青公路。项目工期为 33 个月，其中前 3 个月为动员期。项目采用 1987 年版的 FIDIC 合同条件作为通用合同条件，并在专用合同条件中对某些细节进行了适当修改和补充规定，项目合同管理相当规范。在工程实施过程中发生了若干件索赔事件，由于承包商熟悉国际工程承包业务，紧扣合同条款，准备充足，证据充分，索赔工作取得了成功。下面将在整个施工期间发生的五类典型索赔事件进行介绍和分析：

1. 放线数据错误

按照合同规定，工程师应在 6 月 15 日向承包商提供有关的放线数据，但是由于种种原因，工程师几次提供的数据均被承包商证实是错误的，直到 8 月 10 日才向承包商提供了被验证为正确的放线数据，据此承包商于 8 月 18 日发出了索赔通知，要求延长工期 3 个月。工程师在收到索赔通知后，以承包商"施工设备不配套，实验设备也未到场，不具备主体工程开工条件"为由，试图对承包商的索赔要求予以否定。对此，承包商进行了反驳，提出：在有多个原因导致工期延误时，首先要分清哪个原因是最先发生的，即找出初始延误，在初始延误作用期间，其他并发的延误不承担延误的责任，而业主提供的放线数据错误是造成前期工程无法按期开工的初始延误。

在多次谈判中，承包商根据合同第 6.4 款"如因工程师未曾或不能在一合理时间内发出承包商按第 6.3 款发出的通知书中已说明了的任何图纸或指示，而使承包商蒙受误期和（或）招致费用的增加时……给了承包商延长工期的权利"，以及第 17.1 款和第 44.1 款的相关规定据理力争，此项索赔最终给予了承包商 69 天的工期延长。

2. 设计变更和图纸的延误

按照合同谈判纪要，工程师应在 8 月 1 日前向承包商提供设计修改资料，但工程师并没有在规定时间内提交全部图纸。承包商于 8 月 18 日对此发出了索赔通知，由于此事件具有延续性，因此承包商在提交最终的索赔报告之前，每隔 28 天向工程师提交了同期记录报告。

项目实施过程中主要的设计变更和图纸延误情况记录如下：

（1）修订的排水横断面在 8 月 13 日下发；

(2) 在7月21日下发的道路横断面修订设计于10月1日进行了再次修订；

(3) 钢桥图纸在11月28日下发；

(4) 箱涵图纸在9月5日下发。

根据FIDIC合同条件第6.4款"图纸误期和误期的费用"的规定，"如因工程师未曾或不能在一合理时间内发出承包商按第6.3条发出的通知书中已说明了的任何图纸或指示，而使承包商蒙受误期和招致费用的增加时，则工程师在与业主和承包商作必要的协商后，给予承包商延长工期的权利"承包商依此规定，在最终递交的索赔报告中提出索赔81个阳光工作日。最终，工程师就此项索赔批准了30天的工期延长。

在有雨季和旱季之分的非洲国家，一年中阳光工作日（Sunny WorkingDay）的天数要小于工作日（Working Day），更小于日历天，特别是在道路工程施工中，某些特定的工序是不能在雨天进行的。因此，索赔阳光工作日的价值要远远高于工作日。

3. 借土填方和第一层表处工程量增加

由于道路横断面的两次修改，造成借土填方的工程量比原BOQ（工料测量单）中的工程量增加了50%，第一层表处工程量增加了45%。

根据合同52.2款"合同内所含任何项目的费率和价格不应考虑变动，除非该项目涉及的款额超过合同价格的2%，以及在该项目下实施的实际工程量超出或少于工程量表中规定之工程量的25%以上"的规定，该部分工程应调价。但实际情况是业主要求借土填方要在同样时间内完成增加的工程量，导致承包商不得不增加设备的投入。对此承包商提出了对赶工费用进行补偿的索赔报告，并得到了67万美元的费用追加。

对于第一层表处的工程量增加，根据第44.1款"竣工期限延长"的规定，承包商向业主提出了工期索赔要求，并最终得到业主批复的30天工期延长。

4. 边沟开挖变更

本项目的BOQ中没有边沟开挖的支付项，在技术规范中规定，所有能利用的挖方材料要用于3公里以内的填方，并按普通填方支付，但边沟开挖的技术要求远大于普通挖方，而且由于排水横断面的设计修改，原设计的底宽3米的边沟修改为底宽1米，铺砌边沟底宽0.5米。边沟的底宽改小后，人工开挖和修整的工程量都大大增加，因此边沟开挖已不适用按照普通填方单价来结算。

根据合同第52.2款"如合同中未包括适用于该变更工作的费率或价格，则应在合理的范围内使合同中的费率和价格作为估价的基础"的规定，承包商提出了索赔报告，要求对边沟开挖采用新的单价。经过多次艰苦谈判，业主和工程师最后同意，以BOQ中排水工程项目下的涵洞出水口渠开挖单价支付，仅此一项索赔就成功地多结算140万美元。

5. 迟付款利息

该项目中的迟付款是因为从第25号账单开始，项目的总结算额超出了合同额，导致后定时间内到账，以及部分油料退税款因当地政府部门的原因导致付款拖后。

特殊合同条款第60.8款"付款的时间和利息"规定："……业主向承包商支付，其中外币部分应该在91天内付清，当地币部分应该在63天内付清。如果由于业主的原因而未能在上述的期限内付款，则从迟付之日起业主应按照投标函附录中规定的利息以月复利的形式向承包商支付全部未付款额的利息。"

据此承包商递交了索赔报告，要求支付迟付款利息共计88万美元，业主起先只愿意接受45万美元。在此情况下，承包商根据专用合同条款的规定，向业主和工程师提供了每一个账单的批复时间和到账时间的书面证据，有力的证明了有关款项确实迟付；同时又提供了投标函附录规定的工程款迟付应采用的利率。由于证据确凿，经过承包商的多方努力，业主最终同意支付迟付款利息约79万美元。

【案例评析】

结合FIDIC合同条件，通过以上案例，以下几个因素在该项目的索赔管理工作中至关重要：

1. 遵守索赔程序，尤其要注意索赔的时效性

FIDIC合同条件规定了承包商索赔时应该遵循的程序，并且提出了严格的时效要求：承包商应该在引起索赔的事件发生后28天内将索赔通知递交工程师；在递交索赔通知后的28天内应该向工程师提交索赔报告。在索赔事件发生时承包商应该有同期记录，并应允许工程师随时审查根据本款保存的记录。在本案例中，承包商均在规定时间内提出了索赔意向通知，确保了索赔权。如在"放线数据错误"这个事件结束即8月10日之后，承包商于8月18日向工程师提出了书面索赔通知，严格遵守时效要求奠定了索赔成功的基础。

2. 对索赔权进行充分的合同论证

一般来说，业主和工程师为确保自身利益，不会轻易答应承包商的要求，通常工程师会以承包商索赔要求不合理或证据不足为由来进行推托。此时，承包商应对其索赔权利提出充分论证，仔细分析合同条款，并结合国际惯例以及工程所在国的法律来主张自己的索赔权。

在"放线数据错误"的索赔事件中，工程师收到索赔要求后，立即提出工期延误是由于承包商不具备永久工程的开工条件，企图借此将工期延误的责任推给承包商。承包商依据国际惯例对其索赔权利进行了论证，认为不具备永久工程开工条件和业主提供的放线数据错误都是导致工期延误的原因，但是初始延误是业主屡次提供了错误的放线数据。承包商指出，试验设备没有到场可以通过在当地租赁的形式解决，而放线数据错误才是导致损失的最根本的原因。最终工程师不得不批准承包商的索赔要求。在这个事件中，承包商对其索赔权的有力论证保证了该项索赔的成功。

3. 积累充足详细的索赔证据

在主张索赔权利时，必须要有充分的证据作支持，索赔证据应当及时准确，有理有据。承包商在施工过程开始时，就应该建立严格的文档管理制度，以便于在项目实施过程中不断地积累各方面资料；在索赔事项发生时，要做好同期记录。

在迟付款利息的索赔中，起先业主对数额巨大的利息款并不能全部接受，承包商随即提供了许多证据，包括每一个账单的批复时间与到账时间的书面证据，工程款迟付期间每日的银行利率等。正是这些详细的数据使得业主不得不承认该索赔要求是合理的，最终支付了绝大部分的利息款。

4. 进行合理计算，提交完整的索赔报告

按照FIDIC索赔的程序，承包商应该在提交索赔通知后28天内向工程师提出完整的索赔报告。这份索赔报告应该包括索赔的款额和要求的工期延长，并且附有相应的索赔依据。这就要求承包商要事先对准备索赔的费用和工期进行合理的计算，在索赔报告中提出

的索赔要求令业主和工程师感到可以接受。

目前较多采用的费用计算方法为实际费用法,该方法要求对索赔事项中承包商多付出的人工、材料、机械使用费用分别计算并汇总得到直接费,之后乘以一定的比例来计算间接费和利润,从而得到最后的费用。而分析索赔事件导致的工期延误一般采用网络分析法,并借助进度管理软件进行工期的计算。

5. 处理好与业主和工程师的关系

在施工索赔中,承包商能否处理好与业主和工程师的关系在一定程度上决定了索赔的成败。如果承包商与工程师之间平时关系恶劣,在索赔时,工程师就会处处给承包商制造麻烦。而与业主和工程师保持友善的关系,不仅有利于承包商顺利地实施项目,有效地避免合同争端,而且在索赔中会得到工程师较为公正的处理,有利于索赔取得成功。

复 习 思 考 题

1. 简述FIDIC施工合同文件的组成。
2. 应用FIDIC施工合同条件的前提是什么?
3. 简述业主的权利和义务。
4. 简述工程师的权利和职责。
5. 简述承包商的权利和义务。
6. 简述FIDIC施工合同条件中工程计量的有关规定。
7. 简述保留金的支付。
8. 最终支付证书说明的内容有哪些?
9. 因不可抗力而终止合同时应如何结算和付款?
10. 承包商对延误工期应承担哪些责任?
11. FIDIC施工合同条件对承包商人员有哪些要求?
12. FIDIC施工合同条件对争端处理是如何规定的?

第十一章 建设工程施工索赔

本章主要介绍建设工程中索赔的概念、原因与分类;索赔的依据与程序;索赔的计算;以及解决索赔的方法等内容。

第一节 建设工程施工索赔概述

一、施工索赔的概念及特征

(一)施工索赔的概念

施工索赔是当事人在合同实施过程中,根据法律、合同规定及惯例,对不应由自己承担责任的情况造成的损失,向合同另一方当事人提出给予赔偿或补偿要求的行为。在工程建设的各阶段,都有可能发生索赔,但在施工阶段索赔发生较多。

(二)索赔的特征

1. 索赔是双向的

在工程建设当中,不仅承包人可以向发包人索赔,发包人同样也可以向承包人索赔。由于实践中发包人向承包人索赔发生的频率相对较低,而且在索赔处理中,发包人始终处于主动和有利地位,对于承包人的违约行为他可以直接从应付的工程款扣抵、扣留保留金或通过履约保函向银行索赔来实现自己的索赔要求。因此,工程实践中大量发生的索赔,主要是承包人向发包人的索赔。

2. 只有实际发生了经济损失或权利损害,一方才能向对方索赔

经济损失是指因对方因素造成合同外的额外支出,如人工费、材料费、机械费、管理费等额外开支;权利损害是指虽然没有经济上的损失,但造成了一方权利上的损害,如由于恶劣气候条件对工程进度的不利影响,承包人有权要求工期延长等。因此发生了实际的经济损失或权利损害,应是一方提出索赔的基本前提条件。例如发包人未及时交付施工图纸,对承包人的工程进度造成不利的影响,承包人有权要求工期延长;如果是不可抗力造成的承包方工程延误,承包方只能要求工期延长,不得要求经济补偿。

3. 索赔是一种未经对方确认的单方行为

索赔是一种单方行为,对对方尚未形成约束力,这种索赔要求能否得到实现,必须要通过确认(如双方协商、谈判、调解或仲裁、诉讼)后才能实现。

二、索赔的原因与分类

(一)索赔的原因

1. 合同风险分担不均

建设工程合同的风险应由双方共同承担,但是由于受"买方市场"规律的制约,合同风险主要落在承包方一方。作为补偿,法律允许它通过索赔来减少风险,所以有经验的承包商在签订建设工程承包合同之前就设定好自己的索赔权力,一旦发生索赔事件,就可根

据合同的约定提出索赔。

2. 工程项目的特殊性

现代工程规模大、技术性强、投资额大、工期长、材料设备价格变化快、综合性强、风险大，工程项目在实施过程中存在许多不确定变化因素，合同的签订是在工程开工之前，它不可能对工程项目所有的问题都能做出合理的预见和规定，这一切使得合同变更将较为频繁，必然导致项目工期和成本的变化。

3. 施工条件的变化

建设工程露天作业，受自然环境影响很大。有些由于业主所提供的勘察资料不完全准确，如出现地质状况与设计采用的不符，或出现气候、地下水、地下文物遗址及一些人为的设计变更都会导致工期的延长和费用的增加，即可出现索赔。

4. 工程项目内外部环境的复杂性和多变性

工程项目的技术环境、经济环境、社会环境、法律环境的变化等都会在工程实施过程中经常发生，使得工程的计划实施过程与实际情况不一致，这些因素同样会导致工程工期和费用的变化引起索赔。

5. 合同缺陷

建设工程合同文件多且复杂，经常会出现措辞不当、合同约定不清、合同文件中出现错误、矛盾、遗漏的情况，承包方应按业主或监理工程师的解释执行，但可对因此而增加的费用和工期提出索赔。

6. 业主违约

当业主未按合同约定提供施工条件及按时支付工程款，监理工程师未按规定时间提交施工图纸、指令及批复意见等违约行为发生时，承包方即可提出索赔。

7. 其他

其他如不可抗力的发生、因业主的原因造成的暂停施工或终止合同等，都可为索赔的起因。

（二）索赔的分类

1. 按索赔的合同依据分类

（1）合同中明示的索赔

合同中明示的索赔是指承包人提出的索赔要求，在该工程项目的合同文件中有文字依据，承包人可据此提出索赔要求，并取得经济补偿。这些在合同文件中有文字规定的合同条款，称为明示条款。

（2）合同中默示的索赔

合同中默示的索赔，即承包人提出的该项索赔要求，虽然在该工程项目的合同条款中没有专门的文字叙述，但可以根据该合同的某些条款含义，推论出承包人有索赔权。这种索赔要求，同样有法律效力，有权得到相应的经济补偿。这种有经济补偿含义的条款，在合同管理工作中被称为"默示条款"或称为"隐含条款"。

2. 按索赔目的分类

（1）工期索赔

由于非承包人责任的原因而导致施工进度延误，要求批准顺延合同工期的索赔，称之为工期索赔。一旦获得批准合同工期顺延后，承包人不仅免除了承担拖延工期违约赔偿的风险,而且可能提前工期得到奖励。

(2) 费用索赔

费用索赔的目的是要求经济补偿。当施工的客观条件改变导致承包人增加开支,承包人要求对超出计划成本的附加开支给予补偿,以挽回不应由它承担的经济损失。

3. 按索赔事件的性质分类

(1) 工程延误索赔

因发包人未按合同要求提供施工条件(如:设计图纸、施工现场、道路等)或因发包人指令工程暂停或不可抗力事件等原因造成工期拖延的,承包人对此提出的索赔。

(2) 工程变更索赔

由于发包人或监理工程师指令增加或减少工程量或增加附加工程、修改设计、变更工程顺序等,造成工期延长和费用增加,承包人对此提出的索赔。

(3) 合同被迫终止的索赔

由于发包人或承包人违约以及不可抗力事件等原因造成合同非正常终止,无责任的受害方因其蒙受经济损失而向对方提出的索赔。

(4) 工程加速索赔

由于发包人或监理工程师指令承包人加快施工速度,缩短工期,引起承包人的人、财、物的额外开支而提出的索赔。

(5) 意外风险和不可预见因素索赔

在工程施工过程中,因人力不可抗拒的自然灾害、特殊风险以及一个有经验的承包人通常不能合理预见的不利施工条件和外界障碍(如地下水、地质断层、溶洞、地下障碍物等)引起的索赔。

(6) 其他索赔

如因货币贬值、汇率变化、物价、工资上涨、政策法令变化等原因引起的索赔。

第二节 索赔的依据与程序

一、索赔的依据

索赔事件发生时,要求索赔的一方一定要有充分的索赔依据才能得到另一方给予的赔偿。一般索赔的依据包括以下几方面:

(一) 合同和合同文件

工程承包合同是承包方与发包方之间确立,承包方完成约定的工程项目,发包方支付价款与酬金的协议。在合同中,只有当事人双方所接受的写入合同文件中的条款才能作为索赔的依据。

(二) 施工文件和有关资料

施工图纸、技术规范等属于合同文件的内容。有些资料虽不属于合同文件,但它是工程施工中索赔的依据,较常见的有下列几类。

1. 施工前与施工过程中编制的施工进度计划;
2. 每周的施工计划和每日的各项施工纪录;
3. 会议纪要。重要事件应根据会议内容写成会议纪要,由双方签字确认;

4. 由承包方提出的各项施工备忘录；
5. 由监理工程师检查签字批准的各类工程检查记录和竣工验收报告；
6. 来往信函；
7. 各类财物单据（工程单据、发票、收据）；
8. 施工录像和照相资料；
9. 施工现场气象资料；
10. 市场行情资料；
11. 其他资料（如会计核算资料等）。

（三）前期索赔文件

前期索赔主要是研究和解决在招标过程中，投标人在投标后至签订承包合同前所发生的索赔问题。包括如下两个方面：

1. 由于建筑市场规律，业主在投标人确定之后可能会提出超出原招标文件范围的要求，或增加不合理的合同条款，使双方无法签订或延期签订工程承包合同，给中标方造成经济损失。

2. 投标人在投标有效期内可能要求撤销投标，或提出严重背离招标文件的要求，拒签合同，单方毁标给招标方造成损失。

以上这两种情况都会构成前期索赔，与之有关的招标与投标文件、投标保证、与招标有关的法律都为前期索赔的依据。

（四）法律法规

与建设工程有关的法律除了建筑法外，还有土地管理法、公司法、劳动法、环境保护法等，这些法律法规都会直接影响工程承包活动，当事人双方如违背了这些法律法规，或在某一规定的某一日期之后发生的法律法规变更时，均可引起索赔。

二、索赔的程序

在工程建设过程中索赔的事件常有发生，有承包方向发包方提出的索赔，也有发包方向承包方提出的索赔。无论哪种索赔都必须有一定的程序。

（一）承包人的索赔

1. 承包人提出索赔要求

（1）发出索赔意向通知

索赔事件发生后，承包人应在索赔事件发生后的28天内向工程师递交索赔意向通知，将此事件提出索赔。如果超出这个期限，工程师和发包人有权拒绝承包人的索赔要求。索赔事件发生后，承包人有义务做好现场施工的同期记录，工程师有权随时检查和调阅，以判断索赔事件造成的实际损失。

（2）递交索赔报告

索赔意向通知书提交后的28天内，或工程师可能同意的其他合理时间，承包人应递交正式的索赔报告。索赔报告的内容应包括：事件发生的原因、对其权益影响的证据资料、索赔的依据、此项索赔要求补偿的款项、工期顺延天数的详细计算等有关资料。

如果索赔事件的影响持续存在，28天内还不能算出索赔额和工期顺延天数时，承包人应按工程师合理要求的时间间隔（一般为28天），定期陆续报出每一个时间段内的索赔证据资料和索赔要求。

在该项索赔事件的影响结束后的 28 天内,提出最终详细报告,提出索赔论证资料和累计索赔额。

2. 工程师审核索赔报告

(1) 工程师审核承包人索赔申请

接到承包人的索赔意向通知后,工程师应建立自己的索赔档案。密切关注事件的影响,检查承包人的同期记录时,随时就记录的内容提出他的不同意见或希望应予增加的记录项目。

在接到正式的索赔报告以后,工程师应认真研究承包人报送的索赔资料。在不确认责任归属的情况下,客观分析事件发生的原因,重温有关合同条款,研究承包人的索赔证据,并且检查他的同期记录;然后通过对事件的分析,工程师在依据合同条款划清责任界限,必要时还可以要求承包人进一步提供补充资料。最后在审查承包人提出的索赔补偿要求,剔除其中的不合理部分,拟定自己计算的合理索赔款项和工期顺延天数。

(2) 判定索赔成立的原则

工程师判定承包人索赔成立的条件如下:

1) 与合同相对照,事件已造成了承包人施工成本的额外支出或总工期延误;

2) 造成费用的增加或工期延误的原因,按合同规定不属于承包人应承担的责任,包括行为责任和风险责任;

3) 承包人按合同规定的程序提交了索赔意向通知书和索赔报告;

上述三个条件必须同时具备,没有先后主次之分。只有工程师认定索赔成立后,才处理应给予承包人的补偿额。

(3) 对索赔报告的审查

1) 事态调查。通过对合同实施的跟踪,分析了解事件经过、前因后果,掌握事件详细情况。

2) 损害事件原因分析。即分析索赔事件是有何原因引起,责任应由谁来承担。

3) 分析索赔理由。主要依据合同文件判明索赔事件是否属于未履行合同规定义务或未正确履行合同义务导致,是否在合同规定的赔偿范围之内。只有符合合同规定的索赔要求才有合法性,才能成立。

4) 实际损失分析。即分析索赔事件的影响,主要表现为工期的延长和费用的增加。损失调查的重点是分析、对比实际和计划的施工进度、工程成本和费用方面的资料,在此基础上核算索赔值。

5) 证据资料分析。主要分析资料的有效性、合理性、正确性,这是索赔要求有效的前提条件。如果在索赔报告中提不出证明其索赔理由、索赔事件的影响、索赔值的计算等方面的详细资料,索赔要求是不能成立的。如果工程师认为承包人提出的证据不能足以说明其要求的合理性时,可以要求承包人进一步提交索赔的证据资料。

3. 确定合理的补偿额

(1) 工程师与承包人协商补偿

工程师核查后初步确定应予补偿的额度往往与承包人的索赔报告中要求的额度不一致。主要原因大多为对承担事件损害责任的界限划分不一致,赔偿证据不充分,索赔计算的依据和方法分歧较大等,因此双方应就索赔的处理进行协商。

（2）工程师索赔处理决定

在经过认真分析研究，与承包人、发包人广泛讨论之后，工程师应该向发包人和承包人推出自己的"索赔处理决定"。工程师收到承包人送交的索赔报告和有关资料后，于28天内给予答复或要求承包人进一步补充索赔理由和证据。《建筑工程施工合同（示范文本）》规定：工程师收到承包人送交的索赔报告和有关资料后，如果在28天内未予答复，也未对承包人作进一步要求的话，则视为承包人提出的该项索赔要求已经认可。

工程师的处理决定不是终局性的，对发包人和承包人都不具有强制性的约束力。承包人对工程师的决定不满意，可以按合同中的争议条款提交约定的仲裁机构仲裁或诉讼。

4. 发包人审查索赔处理

当工程师确定的索赔额超过其授权范围时，必须报请发包人批准。发包人首先根据事件发生的原因、责任范围、合同条款审核承包人的索赔申请和工程师的处理报告，再依据工程建设的目的、投资控制、竣工投产日期要求以及针对承包人在施工中的缺陷或违反合同规定等的有关情况决定是否同意工程师的处理意见。

索赔报告经发包人同意后，工程师即可签发有关证书。

5. 承包人是否接受最终索赔处理

承包人接受最终的索赔处理决定，索赔事件的处理即告结束。如果承包人不同意，则导致了合同争议。最理想的解决方案是双方互谅互让达到争议的解决，否则承包人有权提交仲裁或诉讼解决。

（二）发包人的索赔

《建筑工程施工合同（示范文本）》规定：承包人未能按合同约定履行自己的各项义务或发生错误而给发包人造成损失时，发包人也应按合同向承包人提出索赔。

1. 工期延误索赔

在项目施工过程中由于多方面的原因，往往是竣工日期拖后，影响到业主对该工程的使用，给业主带来经济损失，业主有权要求承包人索赔，即承包人要支付误期损害赔偿费，但前提条件是工期延误的责任属于承包人的原因。一般要考虑的因素：

（1）业主盈利损失；

（2）由于工期拖延而引起的贷款利息增加；

（3）工期拖延带来的附加监理费；

（4）由于工期拖延而不能使用，继续租用原建筑或租用其他建筑物的租赁费。

一般按每延误1天赔偿一定的款额计算，累计赔偿额一般不超过合同总额的5%～10%。

2. 质量不满足合同要求索赔

当承包人的施工质量不符合合同要求，或使用的设备和材料不符合合同规定，或在责任缺陷期未满以前未完成应该负责修补的工程时，业主有权向承包商追究责任，要求补偿所受的经济损失。

3. 承包人不履行的保险费用索赔

如果承包人未能按照合同条款指定的项目投保，并保证保险有效，业主可以投保并保证保险有效，业主所支付的必要的保险费可在应付给承包人的款项中扣回。

4. 对超额利润的索赔

如果工程量增加很多，使承包人预期的收入增大，因工程量增加承包人并不增加任何成本，合同价应有双方讨论调整，收回部分超额利润。

5. 对指定分包人的付款索赔

在承包人未能提供已向指定分包人付款的合理证明时，业主可直接按照监理工程师的证明书，将承包人未付给指定分包人的所有款项（扣除保留金）付给指定分包人，并从应付给承包人的任何款项中如数扣回。

6. 业主合理终止合同或承包人不正当地放弃工程的索赔

如果业主合理地终止承包人的承包，或者承包人不合理放弃工程，则业主有权从承包人手中收回由新的承包人完成工程所需要的工程款与原合同未付部分的差额。

第三节 索赔的计算

一、工期索赔的计算

工期索赔的计算依据施工进度计划中的网络图，落实要求索赔工期的工作是否为关键工作，是否影响工期。工期索赔的计算方法主要有网络图分析法和比例计算法两种。

（一）网络图分析法

网络图分析法是利用进度计划的网络图，分析其关键线路。

1. 如果延误的工作为关键工作，则总延误的时间为批准顺延的工期；

2. 如果延误的工作为非关键工作，当该工作由于延误超过时差限制而成为关键工作时，延顺的工期应为延误时间与时差的差值；

3. 若该工作延误后仍为非关键工作，则不存在工期索赔问题。

（二）比例计算法

比例计算法简单方便，但有时不尽符合实际情况，比例计算法不适用于变更施工顺序、加速施工、删减工程量等事件的索赔。

1. 已知部分工程的延期的时间：

$$工期索赔值 = \frac{受干扰部分工程的合同价 \times 受干扰部分工期拖延时间}{原合同总价}$$

2. 已知额外增加工程量的价格

$$工期索赔值 = \frac{额外增加的工程量的价格 \times 原合同总工期}{原合同总价}$$

二、费用索赔计算

（一）索赔费用的组成

我国现行规定，建安合同价包括直接工程费、间接费、计划利润和税金。按国际惯例，建安合同价一般包括直接费、间接费和利润。直接费包括人工费、材料费、机械使用费；间接费包括工地管理费、保险费、利息、总部管理费等。一般承包人可索赔的费用具体内容有：

1. 直接费

（1）人工费

人工费包括：施工人员的基本工资、工资性质的津贴、加班费、奖金以及法定的安全福利等费用。对于索赔费用中的人工费部分而言，人工费是指完成合同之外的额外工作所花费的人工费；由于非承包人责任的功效降低所增加的人工费用；超过法定时间加班劳动；法定人工费增长以及非承包人责任的工程延误导致的人员窝工费和工资上涨费等。

(2) 材料费

材料费的索赔包括：由于索赔事项材料实际用量超过计划用量而增加的材料费；由于客观原因材料价格大幅度上涨；由于非承包人责任工程延误导致的材料价格上涨和超期储存费用。材料费中应包括运输费、仓储费以及合理的损耗费用。如果由于承包人管理不善，造成材料损坏失效，则不能列入索赔计价。

(3) 施工机械使用费

施工机械使用费的索赔包括：由于完成合同之外的额外工作所增加的施工机械使用费；非承包商责任工效降低所增加的施工机械使用费；由于业主或监理工程师原因导致机械停工的窝工费。

2. 分包费

分包费用索赔是指分包人的索赔费，一般包括人工、材料、机械使用费的索赔。分包人的索赔费应如数列入总承包人的索赔款总额以内。

3. 间接费

(1) 工地管理费

索赔款中的工地管理费是指承包人完成额外工程、索赔事项工作以及工期延长期间的工地管理费，包括管理人员的工资、办公费、交通费等。但如果对部分工人窝工索赔时，因其他工程仍进行，可能不予计算工地管理费索赔。

(2) 保函手续费

(3) 保险费

(4) 临时设施费

(5) 咨询费

(6) 交通设施费

(7) 代理费

(8) 利息

在索赔额的计算中经常包括利息。利息的索赔经常发生下列情况：

1) 延期付款的利息；

2) 由于工程变更和工程延期增加投资的利息；

3) 索赔款的利息；

4) 错误扣款的利息；

至于这些利息的具体利率在实践中可采用不同的标准，主要有以下几种：

1) 按掌握索赔的概念，索赔的原因，索赔的依据及处理的银行贷款利率；

2) 按当时的银行透支利率；

3) 按合同双方协议的利率；

4) 按中央银行贴现率加3个百分点。

(9) 税金

（10）总部管理费

总部管理费包括：管理人员工资、通信费、办公费、差旅费、职工福利费。索赔款中的总部管理费主要指的是工程延误期间所增加的管理费。国际工程施工中总部管理费索赔款项的计算有以下几种：

1) 按照投标书中总部管理费的比例（3%~8%）计算；

总部管理费＝合同中总部管理费比率(%)×(直接费索赔款额＋工地管理费索赔款额等)

2) 按公司总部统一规定的管理费比率计算：

总部管理费＝公司管理费比率（%）×（直接费索赔款额＋工地管理费索赔款额等）

3) 以工程延期的总天数为基础，计算总部管理费的索赔款额，计算步骤如下：

$$某工程需提取的管理费＝\frac{同期内公司的总管理费×该工程的合同额}{同期内公司的总合同额}$$

$$该工程的日管理费＝\frac{该工程需交总部的管理费}{合同实际天数}$$

索赔的总部管理费＝该工程的日管理费×工程延期的天数

（11）其他

（12）利润

一般来说，由于工程范围的变更、文件有缺陷或技术性错误、业主未能提供现场等原因引起的索赔，承包人可列入利润。索赔的利润计算通常是与原报价单中的利润百分比率保持一致，即在成本的基础上，增加原报价单中的利润率，作为该项索赔款的利润额。

（二）索赔费用的计算

1. 实际费用法

实际费用法的计算原则是，以承包人某项索赔工作所支付的实际开支为依据，向业主要求费用补偿。用此方法计算时，在直接费的额外费用部分的基础上，再加上应得的间接费和利润，即为承包人应得的索赔金额。

2. 总费用法

总费用法也成为总成本法，即当多次索赔事件后，重新计算该工程的实际总费用，实际总费用减去投标报价时的估算总费用即为索赔金额，其公式表达：

索赔金额＝实际总费用－投标报价估算总费用

3. 修正的总费用法

修正的总费用法是对总费用法的改进，即在总费用法的基础上，去掉一些不合理的因素，使其合理。其修正的内容如下：

（1）将计算索赔款的时间段局限于受到外界影响的时间，而不是整个工期；

（2）只计算受到外界影响时段内的所受影响某项工作的损失，而不是计算时段内所有施工工作所受的损失；

（3）与该项工作无关的费用不列入总费用中；

（4）对投标报价费用重新进行核算：按受到外界影响时段内的该项工作的实际单价进

行核算,乘以实际完成的该项工作的工程量,得出调整后的报价费用。

按修正的总费用法计算索赔金额的公式:

索赔金额=某项工作调整后的实际总费用-该项工作的报价费用

第四节 索赔的解决

一、索赔的解决方法

工程建设当中索赔的事件是常发生的,它是在建设工程合同实施过程中,当事人一方因对方违约或非自身的原因而遭到的损失,向对方提出赔偿的要求。

在索赔的事件中有承包方向发包方提出索赔,有发包方向承包方提出索赔。常发生的是承包方向发包方提出索赔,所以习惯把发包方向承包方提出索赔称之为"反索赔"。无论索赔还是反索赔其解决索赔的方法一般有以下四种:

1. 合同条款解决索赔

双方通过所签订的合同条款来解决索赔,即发生索赔事件根据双方事先签订的合同中规定的方法解决索赔事件。

2. 双方协商解决索赔

当合同中没有明确规定解决的方法时则双方通过协商达到互谅互让的解决方案来处理索赔事件。

3. 行政司法解决索赔

当合同中没有明确规定解决索赔的方法及双方通过协商无法解决索赔时,则采用提交仲裁的方法解决索赔事件。

4. 专门司法解决索赔

当前三种方法都不能解决索赔事件时,则采用专门司法解决索赔事件。

二、工程师对索赔的管理

监理工程师是受发包方的委托,对建设项目在质量、投资、进度方面进行控制,以达到承包合同所确定的目标。监理工程师在监理过程中要遵循依法监理的原则、科学公正的原则、参照国际惯例的原则。

尤其在索赔事件的处理和解决过程中,监理工程师是核心。监理工程师有处理索赔问题的权利,且在索赔问题提交仲裁和诉讼过程中作为见证人提供证据。

(一) 工程师对索赔的管理任务

1. 预测和分析导致索赔的原因和可能性

在施工合同的执行过程中,工程师受发包人的委托是对工程项目质量、投资、进度进行管理的管理者,承担了大量的技术、组织和管理工作。如果在这些工作中出现疏漏,对承包人的施工造成干扰产生索赔,则承包人就会提出索赔。所以工程师在工作中应能预测自己行为的后果,堵塞漏洞避免索赔事件的发生。工程师在发布指示和决定时一定要注意到正确性、完备性、严密性。

2. 加强有效的合同管理减少索赔事件发生

工程师应对合同的实施进行有力的控制,这也是工程师的主要工作。通过对合同的监督和跟踪,不仅可以及早地发现干扰事件且及早采取措施降低干扰事件的影响,减少双方损失,还可以及早了解情况,为合理地解决索赔提供条件。

3. 公平合理的处理和解决索赔

合理地解决索赔是指承包人得到按合同规定的合理补偿,而又不使发包人投资失控,合同双方都对索赔解决结果满意,继续保持友好的合作关系。合理地解决索赔不仅符合工程师的工作目标,而且符合工程总目标。

(二) 工程师对索赔的管理原则

1. 公平合理地处理索赔

监理工程师是施工管理的核心,要以科学公正的态度处理索赔事件。要以没有偏见的方式解释和履行合同,独立做出判断,行使自己的权利。处理索赔要遵循以下几个方面:

(1) 从工程整体效益、工程总目标的角度出发做出判断或采取行动;

(2) 按照合同约定行事,准确理解、正确执行合同。在索赔处理和解决过程中应贯穿合同精神;

(3) 从事实出发,按照合同的实际实施过程、干扰事件的实情、承包人的实际损失和所提供的证据做出判断。

2. 及时做出决定和处理索赔

在施工过程中,工程师必须及时地行使权利,做出决定,其重要作用如下:

(1) 可以减少承包人的索赔几率;

(2) 防止干扰事件影响的扩大;

(3) 能及时地采取措施降低损失;

(4) 掌握干扰事件发生和发展的第一手资料。

3. 尽可能通过协商达成一致

监理工程师在处理和解决索赔问题时,应及时地与发包人和承包人沟通,保持经常性的联系。在做出决定,特别是做出价格、确定工期和费用补偿决定前,应充分地与合同双方协商,最好达成一致,取得共识,这是避免索赔争议的最有效办法。

4. 诚实守信

发包人对监理工程师充分信任,承包人期望监理工程师公平执业,所以监理工程师要始终做到诚实守信。

(三) 工程师对索赔的审查

1. 审查索赔的证据

工程师对索赔的审查时,首先判断承包人的索赔要求是否有理、有据,承包人可提供施工文件和有关资料等证据材料。

2. 审查工期顺延要求

(1) 对索赔报告中要求顺延的工期,在审核中要注意以下几点:

1) 划清施工进度拖延的责任。因承包人的原因造成施工进度滞后,属于不可原谅的延期;只有承包人不承担任何责任的延误,才是可原谅的延期。可原谅的延期又分为给补偿费用的延期和不给补偿费用的延期,后者是指非承包人的影响并未导致施工成本的额外支出。

2) 被延误的工作应该是处于施工进度计划关键线路上的施工内容。只有在关键线路上的工作才能影响竣工日期。但也要注意，既要看工作是否在关键线路上，又要仔细分析这一延误对后续工作的影响，因为对非关键工作影响时间太长，也会使非关键线路变为关键线路，导致工期拖延。

3）无权要求承包人缩短合同工期。工程师有权指示承包人删减掉某些合同内的工作内容，但不能要求承包人缩短合同工期。

(2) 审查工期索赔计算

工期索赔计算主要有网络图分析和比例计算法。

3. 审查费用索赔要求

(1) 承包人可索赔的费用

1）人工费。包括增加工作内容的人工费、停工损失费、工作效率降低的损失费等累计，但不能简单地用计日工计算。

2）设备费。可采用机械台班费、机械折旧费、设备租赁费等几种形式。

3）材料费。

4）保函手续费。工程延误时，保函手续费相应增加，反之减少。

5）贷款利息。

6）保险费。

7）利润。

8）管理费。分为现场管理费和公司管理费。

(2) 审核索赔取费的合理性

(3) 审核索赔计算的正确性

1）所采用的费率是否合理、适度。

工程量表中的单价是综合单价，不仅包含直接费，还包括间接费、风险费、辅助施工机械费、公司管理费和利润项目等摊销成本，在索赔计算中不应有重复取费。

停工损失中，不应以计日工费计算。不应计算闲置人员在此期间的奖金、福利等报酬，通常采取人工单价乘以折减系数计算，停工的机械费补偿，应按机械折旧费或设备租赁费计算，不应包括运转操作费。

2）正确区分停工损失与因工程师临时改变工作内容或作业方法的功效降低损失的区别。

(四) 工程师对索赔的反驳

反驳索赔仅仅指的是反驳承包人不合理索赔或者索赔中的不合理部分。反驳措施是指工程师针对一些可能发生的索赔领域，为了今后有充分的证据反驳承包人的不合理要求而采取的监督管理措施。反驳措施实际上是包括在工程师的日常监理工作中。能否有力地反驳索赔，是衡量工程师工作成效的重要尺度。

工程师通常可以对承包人的索赔提出质疑的情况有：

(1) 索赔事项不属于发包人或工程师的责任，而是与承包人有关的其他第三方的责任；

(2) 发包人和承包人共同负有责任、承包人必须划分和证明双方责任大小；

(3) 事实依据不足；

(4) 合同依据不足；

(5) 承包人未遵守索赔意向通知要求；
(6) 承包人以前已经放弃（明示或暗示）了索赔；
(7) 承包人没有采取适当措施避免或减少损失；
(8) 承包人必须提供进一步的证据；
(9) 损失计算夸大等。

（五）工程师对索赔的预防和减少

1. 正确理解合同规定

合同是规定当事人双方权利义务关系的文件。正确理解合同规定，是双方协调一致地合理、完全履行合同的基础。发包人、工程师和承包人都必须认真研究合同文件，以便尽可能在诚信的基础上正确、一致地理解合同的规定，减少索赔的发生。

2. 做好日常监理工作，随时与承包人保持协调

做好日常监理工作，是减少索赔事件的重要手段。工程师应善于预见、发现和解决问题，能够在某些问题对工程产生额外成本或其他不良影响出现以前，采取一定的措施纠正过来，就可以避免发生有关的索赔。

3. 施工过程中尽量为承包人提供力所能及的帮助

承包人在施工过程中会遇到不同的困难。虽然从合同上讲，工程师没有义务向其提供帮助，但为了工程建设达到合同预期的目的，则工程师尽可能向承包人提供力所能及的帮助。这样可以避免或减少损失，从而避免或减少索赔。

4. 建立和维护工程师处理合同的威信

工程师自身必须有公正的立场、良好的合作精神和处理问题的能力，这是建立和维护其威信的基础；发包人应积极支持工程师独立、公平地处理合同事务，不予无理干涉；承包人应该充分尊重工程师，主动接受工程师的协调和监督。如果工程师在处理合同事务中，立场公正，经验知识丰富，则就有较高的威信，从而促使承包人在提出索赔前认真做好准备工作，只要依据充足则索赔成立，减少了承包人提出索赔的数量。

案 例 分 析

案例一

【案情简介】

某分部工程时标网络计划如图所示，施工单位与建设单位签订的施工合同中明确规定该分部工程中的①→④分项工程所用的材料由建设单位采购提供，但是由于供货商的原因使得建设单位未能按规定时间提供①→④分项工程所用的材料，使①→④分项工程开始施工的时间推后3天，为此施工单位向监理工程师提出工期延误3天的索赔要求。

问题：

1. 造成①→④分项工程开始施工的时间推后3天的责任方是谁？
2. ①→④分项工程开始施工的时间推后3天是否影响该分部工程的工期延误？
3. 施工单位向监理工程师提出工期延误3天的索赔要求是否合理？

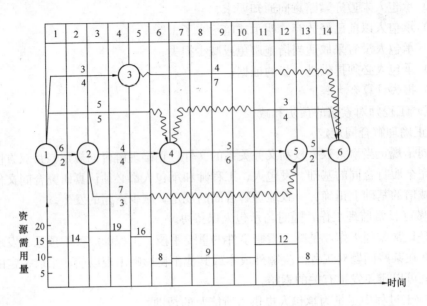

【案例评析】

1. 从该案例可知，由于建设单位没有按时提供①→④分项工程所用的材料使得①→④分项工程开始施工的时间推后3天，很显然其责任方应为建设单位。

2. 从该分部工程时标网络计划可知①→④分项工程的紧后工作是④→⑤分项工程，且④→⑤分项工程在关键线路上，所以①→④分项工程的拖延会影响该分部工程的工期使其拖延。

3. 从该分部工程时标网络计划可知①→④分项工程不在关键线路上且①→④分项工程的自由时差为1天，也就是说①→④分项工程有1天的机动时间，所以施工单位提出工期延误3天的索赔要求是不合理的，正确的索赔工期应为3天中减掉①→④分项工程的自由时差1天，最后索赔工期应为2天。

案例二

【案情简介】

某工程施工为包工包料、固定总价合同。工程招标文件参考资料中提供的运砂地点距工地4km，但开工后，检查该砂不符合要求，承包商只得从另一距工地20km供砂地点采购，而在一个关键工作面上又发生因几种原因造成的暂时停工：4月20日至4月26日承包商的施工设备出了从未出现的故障；应于4月27日交给承包商的后续图纸直到5月6日才交给承包商；5月7日至5月12日工地下了该季节罕见的大暴雨，造成了5月11日到5月14日的该地区的供电全面中断。鉴于以上现象出现下列情况：

1. 由于供砂距离的增大，必然引起费用的增加，承包商经过仔细计算后，在业主指令下达的第3天，向业主的造价工程师提交了将原用砂单价每吨提高5元人民币的索赔要求。该索赔要求是否合理？为什么？

2. 由于几种情况的暂时停工，承包商在5月15日向业主的造价工程师提交了延长工期25天，成本损失人民币2万元/天（此费率已经造价工程师批准）和利润损失费2千元/天的索赔要求，共计索赔人民币55万元。

问题:

1. 该索赔是否合理?如果合理,索赔款应为多少?为什么?
2. 在业主给承包商工程款的支付中扣除竣工延期违约损失赔偿金吗?为什么?
3. 索赔成立的条件是什么?
4. 若承包商对因业主原因造成的窝工损失,要求设备窝工按台班计算,人工的窝工按日计价是否合理?如不合理应怎样计算?

【案例评析】

1. 该索赔不合理。因为:

(1) 承包商应对自己就招标文件的解释负责并考虑相关风险;
(2) 承包商应对自己报价的正确性与完备性负责;
(3) 材料供应情况变化是一个有经验的承包商应该预见的;
(4) 批准费用22万元人民币,原因是:

A. 4月20日至4月26日属于承包商应承担的风险,不应考虑承包商的费用索赔要求。

B. 4月27日至5月6日假设减一天假,有效日期为9天,由业主迟交图引起的,为业主应承担的风险,但不应考虑承包商的利润。可以批准18万元。

C. 5月7日至5月12日特大暴雨属于双方共同的风险,不应考虑承包商的费用索赔要求。

D. 5月13日至5月14日停电属于有经验的承包商无法预见的自然条件造成,为业主应承担的风险,但不应考虑承包商4万元的利润要求。

2. 不一定扣除竣工拖期违约损失赔偿金。因为工序工期的延误不等于竣工工期的延误。原因是:

(1) 如果不能通过施工方案的调整将延误的工期补回,竣工延误,支付中要扣除拖期违约金。
(2) 如果能通过施工方案的调整将延误的工期补回,竣工不延误,不产生拖期违约金,支付中不扣除拖期违约金。

3. 承包商的索赔要求成立必须同时具备如下四个条件:

(1) 与合同相比较,已经造成了实际的额外费用或工期损失;
(2) 造成费用增加或工期损失的原因不是由于承包商的过失;
(3) 按合同规定,不应由承包商承担的风险;
(4) 承包商在事件发生后的规定时限内提出了书面索赔的意向通知。

4. 不合理。因窝工而闲置的设备按折旧费或停置台班费或租赁费计价,不包括运转费部分;人工损失应考虑这部分工作的工人调作其他时工作效率降低的损失费用。一般用工效乘以一个测算的降效系数计算这一部分损失,而且只按成本费用计算,不包括利润。

复习思考题

1. 什么是施工索赔?
2. 为什么施工中会出现索赔?
3. 施工索赔有哪几种分类?

4. 索赔的程序有哪些步骤?
5. 工程师处理索赔应遵循哪些原则?
6. 何谓反索赔?其内容有哪些?
7. 工程师审查索赔应注意哪些问题?
8. 工程师应如何预防和减少索赔?

附录一 建设工程施工合同（示范文本）
(GF—1999—0201)

第一部分 协 议 书

发包人（全称）：_____

承包人（全称）：_____

依照《中华人民共和国合同法》、《中华人民共和国建筑法》及其他有关法律、行政法规、遵循平等、自愿、公平和诚实信用的原则，双方就本建设工程施工项协商一致，订立本合同。

一、工程概况

工程名称：_____

工程地点：_____

工程内容：_____

群体工程应附承包人承揽工程项目一览表（附件1）工程立项批准文号：_____

资金来源：_____

二、工程承包范围

承包范围：_____

三、合同工期：

开工日期：_____

竣工日期：_____

合同工期总日历天数_____天

四、质量标准

工程质量标准：_____

五、合同价款

金额（大写）：_____元（人民币）

¥：_____元

六、组成合同的文件

组成本合同的文件包括：

1. 本合同协议书
2. 中标通知书
3. 投标书及其附件
4. 本合同专用条款
5. 本合同通用条款

6. 标准、规范及有关技术文件

7. 图纸

8. 工程量清单

9. 工程报价单或预算书

双方有关工程的洽商、变更等书面协议或文件视为本合同的组成部分。

七、本协议书中有关词语含义本合同第二部分《通用条款》中分别赋予它们的定义相同。

八、承包人向发包人承诺按照合同约定进行施工、竣工并在质量保修期内承担工程质量保修责任。

九、发包人向承包人承诺按照合同约定的期限和方式支付合同价款及其他应当支付的款项。

十、合同生效

合同订立时间：_____年_____月_____日

合同订立地点：_____

本合同双方约定_____后生效。

发包人：（公章）_____	承包人：（公章）_____
住所：_____	住所：_____
法定代表人：_____	法定代表人：_____
委托代表人：_____	委托代表人：_____
电话：_____	电话：_____
传真：_____	传真：_____
开户银行：_____	开户银行：_____
账号：_____	账号：_____
邮政编码：_____	邮政编码：_____

第二部分 通 用 条 款

一、词语定义及合同文件

1. 词语定义

下列词语除专用条款另有约定外，应具有本条所赋予的定义：

1.1 通用条款：是根据法律、行政法规规定及建设工程施工的需要订立，通用于建设工程施工的条款。

1.2 专用条款：是发包人与承包人根据法律、行政法规规定，结合具体工程实际，经协商达成一致意见的条款，是对通用条款的具体化、补充或修改。

1.3 发包人：指在协议书中约定，具有工程发包主体资格和支付工程价款能力的当事人以及取得该当事人资格的合法继承人。

1.4 承包人：指在协议书中约定，被发包人接受的具有工程施工承包主体资格的当事人以及取得该当事人资格的合法继承人。

1.5 项目经理：指承包人在专用条款中指定的负责施工管理和合同履行的代表。

1.6 设计单位：指发包人委托的负责本工程设计并取得相应工程设计资质等级证书的单位。

1.7 监理单位：指发包人委托的负责本工程监理并取得相应工程监理资质等级证书的单位。

1.8 工程师：指本工程监理单位委派的总监理工程师或发包人指定的履行本合同的代表，其具体身份和职权由发包人承包人在专用条款中约定。

1.9 工程造价管理部门：指国务院有关部门、县级以上人民政府建设行政主管部门或其委托的工程造价管理机构。

1.10 工程：指发包人承包人在协议书中约定的承包范围内的工程。

1.11 合同价款：指发包人承包人在协议书中约定，发包人用以支付承包人按照合同约定完成承包范围内全部工程并承担质量保修责任的款项。

1.12 追加合同价款：指在合同履行中发生需要增加合同价款的情况，经发包人确认后按计算合同价款的方法增加的合同价款。

1.13 费用：指不包含在合同价款之内的应当由发包人或承包人承担的经济支出。

1.14 工期：指发包人承包人在协议书中约定，按总日历天数（包括法定节假日）计算的承包天数。

1.15 开工日期：指发包人承包人在协议书中约定，承包人开始施工的绝对或相对的日期。

1.16 竣工日期：指发包人承包人在协议书约定，承包人完成承包范围内工程的绝对或相对的日期。

1.17 图纸：指由发包人提供或由承包人提供并经发包人批准，满足承包人施工需要的所有图纸（包括配套说明和有关资料）。

1.18 施工场地：指由发包人提供的用于工程施工的场所以及发包人在图纸中具体指定的供施工使用的任何其他场所。

1.19 书面形式：指合同书、信件和数据电文（包括电报、电传、传真、电子数据交换和电子邮件）等可以有形地表现所载内容的形式。

1.20 违约责任：指合同一方不履行合同义务或履行合同义务不符合约定所应承担的责任。

1.21 索赔：指在合同履行过程中，对于并非自己的过错，而是应由对方承担责任的情况造成的实际损失，向对方提出经济补偿和（或）工期顺延的要求。

1.22 不可抗力：指不能预见、不能避免并不能克服的客观情况。

1.23 小时或天：本合同中规定按小时计算时间的，从事件有效开始时计算（不扣除休息时间）；规定按天计算时间的，开始当天不计入，从次日开始计算。时限的最后一天是休息日或者其他法定节假日的，以节假日次日为时限的最后一天，但竣工日期除外。时限的最后一天的截止时间为当日24时。

2. 合同文件及解释顺序

2.1 合同文件应能相互解释，互为说明。除专用条款另有约定外，组成本合同的文件及优先解释顺序如下：

（1）本合同协议书

(2) 中标通知书

(3) 投标书及其附件

(4) 本合同专用条款

(5) 本合同通用条款

(6) 标准、规范及有关技术文件

(7) 图纸

(8) 工程量清单

(9) 工程报价单或预算书

合同履行中，发包人、承包人有关工程的洽商、变更等书面协议或文件视为本合同的组成部分。

2.2 当合同文件内容含糊不清或不相一致时，在不影响工程正常进行的情况下，由发包人、承包人协商解决。双方也可以提请负责监理的工程师作出解释。双方协商不成或不同意负责监理的工程师作出解释、双方协商不成或不同意负责监理的工程师的解释时，按本通用条款第37条关于争议的约定处理。

3. 语言文字和适用法律、标准及规范

3.1 语言文字

本合同文件使用汉语语言文字书写、解释和说明。如专用条款约定使用两种以上（含两种）语言文字时，汉语应为解释和说明本合同的标准语言文字。

在少数民族地区，双方可以约定使用少数民族语言文字书写和解释、说明本合同。

3.2 适用法律和法规

本合同文件适用国家的法律和行政法规。需要明示的法律、行政法规，由双方在专用条款中约定。

3.3 适用标准、规范

双方在专用条款内约定适用国家标准、规范的名称；没有国家标准、规范但有行业标准、规范的，约定适用行业标准、规范的名称；没有国家和行业标准、规范的，约定适用工程所在地地方标准、规范的名称。发包人应按专用条款约定的时间向承包人提供一式两份约定的标准、规范。

国内没有相应标准、规范的，由发包人按专用条款约定的时间向承包人提出施工技术要求，承包人按约定的时间和要求提出施工工艺，经发包人认可后执行。发包人要求使用国外标准、规范的，应负责提供中文译本。

本条所发生的购买、翻译标准、规范或制定施工工艺的费用，由发包人承担。

4. 图纸

4.1 发包人应按专用条款约定的日期和套数，向承包人提供图纸。承包人需要增加图纸套数的，发包人应代为复制，复制费用由承包人承担。发包人对工程有保密要求的，应在专用条款中提出保密要求，保密措施费用由发包人承担，承包人在约定保密期限内履行保密义务。

4.2 承包人未经发包人同意，不得将本工程图纸转给第三人。工程质量保修期满后，除承包人存档需要的图纸外，应将全部图纸退还给发包人。

4.3 承包人应在施工现场保留一套完整图纸，供工程师及有关人员进行工程检查时使用。

二、双方一般权利和义务

5. 工程师

5.1 实行工程监理的,发包人应在实施监理前将委托的监理单位名称、监理内容及监理权限以书面形式通知承包人。

5.2 监理单位委派的总监理工程师在本合同中称工程师,其姓名、职务、职权由发包人承包人在专用条款内写明。工程师按合同约定行使职权,发包人在专用条款内要求工程师在行使某些职权前需要征得发包人批准的,工程师应征得发包人批准。

5.3 发包人派驻施工场地履行合同的代表在本合同中也称工程师,其姓名、职务、职权由发包人在专用条款内写明,但职权不得与监理单位委派的总监理工程师职权相互交叉。双方职权发生交叉或不明确时,由发包人予以明确,并以书面形式通知承包人。

5.4 合同履行中,发生影响发包人、承包人双方权利或义务的事件时,负责监理的工程师应依据合同在其职权范围内客观公正地进行处理。一方对工程师的处理有异议时,按本通用条款第37条关于争议的约定处理。

5.5 除合同内有明确约定或经发包人同意外,负责监理的工程师无权解除本合同约定的承包人的任何权利与义务。

5.6 不实行工程监理的,本合同中工程师专指发包人派驻施工场地履行合同的代表,其具体职权由发包人在专用条款内写明。

6. 工程师的委派和指令

6.1 工程师可委派工程师代表,行使合同约定的自己的职权,并可在认为必要时撤回委派。委派和撤回均应提前7天以书面形式通知承包人,负责监理的工程师还应将委派和撤回通知发包人。委派书和撤回通知作为本合同附件。

工程师代表在工程师授权范围内向承包人发出的任何书面形式的函件,与工程师发出的函件具有同等效力。承包人对工程师代表向其发出的任何书面形式的函件有疑问时,可将此函件提交工程师,工程师应进行确认。工程师代表发出指令有失误时,工程师应进行纠正。

除工程师或工程师代表外,发包人派驻工地的其他人员均无权向承包人发出任何指令。

6.2 工程师的指令、通知由其本人签字后,以书面形式交给项目经理,项目经理在回执上签署姓名和收到时间后生效。确有必要时,工程师可发出口头指令,并在48小时内给予书面确认,承包人对工程师的指令应予执行。工程师不能及时给予书面确认的,承包人应于工程师发出口头指令后7天内提出书面确认要求。工程师在承包人提出确认要求后48小时内不予答复的,视为口头指令已被确认。

承包人认为工程师指令不合理,应在收到指令后24小时内向工程师提出修改指令的书面报告,工程师在收到承包人报告后24小时内作出修改指令或继续执行原指令的决定,并以书面形式通知承包人。紧急情况下,工程师要求承包人立即执行的指令或承包人虽有异议,但工程师决定仍继续执行的指令,承包人应予执行。因指令错误发生的追加合同价款和给承包人造成的损失由发包人承担,延误的工期相应顺延。

本款规定同样适用于由工程师代表发出的指令、通知。

6.3 工程师应按合同约定,及时向承包人提供所需指令、批准并履行约定的其他义务。由于工程师未能按合同约定履行义务造成工期延误，发包人应承担延误造成的追加合同价款，并赔偿承包人有关损失，顺延延误的工期。

6.4 如需更换工程师，发包人应至少提前7天以书面形式通知承包人，后任继续行使合同文件约定的前任的职权，履行前任的义务。

7. 项目经理

7.1 项目经理的姓名、职务在专用条款内写明。

7.2 承包人依据合同发出的通知，以书面形式由项目经理签字后送交工程师，工程师在回执上签署姓名和收到时间后生效。

7.3 项目经理按发包人认可的施工组织设计（施工方案）和工程师依据合同发出的指令组织施工。在情况紧急且无法与工程师联系时，项目经理应当采取保证人员生命和工程、财产安全的紧急措施，并在采取措施后48小时内向工程师送交报告。责任在发包人或第三人，由发包人承担由此发生的追加合同价款，相应顺延工期；责任在承包人，由承包人承担费用，不顺延工期。

7.4 承包人如需要更换项目经理，应至少提前7天以书面形式通知发包人，并征得发包人同意。后任继续行使合同文件约定的前任的职权，履行前任的义务。

7.5 发包人可以与承包人协商，建议更换其认为不称职的项目经理。

8. 发包人工作

8.1 发包人按专用条款约定的内容和时间完成以下工作：

（1）办理土地征用、拆迁补偿、平整施工场地等工作，使施工场地具备施工条件，在开工后继续负责解决以上事项遗留问题；

（2）将施工所需水、电、电讯线路从施工场地外部接至专用条款约定地点，保证施工期间的需要；

（3）开通施工场地与城乡公共道路的通道，以及专用条款约定的施工场地内的主要道路，满足施工运输的需要，保证施工期间的畅通；

（4）向承包人提供施工场地的工程地质和地下管线资料，对资料的真实准确性负责；

（5）办理施工许可证及其他施工所需证件、批件和临时用地、停水、停电、中断道路交通、爆破作业等的申请批准手续（证明承包人自身资质的证件除外）；

（6）确定水准点与坐标控制点，以书面形式交给承包人，进行现场交验；

（7）组织承包人和设计单位进行图纸会审和设计交底；

（8）协调处理施工场地周围地下管线和邻近建筑物、构筑物（包括文物保护建筑）、古树名木的保护工作，承担有关费用；

（9）发包人应做的其他工作，双方在专用条款内约定。

8.2 发包人可以将8.1款部分工作委托承包人办理，双方在专用条款内约定，其费用由发包人承担。

8.3 发包人未能履行8.1款各项义务，导致工期延误或给承包人造成损失的，发包人赔偿承包人有关损失，顺延延误的工期。

9. 承包人工作

9.1 承包人按专用条款约定的内容和时间完成以下工作：

（1）根据发包人委托，在其设计资质等级和业务允许的范围内，完成施工图设计或与

工程配套的设计,经工程师确认后使用,发包人承担由此发生的费用;

(2) 向工程师提供年、季、月度工程进度计划及相应进度统计报表;

(3) 根据工程需要,提供和维修非夜间施工使用的照明、围栏设施,并负责安全保卫;

(4) 按专用条款约定的数量和要求,向发包人提供施工场地办公和生活的房屋及设施,发包人承担由此发生的费用;

(5) 遵守政府有关主管部门对施工场地交通、施工噪音以及环境保护和安全生产等的管理规定,按规定办理有关手续,并以书面形式通知发包人,发包人承担由此发生的费用,因承包人责任造成的罚款除外;

(6) 已竣工工程未交付发包人之前,承包人按专用条款约定负责已完工程的保护工作,保护期间发生损坏,承包人自费予以修复;发包人要求承包人采取特殊措施保护的工程部位和相应的追加合同价款,双方在专用条款内约定;

(7) 按专用条款约定做好施工场地地下管线和邻近建筑物、构筑物(包括文物保护建筑)、古树名木的保护工作;

(8) 保证施工场地清洁符合环境卫生管理的有关规定,交工前清理现场达到专用条款约定的要求,承担因自身原因违反有关规定造成的损失和罚款;

(9) 承包人应做的其他工作,双方在专用条款内约定。

9.2 承包人未能履行9.1款各项义务,造成发包人损失的,承包人赔偿发包人有关损失。

三、施工组织设计和工期

10. 进度计划

10.1 承包人应按专用条款约定的日期,将施工组织设计和工程进度计划提交修改意见,逾期不确认也不提出书面意见的,视为同意。

10.2 群体工程中单位工程分期进行施工的,承包人应按照发包人提供图纸及有关资料的时间,按单位工程编制进度计划,其具体内容双方在专用条款中约定。

10.3 承包人必须按工程师确认的进度计划组织施工,接受工程师对进度的检查、监督。工程实际进度与经确认的进度计划不符时,承包人应按工程师的要求提出改进措施,经工程师确认后执行。因承包人的原因导致实际进度与进度计划不符,承包人无权就改进措施提出追加合同价款。

11. 开工及延期开工

11.1 承包人应当按照协议书约定的开工日期开工。承包人不能按时开工,应当不迟于协议书约定的开工日期前7天,以书面形式向工程师提出延期开工的理由和要求。工程师应当在接到延期开工申请后的48小时内以书面形式答复承包人。工程师在接到延期开工申请后48小时内不答复,视为同意承包人要求,工期相应顺延。工程师不同意延期要求或承包人未在规定时间内提出延期开工要求,工期不予顺延。

11.2 因发包人原因不能按照协议书约定的开工日期开工,工程师应以书面形式通知承包人,推迟开工日期。发包人赔偿承包人因延期开工造成的损失,并相应顺延工期。

12. 暂停施工

工程师认为确有必要暂停施工时,应当以书面形式要求承包人暂停施工,并在提出要求后48小时内提出书面处理意见。承包人应当按工程师要求停止施工,并妥善保护已完工程。承包人实施工程师作出的处理意见后,可以书面形式提出复工要求,工程师作出的处理意见后,可以书面形式提出复工要求,工程师应当在48小时内给予答复。工程师未能在规定时间内提出处理意见,或收到承包人复工要求后48小时内未予答复,承包人可自行复工。因发包人原因造成停工的,由发包人承担所发生的追加合同价款,赔偿承包人由此造成的损失,相应顺延工期;因承包人原因造成停工的,由承包人承担发生的费用,工期不予顺延。

13. 工期延误

13.1 因以下原因造成工期延误,经工程师确认,工期相应顺延:

(1) 发包人未能按专用条款的约定提供图纸及开工条件;

(2) 发包人未能按约定日期支付工程预付款、进度款,致使施工不能正常进行;

(3) 工程师未按合同约定提供所需指令、批准等,致使施工不能正常进行;

(4) 设计变更和工程量增加;

(5) 一周内非承包人原因停水、停电、停气造成停工累计超过8小时;

(6) 不可抗力;

(7) 专用条款中约定或工程师同意工期顺延的其他情况。

13.2 承包人在13.1款情况发生后14天内,就延误的工期以书面形式向工程师提出报告。工程师在收到报告后14天内予以确认,逾期不予确认也不提出修改意见,视为同意顺延工期。

14. 工程竣工

14.1 承包人必须按照协议书约定的竣工日期或工程师同意顺延的工期竣工。

14.2 因承包人原因不能按照协议书约定的竣工日期或工程师同意顺延的工期竣工的,承包人承担违约责任。

14.3 施工中发包人如需提前竣工,双方协商一致后应签订提前竣工协议,作为合同文件组成部分。提前竣工协议应包括承包人为保证工程质量和安全采取的措施、发包人为提前竣工提供的条件以及提前竣工所需的追加合同价款等内容。

四、质量与检验

15. 工程质量

15.1 工程质量应当达到协议书约定的质量标准,质量标准的评定以国家或行业的质量检验评定标准为依据。因承包人原因工程质量达不到约定的质量标准,承包人承担违约责任。

15.2 双方对工程质量有争议,由双方同意的工程质量检测机构鉴定,所需费用及因此造成的损失,由责任方承担。双方均有责任,由双方根据其责任分别承担。

16. 检查和返工

16.1 承包人应认真按照标准、规范和设计图纸要求以及工程师依据合同发出的指令施工,随时接受工程师的检查检验,为检查检验提供便利条件。

16.2 工程质量达不到约定标准的部分,工程师一经发现,应要求承包人拆除和重新施工,承包人应按工程师的要求拆除和重新施工,直到符合约定标准。因承包人原因达不到约定标准,由承包人承担拆除和重新施工的费用,工期不予顺延。

16.3 工程师的检查检验不应影响施工正常进行。如影响施工正常进行，检查检验不合格时，影响正常施工的费用由承包人承担。除此之外影响正常施工的追加合同价款由发包人承担，相应顺延工期。

16.4 因工程师指令失误或其他非承包人原因发生的追加合同价款，由发包人承担。

17. 隐蔽工程和中间验收

17.1 工程具备隐蔽条件或达到专用条款约定的中间验收部位，承包人进行自检，并在隐蔽或中间验收前48小时以书面形式通知工程师验收。通知包括隐蔽和中间验收的内容、验收时间和地点。承包人准备验收记录，验收合格，工程师在验收记录上签字后，承包人可进行隐蔽和继续施工。验收不合格，承包人在工程师限定的时间内修改后重新验收。

17.2 工程师不能按时进行验收，应在验收前24小时以书面形式向承包人提出延期要求，延期不能超过48小时。工程师未能按以上时间提出延期要求，不进行验收，承包人可自行组织验收，工程师应承认验收记录。

17.3 经工程师验收，工程质量符合标准、规范和设计图纸等要求，验收24小时后，工程师不在验收记录上签字，视为工程师已经认可验收记录，承包人可进行隐蔽或继续施工。

18. 重新检验

无论工程师是否进行验收，当其要求对已经隐蔽的工程重新检验时，承包人应按要求进行剥离或开孔，并在检验后重新覆盖或修复。检验合格，发包人承担由此发生的全部追加合同价款，赔偿承包人损失，并相应顺延工期。检验不合格，承包人承担发生的全部费用，工期不予顺延。

19. 工程试车

19.1 双方约定需要试车的，试车内容应与承包人承包的安装范围相一致。

19.2 设备安装工程具备单机无负荷试车条件，承包人组织试车，并在试车前48小时以书面形式通知工程师。通知包括试车内容、时间、地点。承包人准备试车记录，发包人根据承包人要求为试车提供必要条件。试车合格，工程师在试车记录上签字。

19.3 工程师不能按时参加试车，须在开始试车前24小时以书面形式向承包人提出延期要求，不参加试车，应承认试车记录。

19.4 设备安装工程具备无负荷联动试车条件，发包人组织试车，并在试车内容、时间、地点和对承包人提出要求，承包人按要求做好准备工作。试车合格，双方在试车记录上签字。

19.5 双方责任

（1）由于设计原因试车达不到验收要求，发包人应要求设计单位修改设计，承包人按修改后的设计重新安装。发包人承担修改设计、拆除及重新安装的全部费用和追加合同价款，工期相应顺延。

（2）由于设备制造原因试车达不到验收要求，由该设备采购一方负责重新购置或修理，承包人负责拆除和重新安装。设备由承包人采购的，由承包人承担修理或重新购置、拆除及重新安装的费用，工期不予顺延；设备由发包人采购的，发包人承担上述各项追加合同价款，工期相应顺延。

（3）由于承包人施工原因试车不到验收要求，承包人按工程师要求重新安装和试车，并承担重新安装和试车的费用，工期不予顺延。

（4）试车费用除已包括在合同价款之内或专用条款另有约定外，均由发包人承担。

（5）工程师在试车合格后不在试车记录上签字，试车结束 24 小时后，视为工程师已经认可试车记录，承包人可继续施工或办理竣工手续。

19.6 投料试车应在工程竣工验收后由发包人负责，如发包人要求在工程竣工验收前进行或需要承包人配合时，应征得承包人同意，另行签订补充协议。

五、安全施工

20. 安全施工与检查

20.1 承包人应遵守工程建设安全生产有关管理规定，严格按安全标准组织施工，并随时接受行业安全检查人员依法实施的监督检查，采取必要的安全防护措施，消除事故隐患。由于承包人安全措施不力造成事故的责任和因此发生的费用，由承包人承担。

20.2 发包人应对其在施工场地的工作人员进行安全教育，并对他们的安全负责。发包人不得要求承包人违反安全管理的规定进行施工。因发包人原因导致的安全事故，由发包人承担相应责任及发生的费用。

21. 安全防护

21.1 承包人在动力设备、输电线路、地下管道、密封防震车间、易燃易爆地段以及临街交通要道附近施工时，施工开始前应向工程师提出安全防护措施，经工程师认可后实施，防护措施费用由发包人承担。

21.2 实施爆破作业，在放射、毒害性环境中施工（含储存、运输、使用）及使用毒害性、腐蚀性物品施工时，承包人应在施工前 14 天以书面通知工程师，并提出相应的安全防护措施，经工程师认可后实施，由发包人承担安全防护措施费用。

22. 事故处理

22.1 发生重大伤亡及其他安全事故，承包人应按有关规定立即上报有关部门并通知工程师，同时按政府有关部门要求处理，由事故责任方承担发生的费用。

22.2 发包人、承包人对事故责任有争议时，应按政府有关部门的认定处理。

六、合同价款与支付

23. 合同价款及调整

23.1 招标工程的合同价款由发包人、承包人依据中标通知书中的中标价格在协议书内约定。非招标工程的合同价款由发包人、承包人依据工程预算书在协议书内约定。

23.2 合同价款在协议书内约定后，任何一方不得擅自改变。下列三种确定合同价款的方式，双方可在专用条款内约定采用其中一种：

（1）固定价格合同。双方在专用条款内约定合同价款包含的风险范围和风险费用的计算方法，在约定的风险范围内合同价款不再调整。风险范围以外的合同价款调整方法。应当在专用条款内约定。

（2）可调价格合同。合同价款可根据双方的约定而调整，双方在专用条款内约定合同价款调整方法。

（3）成本加酬金合同。合同价款包括成本和酬金两部分，双方在专用条款内约定成本构成和酬金的计算方法。

23.3 可调价格合同中合同价款的调整因素包括：
(1) 法律、行政法规和国家有关政策变化影响合同价款；
(2) 工程造价管理部门公布的价格调整；
(3) 一周内非承包人原因停水、停电、停气造成停工累计超过8小时；
(4) 双方约定的其他因素。

23.4 承包人应当在23.3款情况发生后14天内，将调整原因、金额以书面形式通知工程师，工程师确认调整金额后作为追加合同价款，与工程款同期支付。工程师收到承包人通知后14天内不予确认也不提出修改意见，视为已经同意该项调整。

24. 工程预付款

实行工程预付款的，双方应当在专用条款内约定发包人向承包人预付工程款的时间和数额，开工后按约定的时间和比例逐次扣回。预付时间应不迟于约定的开工日期前7天。发包人不按约定预付，承包人在约定预付时间7天后向发包人发出要求预付的通知，发包人收到通知后仍不能按要求预付，承包人可在发出通知后7天停止施工，发包人应从约定应付之日起向承包人支付应付款的贷款利息，并承担违约责任。

25. 工程量的确认

25.1 承包人应按专用条款约定的时间，向工程师提交已完工程量的报告。工程师接到报告后7天内按设计图纸核实已完工程量（以下称计量），并在计量前24小时通知承包人，承包人为计量提供便利条件并派人参加。承包人收到通知后不参加计量，计量结果有效，作为工程价款支付的依据。

25.2 工程师收到承包人报告后7天内未进行计量，从第8天起，承包人报告中开列的工程量即视为被确认，作为工程价款支付的依据。工程师不按约定时间通知承包人，致使承包人未能参加计量，计量结果无效。

25.3 对承包人超出设计图纸范围和因承包人原因造成返工的工程量，工程师不予计量。

26. 工程款（进度款）支付

26.1 在确认计量结果后14天内，发包人应向承包人支付工程款（进度款）。按约定时间发包人应扣回的预付款，与工程款（进度款）同期结算。

26.2 本通用条款第23条确定调整的合同价款，第31条工程变更调整的合同价款及其他条款中约定的追加合同价款，应与工程款（进度款）同期调整支付。

26.3 发包人超过约定的支付时间不支付工程款（进度款），承包人可向发包人发出要求付款的通知，发包人收到承包人通知后仍不能按要求付款，可与承包人协商签订延期付款协议，经承包人同意后可延期支付。协议应明确延期支付的时间和从计量结果确认后第15天起应付款的贷款利息。

26.4 发包人不按合同约定支付工程款（进度款），双方又未达成延期付款协议，导致施工无法进行，承包人可停止施工，由发包人承担违约责任。

七、材料设备供应

27. 发包人供应材料设备

27.1 实行发包人供应材料设备的，双方应当约定发包人供应材料设备的一览表，作为本合同附件（附件2）。一览表包括发包人供应材料设备的品种、规格、型号、数量、单价、质量等级、提供时间和地点。

27.2 发包人按一览表约定的内容提供材料设备，并向承包人提供产品合格证明，对其质量负责。发包人在所供材料设备到货前 24 小时，以书面形式通知承包人，由承包人派人与发包人共同清点。

27.3 发包人供应的材料设备，承包人派人参加清点后由承包人妥善保管，发包人支付相应保管费用。因承包人原因发生丢失损坏，由承包人负责赔偿。

发包人未通知承包人清点，承包人不负责材料设备的保管，丢失损坏由发包人负责。

27.4 发包人供应的材料设备与一览表不符时，发包人承担有关责任。发包人应承担责任的具体内容，双方根据下列情况在专用条款内约定：

（1）材料设备单价与一览表不符，由发包人承担所有价差；

（2）材料设备的品种、规格、型号、质量等级与一览表不符，承包人可拒绝接收保管，由发包人运出施工场地并重新采购；

（3）发包人供应的材料规格、型号与一览表不符，经发包人同意，承包人可代为调剂串换，由发包人承担相应费用；

（4）到货地点与一览表不符，由发包人负责运至一览表指定地点；

（5）供应数量少于一览表约定的数量时，由发包人补齐，多于一览表约定数量时，发包人负责将多出部分运出施工场地；

（6）到货时间早于一览表约定时间，由发包人承担因此发生的保管费用；到货时间迟于一览表约定的供应时间，发包人赔偿由此造成的承包人损失，造成工期延误的，相应顺延工期；

27.5 发包人供应的材料设备使用前，由承包人负责检验或试验，不合格的不得使用，检验或试验费用由发包人承担。

27.6 发包人供应材料设备的结算方法，双方在专用条款内约定。

28. 承包人采购材料设备

28.1 承包人负责采购材料设备的，应按照专用条款约定及设计和有关标准要求采购，并提供产品合格证明，对材料设备质量负责。承包人在材料设备到货前 24 小时通知工程师清点。

28.2 承包人采购的材料设备与设计标准要求不符时，承包人应按工程师要求的时间运出施工场地，重新采购符合要求的产品，承担由此发生的费用，由此延误的工期不予顺延。

28.3 承包人采购的材料设备在使用前，承包人应按工程师的要求进行检验或试验，不合格的不得使用，检验或试验费用由承包人承担。

28.4 工程师发现承包人采购并使用不符合设计和标准要求的材料设备时，应要求承包人负责修复、拆除或重新采购，由承包人承担发生的费用，由此延误的工期不予顺延。

28.5 承包人需要使用代用材料时，应经工程师认可后才能使用，由此增减的合同价款双方以书面形式议定。

28.6 由承包人采购的材料设备，发包人不得指定生产厂或供应商。

八、工程变更

29. 工程设计变更

29.1 施工中发包人需对原工程设计变更,应提前 14 天以书面形式向承包人发出变更通知。变更超过原设计标准或批准的建设规模时,发包人应报规划管理部门和其他有关部门重新审查批准,并由原设计单位提供变更的相应图纸和说明。承包人按照工程师发出的变更通知及有关要求,进行下列需要的变更:

(1) 更改工程有关部分的标高、基线、位置和尺寸;

(2) 增减合同中约定的工程量;

(3) 改变有关工程的施工时间和顺序;

(4) 其他有关工程变更需要的附加工作。

因变更导致合同价款的增减及造成的承包人损失,由发包人承担,延误的工期相应顺延。

29.2 施工中承包人不得对原工程设计进行变更。因承包人擅自变更设计发生的费用和由此导致发包人的直接损失,由承包人承担,延误的工期不予顺延。

29.3 承包人在施工中提出的合理化建议涉及到对设计图纸或施工组织设计的更改及对材料、设备的换用,须经工程师同意。未经同意擅自更改或换用时,承包人承担由此发生的费用,并赔偿发包人的有关损失,延误的工期不予顺延。

工程师同意采用承包人合理化建议,所发生的费用和获得的收益,发包人承包人另行约定分担或分享。

30. 其他变更

合同履行中发包人要求变更工程质量标准及发生其他实质性变更,由双方协商解决。

31. 确定变更价款

31.1 承包人在工程变更确定后 14 天内,提出变更工程价款的报告,经工程师确认后调整合同价款。变更合同价款按下列方法进行:

(1) 合同中已有适用于变更工程的价格,按合同已有的价格变更合同价款;

(2) 合同中只有类似于变更工程的价格,可以参照类似价格变更合同价款;

(3) 合同中没有适用或类似于变更工程的价格,由承包人提出适当的变更价格,经工程师确认后执行。

31.2 承包人在双方确定变更后 14 天内不向工程师提出变更工程价款报告时,视为该项变更不涉及合同价款的变更。

31.3 工程师应在收到变更工程价款报告之日起 14 天内予以确认,工程师无正当理由不确认时,自变更工程价款报告送达之日起 14 天后视为变更工程价款报告已被确认。

31.4 工程师不同意承包人提出的变更价款,按本通用条款第 37 条关于争议的约定处理。

31.5 工程师确认增加的工程变更价款作为追加合同价款,与工程款同期支付。

31.6 因承包人自身原因导致的工程变更,承包人无权要求追加合同价款。

九、竣工验收与结算

32. 竣工验收

32.1 工程具备竣工验收条件,承包人按国家工程竣工验收有关规定,向发包人提供完整竣工资料及竣工验收报告。双方约定由承包人提供竣工图的,应当在专用条款内约定提供的日期和份数。

32.2 发包人收到竣工验收报告后 28 天内组织有关单位验收,并在验收后 14 天内给予认可或提出修改意见。承包人按要求修改,并承担由自身原因造成修改的费用。

32.3 发包人收到承包人送交的竣工验收报告后 28 天内不组织验收,或验收后 14 天内不提出修改意见,视为竣工验收报告已被认可。

32.4 工程竣工验收通过,承包人送交竣工验收报告的日期为实际竣工日期。工程按发包人要求修改后通过竣工验收的,实际竣工日期为承包人修改后提请发包人验收的日期。

32.5 发包人收到承包人竣工验收报告后 28 天内不组织验收,从第 29 天起承担工程保管及一切意外责任。

32.6 中间交工工程的范围和竣工时间,双方在专用条款内约定,其验收程序按本通用条款 32.1~32.4 款办理。

32.7 因特殊原因,发包人要求部分单位工程或工程部位甩项竣工的,双方另行签订甩项竣工协议,明确双方责任和工程价款的支付方法。

32.8 工程未经竣工验收或竣工验收未通过的,发包人不得使用。发包人强行使用时,由此发生的质量问题及其他问题,由发包人承担责任。

33. 竣工结算

33.1 工程竣工验收报告经发包人认可后 28 天内,承包人向发包人递交竣工结算报告及完整的结算资料,双方按照协议书约定的合同价款及专用条款约定的合同价款调整内容,进行工程竣工结算。

33.2 发包人收到承包人递交的竣工结算报告及结算资料后 28 天内进行核实,给予确认或者提出修改意见。发包人确认竣工结算报告通知经办银行向承包人支付工程竣工结算价款。承包人收到竣工结算价款后 14 天内将竣工工程交付发包人。

33.3 发包人收到竣工结算报告及结算资料后 28 天内无正当理由不支付工程竣工结算价款,从第 29 天起按承包人同期按银行贷款利率支付拖欠工程价款的利息,并承担违约责任。

33.4 发包人收到竣工结算报告及结算资料后 28 天内不支付工程竣工结算价款,承包人可以催告发包人支付结算价款。发包人在收到竣工结算报告及结算资料后 56 天内仍不支付的,承包人可以与发包人协议将该工程折价,也可以由承包人申请人民法院将该工程依法拍卖,承包人就该工程折价或者拍卖的价款优先受偿。

33.5 工程竣工验收报告经发包人认可后 28 天内,承包人未能向发包人递交竣工结算报告及完整的结算资料,造成工程竣工结算不能正常进行或工程竣工结算价款不能及时支付,发包人要求交付工程的,承包人应当交付;发包人不要求交付工程的,承包人承担保管责任。

33.6 发包人承包人对工程竣工结算价款发生争议时,按本通用条款第 37 条关于争议的约定处理。

34. 质量保修

34.1 承包人应按法律、行政法规或国家关于工程质量保修的有关规定,对交付发包人使用的工程在质量保修期内承担质量保修责任。

34.2 质量保修工作的实施。承包人应在工程竣工验收之前,与发包人签订质量保修书，作为本合同附件（附件3）。

34.3 质量保修书的主要内容包括：

（1）质量保修项目内容及范围；

（2）质量保修期；

（3）质量保修责任；

（4）质量保修金的支付方法。

十、违约、索赔和争议

35. 违约

35.1 发包人违约。当发生下列情况时：

（1）本通用条款第24条提到的发包人不按时支付工程预付款；

（2）本通用条款第26.4款提到的发包人不按合同约定支付工程款，导致施工无法进行；

（3）本通用条款第33.3款提到的发包人无正当理由不支付工程竣工结算价款；

（4）发包人不履行合同义务或不按合同约定履行义务的其他情况。

发包人承担违约责任，赔偿因其违约给承包人造成的经济损失，顺延延误的工期。双方在专用条款内约定发包人赔偿承包人损失的计算方法或者发包人应当支付违约金的数额或计算方法。

35.2 承包人违约。当发生下列情况时：

（1）本通用条款第14.2款提到的因承包人原因不能按照协议书约定的竣工日期或工程师同意顺延的工期竣工；

（2）本通用条款第15.1款提到的因承包人原因工程质量达不到协议书约定的质量标准；

（3）承包人不履行合同义务或不按合同约定履行义务的其他情况。

承包人承担违约责任，赔偿因其违约给发包人造成的损失。双方在专用条款内约定承包人赔偿发包人损失的计算方法或者承包人应当支付违约金的数额可计算方法。

35.3 一方违约后，另一方要求违约方继续履行合同时，违约方承担上述违约责任后仍应继续履行合同。

36. 索赔

36.1 当一方向另一方提出索赔时，要有正当索赔理由，且有索赔事件发生时的有效证据。

36.2 发包人未能按合同约定履行自己的各项义务或发生错误以及应由发包人承担责任的其他情况，造成工期延误和（或）承包人不能及时得到合同价款及承包人的其他经济损失，承包人可按下列程序以书面形式向发包人索赔：

（1）索赔事件发生后28天内，向工程师发出索赔意向通知；

（2）发出索赔意向通知后28天内，向工程师提出延长工期和（或）补偿经济损失的索赔报告及有关资料；

（3）工程师在收到承包人送交的索赔报告和有关资料后，于28天内给予答复，或要求承包人进一步补充索赔理由和证据；

（4）工程师在收到承包人送交的索赔报告和有关资料后28天内未予答复或未对承包

人作进一步要求，视为该项索赔已经认可；

（5）当该索赔事件持续进行时，承包人应当阶段性向工程师发出索赔意向，在索赔事件终了后28天内，向工程师送交索赔的有关资料和最终索赔报告。索赔答复程序与（3）、（4）规定相同。

36.3 承包人未能按合同约定履行自己的各项义务或发生错误，给发包人造成经济损失，发包人可按36.2款确定的时限向承包人提出索赔。

37. 争议

37.1 发包人、承包人在履行合同时发生争议，可以和解或者要求有关主管部门调解。当事人不愿和解、调解或者和解、调解不成的，双方可以在专用条款内约定以下一种方式解决争议：

第一种解决方式：双方达成仲裁协议，向约定的仲裁委员会申请仲裁；

第二种解决方式：向有管辖权的人民法院起诉。

37.2 发生争议后，除非出现下列情况的，双方都应继续履行合同，保持施工连续，保护好已完工程：

（1）单方违约导致合同确已无法履行，双方协议停止施工；

（2）调解要求停止施工，且为双方接受；

（3）仲裁机构要求停止施工；

（4）法院要求停止施工。

十一、其他

38. 工程分包

38.1 承包人按专用条款的约定分包所承包的部分工程，并与分包单位签订分包合同。除非经发包人同意，承包人不得将承包工程的任何部分分包。

38.2 承包人不得将其承包的全部工程转包给他人，也不得将其承包的全部工程肢解以后以分包的名义分别转包给他人。

38.3 工程分包不能解除承包人任何责任与义务。承包人应在分包场地派驻相应管理人员，保证本合同的履行。分包单位的任何违约行为或疏忽导致工程损害或给发包人造成其他损失，承包人承担连带责任。

38.4 分包工程价款由承包人与分包单位结算。发包人未经承包人同意不得以任何形式向分包单位支付各种工程款项。

39. 不可抗力

39.1 不可抗力包括因战争、动乱、空中飞行物体坠落或其他非发包人、承包人责任造成的爆炸、火灾，以及专用条款约定的风雨、雪、洪、震等自然灾害。

39.2 不可抗力事件发生后，承包人应立即通知工程师，并在力所能及的条件下迅速采取措施，尽力减少损失，发包人应协助承包人采取措施。不可抗力事件结束后48小时内承包人向工程师通报受害情况和损失情况，及预计清理和修复的费用。不可抗事件持续发生，承包人应每隔7天向工程师报告一次受害情况。不可抗力事件结束后14天内，承包人向工程师提交清理和修复费用的正式报告及有关资料。

39.3 因不可抗力事件导致的费用及延误的工期由双方按以下方法分别承担：

（1）工程本身的损害、因工程损害导致第三方人员伤亡和财产损失以及运至施工场地

用于施工的材料和待安装的设备的损害,由发包人承担;

(2) 发包人、承包人人员伤亡由其所在单位负责,并承担相应费用;

(3) 承包人机械设备损坏及停工损失,由承包人承担;

(4) 停工期间,承包人应工程师要求留在施工场地的必要的管理人员及保卫人员的费用由发包人承担;

(5) 工程所需清理、修复费用,由发包人承担;

(6) 延误的工期相应顺延。

39.4 因合同一方迟延履行合同后发生不可抗力的,不能免除迟延履行方的相应责任。

40. 保险

40.1 工程开工前,发包人为建设工程和施工场地内的自有人员及第三人人员生命财产办理保险,支付保险费用。

40.2 运至施工场地内用于工程的材料和待安装设备,由发包人办理保险,并支付保险费用。

40.3 发包人可以将有关保险事项委托承包人办理,费用由发包人承担。

40.4 承包人必须为从事危险作业的职工办理意外伤害保险,并为施工场地内自有人员生命财产和施工机械设备办理保险,支付保险费用。

40.5 保险事故发生时,发包人、承包人有责任尽力采取必要的措施,防止或者减少损失。

40.6 具体投保内容和相关责任,发包人、承包人在专用条款中约定。

41. 担保

41.1 发包人、承包人为了全面履行合同,应互相提供以下担保:

(1) 发包人向承包人提供履约担保,按合同约定支付工程价款及履行合同约定的其他义务。

(2) 承包人向发包人提供履约担保,按合同约定履行自己的各项义务。

41.2 一方违约后,另一方可要求提供担保的第三人承担相应责任。

41.3 提供担保的内容、方式和相关责任,发包人、承包人除在专用条款中约定外,被担保方与担保方还应签订担保合同,作为本合同附件。

42. 专利技术及特殊工艺

42.1 发包人要求使用专利技术或特殊工艺,就负责办理相应的申报手续,承担申报、试验、使用等费用;承包人提出使用专利技术或特殊工艺,应取得工程师认可,承包人负责办理申报手续并承担有关费用。

42.2 擅自使用专利技术侵犯他人专利权的,责任者依法承担相应责任。

43. 文物和地下障碍物

43.1 在施工中发现古墓、古建筑遗址等文物及化石或其他有考古、地质研究等价值的物品时,承包人应立即保护好现场并于4小时内以书面形式通知工程师,工程师应于收到书面通知后24小时内报告当地文物管理部门,发包人、承包人按文物管理部门的要求采取妥善保护措施。发包人承担由此发生的费用,顺延延误的工期。

如发现后隐瞒不报,致使文物遭受破坏,责任者依法承担相应责任。

43.2 施工中发现影响施工的地下障碍物时,承包人应于8小时内以书面形式通知工程师,同时提出处置方案,工程师收到处置方案后24小时内予以认可或提出修正方案。

发包人承担由此发生的费用，顺延延误的工期。

所发现的地下障碍物有归属单位时，发包人应报请有关部门协同处置。

44. 合同解除

44.1 发包人、承包人协商一致，可以解除合同。

44.2 发生本通用条款第26.4款情况，停止施工超过56天，发包人仍不支付工程款（进度款），承包人有权解除合同。

44.3 发生本通用条款第38.2款禁止的情况，承包人将其承包的全部工程转包给他人或者肢解以后以分包的名义分别转包给他人，发包人有权解除合同。

44.4 有下列情形之一的，发包人、承包人可以解除合同：

（1）因不可抗力致使合同无法履行；

（2）因一方违约（包括因发包人原因造成工程停建或缓建）致使合同无法履行。

44.5 一方依据44.2、44.3、44.4款约定要求解除合同的，应以书面形式向对方发出解除合同的通知，并在发出通知前7天告知对方，通知到达对方时合同解除。对解除合同有争议的，按本通用条款第37条关于争议的约定处理。

44.6 合同解除后，承包人应妥善做好已完工程和已购材料、设备的保护和移交工作，按发包人要求将自有机械设备和人员撤出施工场地。发包人应为承包人撤出提供必要条件，支付以上所发生的费用，并按合同约定支付已完工程价款。已经订货的材料、设备由订货方负责退货或解除订货合同，不能退还的货款和因退货、解除订货合同发生的费用，由发包人承担，因未及时退货造成的损失由责任方承担。除此之外，有过错的一方应当赔偿因合同解除给对方造成的损失。

44.7 合同解除后，不影响双方在合同中约定的结算和清理条款的效力。

45. 合同生效与终止

45.1 双方在协议书中约定合同生效方式。

45.2 除本通用条款第34条外，发包人、承包人履行合同全部义务，竣工结算价款支付完毕，承包人向发包人交付竣工工程后，本合同即告终止。

45.3 合同的权利义务终止后，发包人、承包人应当遵循诚实信用原则，履行通知、协助、保密等义务。

46. 合同份数

46.1 本合同正本两份，具有同等效力，由发包人、承包人分别保存一份。

46.2 本合同副本份数，由双方根据需要在专用条款内约定。

47. 补充条款

双方根据有关法律、行政法规规定，结合工程实际经协商一致后，可对本通用条款内容具体化、补充或修改，在专用条款内约定。

第三部分 专用条款

一、词语定义及合同文件

1. 词语定义及合同条件

2. 合同文件及解释顺序

合同文件组成及解释顺序＿＿＿＿＿＿＿＿＿＿＿＿＿＿＿＿＿＿＿＿＿＿＿＿＿＿＿

3. 语言文字和适用法律、标准及规范

3.1　本合同除使用汉语外，还使用＿＿＿＿＿＿＿＿＿＿语言文字。

3.2　适用法律和法规需要明示的法律、行政法规：＿＿＿＿＿＿＿＿＿＿＿＿＿＿

3.3　适用标准、规范

适用标准、规范的名称：＿＿＿＿＿＿＿＿＿＿＿＿＿＿＿＿＿＿＿＿＿＿＿＿

发包人提供标准、规范的时间：＿＿＿＿＿＿＿＿＿＿＿＿＿＿＿＿＿＿＿＿＿

国内没有相应标准、规范时的约定：＿＿＿＿＿＿＿＿＿＿＿＿＿＿＿＿＿＿＿

4. 图纸

4.1　发包人向承包人提供图纸日期和套数：＿＿＿＿＿＿＿＿＿＿＿＿＿＿＿＿

发包人对图纸的保密要求：＿＿＿＿＿＿＿＿＿＿＿＿＿＿＿＿＿＿＿＿＿＿＿

使用国外图纸的要求及费用承担：＿＿＿＿＿＿＿＿＿＿＿＿＿＿＿＿＿＿＿＿

二、双方一般权利和义务

5. 工程师

5.2　监理单位委派的工程师

姓名：＿＿＿＿＿＿＿＿＿＿＿＿职务：＿＿＿＿＿＿＿＿＿＿＿＿＿

发包人委托的职权：＿＿＿＿＿＿＿＿＿＿＿＿＿＿＿＿＿＿＿＿＿＿＿＿＿＿

需要取得发包人批准才能行使的职权：＿＿＿＿＿＿＿＿＿＿＿＿＿＿＿＿＿＿

5.3　发包人派驻的工程师

姓名：＿＿＿＿＿＿＿＿＿＿＿＿职务：＿＿＿＿＿＿＿＿＿＿＿＿＿

职权：＿＿＿＿＿＿＿＿＿＿＿＿＿＿＿＿＿＿＿＿＿＿＿＿＿＿＿＿＿＿＿＿

5.6　不实行监理的，工程师的职权：＿＿＿＿＿＿＿＿＿＿＿＿＿＿＿＿＿＿＿

7. 项目经理

姓名：＿＿＿＿＿＿＿＿＿＿＿＿职务：＿＿＿＿＿＿＿＿＿＿＿＿＿

8. 发包人工作

8.1　发包人应按约定的时间和要求完成以下工作：

（1）施工场地具备施工条件的要求及完成的时间：＿＿＿＿＿＿＿＿＿＿＿＿＿

（2）将施工所需的水、电、电讯线路接至施工场地的时间、地点和供应要求：
＿＿＿＿＿＿＿＿＿＿＿＿＿＿＿＿＿＿＿＿＿＿＿＿＿＿＿＿＿＿＿＿＿＿＿＿＿＿

（3）施工场地与公共道路的通道开通时间和要求：＿＿＿＿＿＿＿＿＿＿＿＿＿

（4）工程地质和地下管线资料的提供时间：＿＿＿＿＿＿＿＿＿＿＿＿＿＿＿＿

（5）由发包人办理的施工所需证件、批件的名称和完成时间：＿＿＿＿＿＿＿＿

（6）水准点与坐标控制点交验要求：＿＿＿＿＿＿＿＿＿＿＿＿＿＿＿＿＿＿＿

（7）图纸会审和设计交底时间：＿＿＿＿＿＿＿＿＿＿＿＿＿＿＿＿＿＿＿＿＿

（8）协调处理施工场地周围地下管线和邻近建筑物、构筑物（含文物保护建筑）、古树名木的保护工作：＿＿＿＿＿＿＿＿＿＿＿＿＿＿＿＿＿＿＿＿＿＿＿＿＿＿＿＿

（9）双方约定发包人应做的其他工作：＿＿＿＿＿＿＿＿＿＿＿＿＿＿＿＿＿＿

8.2　发包人委托承包人办理的工作：＿＿＿＿＿＿＿＿＿＿＿＿＿＿＿＿＿＿＿

9. 承包人工作

9.1 承包人应按约定时间和要求,完成以下工作:
(1) 需由设计资质等级和业务范围允许的承包人完成的设计文件提交时间:＿＿＿＿＿＿
(2) 应提供计划、报表的名称及完成时间:＿＿＿＿＿＿＿＿＿＿＿＿＿＿＿＿＿＿
(3) 承担施工安全保卫工作及非夜间施工照明的责任和要求:＿＿＿＿＿＿＿＿＿＿
(4) 向发包人提供的办公和生活房屋及设施的要求:＿＿＿＿＿＿＿＿＿＿＿＿＿＿
(5) 需承包人办理的有关施工场地交通、环卫和施工噪音管理等手续:＿＿＿＿＿＿
(6) 已完工程成品保护的特殊要求及费用承担:＿＿＿＿＿＿＿＿＿＿＿＿＿＿＿
(7) 施工场地周围地下管线和邻近建筑物、构筑物(含文物保护建筑)、古树名木的保护要求及费用承担:＿＿＿＿＿＿＿＿＿＿＿＿＿＿＿＿＿＿＿＿＿＿＿＿＿＿＿＿＿＿
(8) 施工场地清洁卫生的要求:＿＿＿＿＿＿＿＿＿＿＿＿＿＿＿＿＿＿＿＿＿＿＿
(9) 双方约定承包人应做的其他工作:＿＿＿＿＿＿＿＿＿＿＿＿＿＿＿＿＿＿＿＿

三、施工组织设计和工期

10. 进度计划

10.1 承包人提供施工组织设计(施工方案)和进度计划的时间:＿＿＿＿＿＿＿＿＿
工程师确认的时间:＿＿＿＿＿＿＿＿＿＿＿＿＿＿＿＿＿＿＿＿＿＿＿＿＿＿＿

10.2 群体工程中有关进度计划的要求:＿＿＿＿＿＿＿＿＿＿＿＿＿＿＿＿＿＿＿

13. 工期延误

13.1 双方约定工期顺延的其他情况:＿＿＿＿＿＿＿＿＿＿＿＿＿＿＿＿＿＿＿＿

四、质量与验收

17. 隐蔽工程和中间验收

17.1 双方约定中间验收部位:＿＿＿＿＿＿＿＿＿＿＿＿＿＿＿＿＿＿＿＿＿＿＿

19. 工程试车

19.5 试车费用的承担:＿＿＿＿＿＿＿＿＿＿＿＿＿＿＿＿＿＿＿＿＿＿＿＿＿＿＿

五、安全施工

六、合同价款与支付

23. 合同价款及调整

23.2 本合同价款采用＿＿＿＿＿＿＿＿＿＿＿＿＿＿＿＿＿＿＿＿＿＿方式确定。
(1) 采用固定价格合同,合同价款中包括的风险范围:＿＿＿＿＿＿＿＿＿＿＿＿＿
风险费用的计算方法:＿＿＿＿＿＿＿＿＿＿＿＿＿＿＿＿＿＿＿＿＿＿＿＿＿＿
风险范围以外合同价款调整方法:＿＿＿＿＿＿＿＿＿＿＿＿＿＿＿＿＿＿＿＿＿
(2) 采用可调价格合同,合同价款调整方法:＿＿＿＿＿＿＿＿＿＿＿＿＿＿＿＿＿
(3) 采用成本加酬金合同,有关成本和酬金的约定:＿＿＿＿＿＿＿＿＿＿＿＿＿＿

23.3 双方约定合同价款的其他调整因素:＿＿＿＿＿＿＿＿＿＿＿＿＿＿＿＿＿＿

24. 工程预付款

发包人向承包人预付工程款的时间和金额或占合同价款总额的比例:＿＿＿＿＿＿＿
扣回工程款的时间、比例:＿＿＿＿＿＿＿＿＿＿＿＿＿＿＿＿＿＿＿＿＿＿＿＿

25. 工程量确认

25.1 承包人向工程师提交已完工程量报告的时间:＿＿＿＿＿＿＿＿＿＿＿＿＿＿

26. 工程款(进度款)支付

双方约定的工程款（进度款）支付的方式和时间：_____

七、材料设备供应

27. 发包人供应

27.4 发包人供应的材料设备与一览表不符时，双方约定发包人承担责任如下：

（1）材料设备单价与一览表不符：_____
（2）材料设备的品种、规格、型号、质量等级与一览表不符：_____
（3）承包人可代为调剂串换的材料：_____
（4）到货地点与一览表不符：_____
（5）供应数量与一览表不符：_____
（6）到货时间与一览表不符：_____

27.6 发包人供应材料设备的结算方法：_____

28. 承包人采购材料设备

28.1 承包人采购材料设备的约定：_____

八、工程变更

九、竣工验收与结算

32. 竣工验收

32.1 承包人提供竣工图的约定：_____

32.6 中间交工工程的范围和竣工时间：_____

十、违约、索赔和争议

35. 违约

35.1 本合同中关于发包人违约的具体责任如下：

本合同通用条款第 24 条约定发包人违约应承担的违约责任：_____
本合同通用条款第 26.4 款约定发包人违约应承担的违约责任：_____
本合同通用条款第 33.3 款约定发包人违约应承担的违约责任：_____
双方约定的发包人其他违约责任：_____

35.2 本合同中关于承包人违约的具体责任如下：

本合同通用条款第 14.2 款约定承包人违约承担的违约责任：_____
本合同通用条款第 15.1 款约定承包人违约应承担的违约责任：_____
双方约定的承包人其他违约责任：_____

37. 争议

37.1 双方约定，在履行合同过程中产生争议时：

（1）请_____调解；
（2）采取第_____种方式解决，并约定向_____仲裁委员会提请仲裁或向_____人民法院提起诉讼。

十一、其他

38. 工程分包

38.1 本工程发包人同意承包人分包的工程：_____
分包施工单位为：_____

39. 不可抗力

39.1 双方关于不可抗力的约定：_____
40. 保险
40.6 本工程双方约定投保内容如下：
(1) 发包人投保内容：_____
发包人委托承包人办理的保险事项：_____
(2) 承包人投保内容：_____
41. 担保
41.3 本工程双方约定担保事项如下：_____
(1) 发包人向承包人提供履约担保，担保方式为：担保合同作为本合同附件。
(2) 承包人向发包人提供履约担保，担保方式为：担保合同作为本合同附件。
(3) 双方约定的其他担保事项：_____
46. 合同份数
46.1 双方约定合同副本份数：_____
47. 补充条款 _____

附件1：承包人承揽工程项目一览表（略）
附件2：发包人供应材料设备一览表（略）
附件3：工程质量保修书（略）

附录二 建设工程委托监理合同（示范文本）
（GF—2000—0202）

第一部分 建设工程委托监理合同

委托人＿＿＿＿＿＿＿＿＿＿与监理人＿＿＿＿＿＿＿＿＿＿经双方协商一致，签订本合同。

一、委托人委托监理人监理的工程（以下简称"本工程"）概况如下：

工程名称：＿＿＿＿＿＿＿＿＿＿＿＿＿＿＿＿＿＿＿＿＿＿＿＿＿＿

工程地点：＿＿＿＿＿＿＿＿＿＿＿＿＿＿＿＿＿＿＿＿＿＿＿＿＿＿

工程规模：＿＿＿＿＿＿＿＿＿＿＿＿＿＿＿＿＿＿＿＿＿＿＿＿＿＿

总投资：＿＿＿＿＿＿＿＿＿＿＿＿＿＿＿＿＿＿＿＿＿＿＿＿＿＿＿

二、本合同中的有关词语含义与本合同第二部分《标准条件》中赋予它们的定义相同。

三、下列文件均为本合同的组成部分：

①监理投标书或中标通知书；

②本合同标准条件；

③本合同专用条件；

④在实施过程中双方共同签署的补充与修正文件。

四、监理人向委托人承诺，按照本合同的规定，承担本合同专用条件中议定范围内的监理业务。

五、委托人向监理人承诺按照本合同注明的期限、方式、币种，向监理人支付报酬。

本合同自＿＿＿＿年＿＿＿＿月＿＿＿＿日开始实施，至＿＿＿＿年＿＿＿＿月＿＿＿＿日完成。

本合同一式＿＿＿＿份，具有同等法律效力，双方各执＿＿＿＿份。

委托人：（签章）	监理人：（签章）
住所：	住所：
法定代表人：（签章）	法定代表人：（签章）
开户银行：	开户银行：
账号：	账号：
邮编：	邮编：
电话：	电话：

本合同签订于：＿＿＿＿年＿＿＿＿月＿＿＿＿日

第二部分 标 准 条 件

词语定义、适用范围和法规

第一条 下列名词和用语，除上下文另有规定外，有如下含义：

(1)"工程"是指委托人委托实施监理的工程。

(2)"委托人"是指承担直接投资责任和委托监理业务的一方以及其合法继承人。

(3)"监理人"是指承担监理业务和监理责任的一方，以及其合法继承人。

(4)"监理机构"是指监理人派驻本工程现场实施监理业务的组织。

(5)"总监理工程师"是指经委托人同意，监理人派到监理机构全面履行本合同的全权负责人。

(6)"承包人"是指除监理人以外，委托人就工程建设有关事宜签订合同的当事人。

(7)"工程监理的正常工作"是指双方在专用条件中约定，委托人委托的监理工作范围和内容。

(8)"工程监理的附加工作"是指：①委托人委托监理范围以外，通过双方书面协议另外增加的工作内容；②由于委托人或承包人原因，使监理工作受到阻碍或延误，因增加工作量或持续时间而增加的工作。

(9)"工程监理的额外工作"是指正常工作和附加工作以外，根据第三十八条规定监理人必须完成的工作，或非监理人自己的原因而暂停或终止监理业务，其善后工作及恢复监理业务的工作。

(10)"日"是指任何一天零时至第二天零时的时间段。

(11)"月"是指根据公历从一个月份中任何一天开始到下一个月相应日期的前一天的时间段。

第二条 建设工程委托监理合同适用的法律是指国家的法律、行政法规，以及专用条件中议定的部门规章或工程所在地的地方法规、地方规章。

第三条 本合同文件使用汉语语言文字书写、解释和说明。如专用条件约定使用两种以上（含两种）语言文字时，汉语应为解释和说明本合同的标准语言文字。

监 理 人 义 务

第四条 监理人按合同约定派出监理工作需要的监理机构及监理人员，向委托人报送委派的总监理工程师及其监理机构主要成员名单、监理规划，完成监理合同专用条件中约定的监理工程范围内的监理业务。在履行合同义务期间，应按合同约定定期向委托人报告监理工作。

第五条 监理人在履行本合同的义务期间，应认真、勤奋地工作，为委托人提供与其水平相适应的咨询意见，公正维护各方面的合法权益。

第六条 监理人使用委托人提供的设施和物品属委托人的财产。在监理工作完成或中止时，应将其设施和剩余的物品按合同约定的时间和方式移交给委托人。

第七条 在合同期内或合同终止后，未征得有关方同意，不得泄露与本工程、本合同业务有关的保密资料。

委 托 人 义 务

第八条 委托人在监理人开展监理业务之前应向监理人支付预付款。

第九条 委托人应当负责工程建设的所有外部关系的协调，为监理工作提供外部条件。根据需要，如将部分或全部协调工作委托监理人承担，则应在专用条件中明确委托的工作和相应的报酬。

第十条 委托人应当在双方约定的时间内免费向监理人提供与工程有关的为监理工作所需要的工程资料。

第十一条 委托人应当在专用条款约定的时间内就监理人书面提交并要求作出决定的一切事宜作出书面决定。

第十二条 委托人应当授权一名熟悉工程情况、能在规定时间内作出决定的常驻代表（在专用条款中约定），负责与监理人联系。更换常驻代表，要提前通知监理人。

第十三条 委托人应当将授予监理人的监理权利，以及监理人主要成员的职能分工、监理权限及时书面通知已选定的承包合同的承包人，并在与第三人签订的合同中予以明确。

第十四条 委托人应在不影响监理人开展监理工作的时间内提供如下资料：

（1）与本工程合作的原材料、构配件、机械设备等生产厂家名录。

（2）提供与本工程有关的协作单位、配合单位的名录。

第十五条 委托人应免费向监理人提供办公用房、通讯设施、监理人员工地住房及合同专用条件约定的设施，对监理人自备的设施给予合理的经济补偿（补偿金额＝设施在工程使用时间占折旧年限的比例×设施原值＋管理费）。

第十六条 根据情况需要，如果双方约定，由委托人免费向监理人提供其他人员，应在监理合同专用条件中予以明确。

监 理 人 权 利

第十七条 监理人在委托人委托的工程范围内，享有以下权利：

（1）选择工程总承包人的建议权。

（2）选择工程分包人的认可权。

（3）对工程建设有关事项包括工程规模、设计标准、规划设计、生产工艺设计和使用功能要求，向委托人的建议权。

（4）对工程设计中的技术问题，按照安全和优化的原则，向设计人提出建议；如果拟提出的建议可能会提高工程造价，或延长工期，应当事先征得委托人的同意。当发现工程设计不符合国家颁布的建设工程质量标准或设计合同约定的质量标准时，监理人应当书面报告委托人并要求设计人更正。

（5）审批工程施工组织设计和技术方案，按照保质量、保工期和降低成本的原则，向承包人提出建议，并向委托人提出书面报告。

（6）主持工程建设有关协作单位的组织协调，重要协调事项应当事先向委托人报告。

（7）征得委托人同意，监理人有权发布开工令、停工令、复工令，但应当事先向委托人报告。如在紧急情况下未能事先报告时，则应在24小时内向委托人作出书面报告。

（8）工程上使用的材料和施工质量的检验权。对于不符合设计要求和合同约定及国家质量标准的材料、构配件、设备，有权通知承包人停止使用；对于不符合规范和质量标准的工序、分部分项工程和不安全施工作业，有权通知承包人停工整改、返工。承包人得到监理机构复工令后才能复工。

（9）工程施工进度的检查、监督权，以及工程实际竣工日期提前或超过工程施工合同规定的竣工期限的签认权。

（10）在工程施工合同约定的工程价格范围内，工程款支付的审核和签认权，以及工程结算的复核确认权与否决权。未经总监理工程师签字确认，委托人不支付工程款。

第十八条　监理人在委托人授权下，可对任何承包人合同规定的义务提出变更。如果由此严重影响了工程费用或质量、或进度，则这种变更须经委托人事先批准。在紧急情况下未能事先报委托人批准时，监理人所做的变更也应尽快通知委托人。在监理过程中如发现工程承包人人员工作不力，监理机构可要求承包人调换有关人员。

第十九条　在委托的工程范围内，委托人或承包人对对方的任何意见和要求（包括索赔要求），均必须首先向监理机构提出，由监理机构研究处置意见，再同双方协商确定。当委托人和承包人发生争议时，监理机构应根据自己的职能，以独立的身份判断，公正地进行调解。当双方的争议由政府建设行政主管部门调解或仲裁机关仲裁时，应当提供作证的事实材料。

委托人权利

第二十条　委托人有选定工程总承包人，以及与其订立合同的权利。

第二十一条　委托人有对工程规模、设计标准、规划设计、生产工艺设计和设计使用功能要求的认定权，以及对工程设计变更的审批权。

第二十二条　监理人调换总监理工程师须事先经委托人同意。

第二十三条　委托人有权要求监理人提交监理工作月报及监理业务范围内的专项报告。

第二十四条　当委托人发现监理人员不按监理合同履行监理职责，或与承包人串通给委托人或工程造成损失的，委托人有权要求监理人更换监理人员，直到终止合同并要求监理人承担相应的赔偿责任或连带赔偿责任。

监理人责任

第二十五条　监理人的责任期即委托监理合同有效期。在监理过程中，如果因工程建设进度的推迟或延误而超过书面约定的日期，双方应进一步约定相应延长的合同期。

第二十六条　监理人在责任期内，应当履行约定的义务，如果因监理人过失而造成了委托人的经济损失，应当向委托人赔偿。累计赔偿总额（除本合同第二十四条规定以外）不应超过监理报酬总额（除去税金）。

第二十七条　监理人对承包人违反合同规定的质量要求和完工（交图、交货）时限，不承担责任。因不可抗力导致委托监理合同不能全部或部分履行，监理人不承担责任。但对违反第五条规定引起的与之有关的事宜，向委托人承担赔偿责任。

第二十八条　监理人向委托人提出赔偿要求不能成立时，监理人应当补偿由于该索赔所导致委托人的各种费用支出。

委托人责任

第二十九条　委托人应当履行委托监理合同约定的义务，如有违反则应当承担违约责任，赔偿给监理人造成的经济损失。

监理人处理委托业务时，因非监理人原因的事由受到损失的，可以向委托人要求补偿损失。

第三十条 委托人如果向监理人提出赔偿的要求不能成立，则应当补偿由该索赔所引起的监理人的各种费用支出。

合同生效、变更与终止

第三十一条 由于委托人或承包人的原因使监理工作受到阻碍或延误，以致发生了附加工作或延长了持续时间，则监理人应当将此情况与可能产生的影响及时通知委托人。完成监理业务的时间相应延长，并得到附加工作的报酬。

第三十二条 在委托监理合同签订后，实际情况发生变化，使得监理人不能全部或部分执行监理业务时，监理人应当立即通知委托人。该监理业务的完成时间应予延长。当恢复执行监理业务时，应当增加不超过42日的时间用于恢复执行监理业务，并按双方约定的数量支付监理报酬。

第三十三条 监理人向委托人办理完竣工验收或工程移交手续，承包人和委托人已签订工程保修责任书，监理人收到监理报酬尾款，本合同即终止。保修期间的责任，双方在专用条款中约定。

第二十四条 当事人一方要求变更或解除合同时，应当在42日前通知对方，因解除合同使一方遭受损失的，除依法可以免除责任的外，应由责任方负责赔偿。

变更或解除合同的通知或协议必须采取书面形式，协议未达成之前，原合同仍然有效。

第三十五条 监理人在应当获得监理报酬之日起30日内仍未收到支付单据，而委托人又未对监理人提出任何书面解释时，或根据第三十三条及第三十四条已暂停执行监理业务时限超过六个月的，监理人可向委托人发出终止合同的通知，发出通知后14日内仍未得到委托人答复，可进一步发出终止合同的通知，如果第二份通知发出后42日内仍未得到委托人答复，可终止合同或自行暂停或继续暂停执行全部或部分监理业务。委托人承担违约责任。

第三十六条 监理人由于非自己的原因而暂停或终止执行监理业务，其善后工作以及恢复执行监理业务的工作，应当视为额外工作，有权得到额外的报酬。

第三十七条 当委托人认为监理人无正当理由而又未履行监理义务时，可向监理人发出指明其未履行义务的通知。若委托人发出通知后21日内没有收到答复，可在第一个通知发出后35日内发出终止委托监理合同的通知，合同即行终止。监理人承担违约责任。

第三十八条 合同协议的终止并不影响各方应有的权利和应当承担的责任。

监 理 报 酬

第三十九条 正常的监理工作、附加工作和额外工作的报酬，按照监理合同专用条件中第四十条的方法计算，并按约定的时间和数额支付。

第四十条 如果委托人在规定的支付期限内未支付监理报酬，自规定之日起，还应向监理人支付滞纳金。滞纳金从规定支付期限最后一日起计算。

第四十一条 支付监理报酬所采取的货币币种、汇率由合同专用条件约定。

第四十二条 如果委托人对监理人提交的支付通知中报酬或部分报酬项目提出异议，应当在收到支付通知书24小时内向监理人发出表示异议的通知，但委托人不得拖延其他无异议报酬项目的支付。

其 他

第四十三条 委托的建设工程监理所必要的监理人员出外考察、材料设备复试，其费用支出经委托人同意的，在预算范围内向委托人实报实销。

第四十四条 在监理业务范围内，如需聘用专家咨询或协助，由监理人聘用的，其费用由监理人承担；由委托人聘用的，其费用由委托人承担。

第四十五条 监理人在监理工作过程中提出的合理化建议，使委托人得到了经济效益，委托人应按专用条件中的约定给予经济奖励。

第四十六条 监理人驻地监理机构及其职员不得接受监理工程项目施工承包人的任何报酬或者经济利益。

监理人不得参与可能与合同规定的与委托人的利益相冲突的任何活动。

第四十七条 监理人在监理过程中，不得泄露委托人申明的秘密，监理人亦不得泄露设计人、承包人等提供并申明的秘密。

第四十八条 监理人对于由其编制的所有文件拥有版权，委托人仅有权为本工程使用或复制此类文件。

争 议 的 解 决

第四十九条 因违反或终止合同而引起的对对方损失和损害的赔偿，双方应当协商解决，如未能达成一致，可提交主管部门协调，如仍未能达成一致时，根据双方约定提交仲裁机关仲裁，或向人民法院起诉。

第三部分 专 用 条 件

第二条 本合同适用的法律及监理依据：＿＿＿＿＿＿＿＿＿＿＿＿＿＿＿＿＿＿＿＿。

第四条 监理范围和监理工作内容：＿＿＿＿＿＿＿＿＿＿＿＿＿＿＿＿＿＿＿＿＿＿。

第九条 外部条件包括：＿＿＿＿＿＿＿＿＿＿＿＿＿＿＿＿＿＿＿＿＿＿＿＿＿＿＿＿。

第十条 委托人应提供的工程资料及提供时间：＿＿＿＿＿＿＿＿＿＿＿＿＿＿＿＿＿。

第十一条 委托人应在＿＿＿天内对监理人书面提交并要求作出决定的事宜作出书面答复。

第十二条 委托人的常驻代表为＿＿＿＿＿＿＿＿＿＿＿＿＿＿＿＿＿＿＿＿＿＿＿。

第十五条 委托人免费向监理机构提供如下设施：＿＿＿＿＿＿＿＿＿＿＿＿＿＿＿＿＿

监理人自备的、委托人给予补偿的设施如下：＿＿＿＿＿＿＿＿＿＿＿＿＿＿＿＿＿＿＿。

补偿金额＝＿＿＿＿＿＿＿＿＿＿＿＿＿。

第十六条 在监理期间，委托人免费向监理机构提供＿＿＿＿名工作人员，由总监理工程师安排其工作，凡涉及服务时，此类职员只应从总监理工程师处接受指示。并免费提供＿＿＿＿＿＿＿＿名服务人员。监理机构应与此类服务的提供者合作，但不对此类人员及其行为负责。

第二十六条 监理人在责任期内如果失职，同意按以下办法承担责任，赔偿损失〔累计赔偿额不超过监理报酬总数（扣税）〕：＿＿＿＿＿＿＿＿＿＿＿＿＿＿＿＿＿＿＿＿＿。

赔偿金＝直接经济损失×报酬比率（扣除税金）

第三十九条 委托人同意按以下的计算方法、支付时间与金额，支付监理人的报酬：

委托人同意按以下的计算方法、支付时间与金额，支付附加工作报酬：（报酬＝附加工作日数×合同报酬/监理服务日）

委托人同意按以下的计算方法、支付时间与金额，支付额外工作报酬：

第四十一条 双方同意用_____支付报酬，按_____汇率计付。

第四十五条 奖励办法：

奖励金额＝工程费用节省额×报酬比率

第四十九条 本合同在履行过程中发生争议时，当事人双方应及时协商解决。协商不成时，双方同意由仲裁委员会仲裁（当事人双方不在本合同中约定仲裁机构，事后又未达成书面仲裁协议的，可向人民法院起诉）。

附加协议条款：_____。

参 考 文 献

[1] 生青杰. 工程建设法规. 北京：科学出版社，2004.
[2] 刘伊生. 建设工程招投标与合同管理. 北京：北方交通大学出版社，2002.
[3] 建设部组织编写. 建设法规教程. 北京：中国建筑工业出版社，2002.
[4] 中国机械工业教育协会. 建设法规与案例分析. 北京：机械工业出版社，2002.
[5] 史商于等. 工程招投标与合同管理. 北京：科学出版社，2004.
[6] 叶胜川等. 工程建设法规. 武汉：武汉理工大学出版社，2004.
[7] 程国政. 建设工程招投标与合同管理. 武汉：武汉理工大学出版社，2005.
[8] 中国建设监理协会. 建设工程监理相关法规文件汇编. 北京：知识产权出版社，2005.
[9] 任志涛. 工程招投标与合同管理. 北京：电子工业出版社，2009.
[10] 刘钦. 工程招投标与合同管理. 北京：高等教育出版社，2003.
[11] 中国建设监理协会. 建设工程合同管理. 北京：知识产权出版社，2003.
[12] 中国建设监理协会. 建设工程监理概论. 北京：北方交通大学出版社，2003.
[13] 王长永. 工程建设监理概论. 北京：科学出版社，2005.
[14] 黄景瑗. 土木工程施工招投标与合同管理. 北京：知识产权出版社，中国水利水电出版社，2002.
[15] 田恒久. 工程招投标与同管理. 北京：中国电力出版社，2004.
[16] 林密. 工程项目招投标与合同管理. 北京：中国建筑工业出版社，2004.
[17] 苟伯让. 建筑工程工合同管理与索赔. 北京：机械工业出版社，2003.
[18] 本丛书编审委员会. 建筑工程施工项目招投标与合同管理. 北京：机械工业出版社，2003.
[19] 梁鉴. 建筑工程合同管理与案例分析. 北京：中国建筑工业出版社，2004.
[20] 国务院法制局、建设部编著. 《中华人民共和国建筑法》释义. 北京：中国建筑工业出版社，1999.
[21] 朱宏良. 建设法规. 武汉：武汉工业大学出版社，2003.
[22] 张培新. 工程建设法律基础. 北京：中国建筑工业出版社，2003.
[23] 中国法制出版社组织编写. 建筑法一本通. 北京：中国法制出版社，2005.
[24] 王天翔. 建筑合同与索赔法律事务. 北京：人民法院出版社，2003.
[25] 王天翔. 建筑法案例分析. 北京：人民法院出版社，2003.
[26] 菲迪克(FIDIC)文献译丛：施工合同条件(Conditions of Contract Construction). 中国工程咨询协会编译. 北京：机械工业出版社，2002.
[27] 张能宝. 2010年国家司法考试应试指导. 北京：人民出版社，2010.
[28] 秦华伦. 案例分析专题例解. 北京：清华大学出版社，2001.
[29] 陈晓明. 工程建设法规. 北京：北京理工大学出版社，2009.
[30] 王锁荣. 工程建设法规. 北京：高等教育出版社，2005.